LECCIONES SOBRE LIDERAZGO
UNA LECTURA SEMANAL DE LA BIBLIA JUDÍA

MAGGID

Otras obras del autor

*Pacto y Conversación: Una lectura semanal de la Biblia Judía*
*Génesis: El Libro de los Comienzos*
*Ceremonia y Celebración*
*Hagadá de Pesaj*

Rabino Jonathan Sacks

# LECCIONES DE LIDERAZGO

Una lectura semanal de la Biblia judía

EDICIÓN SALOMÓN MONY ZAGA Z"L

TRADUCIDO POR:
Carlos Betesh e Israel Diament

Maggid Books

*Lecciones de liderazgo*
*Una lectura semanal de la Biblia judía*
Primera edición 2015

Maggid Books
Una edición de Koren Publishers Jerusalem Ltd.

POB 8531, New Milford, CT 06776-8531, USA
& POB 4044, Jerusalem 9104001, Israel
www.korenpub.com

© The Estate of Rabbi Jonathan Sacks, 2015

Foto en la tapa: Moisés extrayendo agua de la roca (óleo sobre lienzo), atribuido a Salomón de Coninch, (1609-1674) / Museo de Bellas Artes de Tourcoing, Francia / *Bridgeman Images*

La publicación de este libro fue posible gracias al generoso apoyo de *Torah Education de Israel*.

Todos los derechos son reservados. No se permite que parte alguna de la presente publicación sea reproducida o almacenada en un sistema de recuperación o transmitida por cualquier medio tanto sea mecánico, electrónico, fotocopiado u otro sin la previa autorización del editor, salvo en el caso de breves citas incluidas en artículos de crítica o en reseñas literarias.

ISBN 978-1-59264-643-2, tapa dura.

Impreso y encuadernado en los Estados Unidos.

בס״ד

Esta obra es dedicada en memoria de nuestro querido padre
Salomón Moni Ben Baluz ז״ל

1 Tamuz 5783

Fuiste un Hombre con gran liderazgo y tenacidad. Visionario, recto, perseverante y auténtico. Actuabas en congruencia con tus valores, ideales y pensamientos, como fueron nuestros grandes líderes de Am Israel.

Hashem Te Premió con larga vida, superando pruebas difíciles, como Abraham, sacándole provecho a tu tiempo, para saborear el producto de tu esfuerzo con Emuná y disfrutar de tus descendientes.

Tu generosidad, demostrada en tu forma tan especial de altruismo; gran sentido de justicia y vigor; iniciativa y amor por la vida, siguiendo como guía en tu camino la Verdad y el equilibrio, son virtudes que te destacaban, emulando así a nuestros patriarcas Abraham, Yitzjak y Yaacov. Lo que propició que tu gran descendencia quisiera seguir tu camino.

Tu magnetismo y especial simpatía, atraía a los que te rodeaban, logrando éxitos en todos los ámbitos, como Yosef Hatzadik.

No buscabas reconocimientos, pues eras humilde y responsable, deseabas sacar a tu familia adelante, como Moshé lo hizo con Am Israel.

Nos enseñaste lo importante que son los límites para encontrar el balance en nuestras vidas y así esforzarnos ante la adversidad.

Fuiste Shalem, como lo insinúa tu nombre Shlomó. Por fuera un roble, guardando en tu neshamá nobles sentimientos y con ayuda de tu gran sabiduría y visión, lograbas tomar correctas y muy atinadas decisiones.

¡¡Gracias por todas tus enseñanzas y por sembrar en nosotros tan profundas bases!!

Le pedimos a Hashem que Nos Mande la brújula para saber preservar tu gran nombre y enorme legado.

Tu esposa, hijos, nietos, bisnietos, y tataranietos.

# Contenido

*Prefacio: El liderazgo y el aprendizaje público*   xiii

*Introducción: Atreverse a mucho*   xxi

### BERESHIT

*Bereshit*
Asumir la responsabilidad   1

*Noaj*
Rectitud no es liderazgo   5

*Lej Lejá*
El coraje de no amoldarse   11

*Vaierá*
Respondiendo al llamado   17

*Jaié Sará*
Comenzando la travesía   23

*Toldot*
La comunicación importa   27

*Vayetzé*
Luz en tiempos oscuros   31

*Vaishlaj*
Ser uno mismo   35

*Vaieshev*
El heroísmo de Tamar   41

*Miketz*
Tres aproximaciones a los sueños   47

*Vaigash*
El líder inesperado   53

*Vayejí*
Avanzando   59

**SHEMOT**

*Shemot*
Mujeres líderes   65

*Vaerá*
Superando escollos   71

*Bo*
El horizonte lejano   77

*Beshalaj*
Mirando hacia arriba   83

*Itró*
Una nación de líderes   91

*Mishpatim*
Visión y detalles   97

*Terumá*
El hogar que construimos juntos   103

*Tetzavé*
El contrapunto del liderazgo   109

*Ki Tisá*
Cómo fracasan los líderes   115

*Vayakhel*
Armando equipos   121

*Pekudé*
Celebrar   127

## VAYIKRÁ

*Vayikrá*
Los pecados de un líder   135

*Tzav*
El coraje de las crisis de identidad   141

*Sheminí*
Reticencia vs. impetuosidad   147

*Tazria*
El precio de la libertad de expresión   153

*Metzorá*
Cómo elogiar   159

*Ajarei Mot*
Carreras rápidas y maratones   165

*Kedoshim*
El modo de seguir a un líder   171

*Emor*
No temer a la grandeza   177

*Behar*
Piensa a largo plazo   183

*Bejukotai*
Nosotros, el pueblo   189

**BEMIDBAR**

*Bemidbar*
Liderando una nación de individuos   197

*Nasó*
La política de la envidia   203

*Behaalotejá*
¿Poder o influencia?   209

*Shelaj Lejá*
Confianza   215

*Koraj*
Liderar es servir   221

*Jukat*
Miriam, la amiga de Moshé   227

*Balak*
Liderazgo y lealtad   233

*Pinjás*
Lecciones de un líder   237

*Matot*
Resolución de conflictos   243

*Masei*
Liderazgo en tiempos de crisis   249

**DEVARIM**

*Devarim*
El líder como maestro   257

*Vaetjanán*
El más pequeño de los pueblos   263

*Ekev*
Liderar es escuchar   269

*Reé*
Definiendo la realidad   275

*Shoftim*
Aprendizaje y liderazgo   281

*Ki Tetzé*
En contra del odio   287

*Ki Tavó*
Una nación de narradores   293

*Nitzavim*
Derrotando la muerte   299

*Vayelej*
¿Consenso vs. mandato?   305

*Haazinu*
El llamado de un líder a la responsabilidad   311

*Vezot HaBerajá*
Mantenerse joven   317

*Epílogo: Los siete principios del liderazgo judío*   323

*Sobre el autor*   333

*Prefacio*

# El liderazgo y el aprendizaje público

Ronald Heifetz*

El extraordinario comentario del Rabino Jonathan Sacks sobre los cinco libros de Moshé proporciona una visión y una sabiduría enciclopédicas en el ejercicio del liderazgo. En su carácter de ex Gran Rabino de Gran Bretaña y el Commonwealth, se basa en una singular carrera que combina la investigación religiosa con el ejercicio del liderazgo. En

---

\* Ronald Heifetz es director y fundador del Centro para el Liderazgo Público, así como también profesor titular de Liderazgo Público en la Cátedra King Hussein Ibn Talal de la Escuela Kennedy en la Universidad de Harvard. Asesora a jefes de estado, empresas y organizaciones sin fines de lucro y diserta extensamente sobre la materia en todo el mundo. Su primer libro, 'Liderazgo sin respuestas sencillas' (1994) es un clásico en la materia y ha sido reimpreso y traducido varias veces. Es coautor junto a Marty Linsky del best seller 'Liderazgo sin límites: Mantente vivo ante los peligros del cambio' (2002). Su tercer libro, 'La práctica del liderazgo adaptativo: Herramientas y tácticas para cambiar su organización' (2009) fue escrito en coautoría con Alexander Grashow.

el marco de la tensa realidad que divide a judíos, cristianos y musulmanes en nuestro mundo actual, su trabajo no podría ser más relevante.

En un anterior libro titulado 'La Gran Alianza', Sacks distingue entre los diferentes dominios y explica la sinergia entre la investigación científica y la religiosa. La ciencia estudia las relaciones causales y busca las explicaciones. La religión estudia las interpretaciones y procura hallar el significado. En la búsqueda del significado, las tres religiones abrahámicas se inspiran en las historias y en las leyes de los cinco libros de Moshé en la búsqueda de interpretaciones que orienten nuestras vidas. En efecto, en nuestro mundo interdependiente, estos cinco libros influyen sobre comunidades religiosas y filosóficas en todas partes del mundo.

Es por ello por lo que resulta particularmente importante entender cómo es que estos cinco libros pueden informar y corregir los supuestos culturales tan ampliamente difundidos respecto del liderazgo y la autoridad, los cuales determinan el modo en cómo nuestras sociedades hacen frente a nuestros problemas más difíciles y cómo aprovechan las oportunidades para desarrollarse y crecer. Tal como he sostenido en alguna otra oportunidad, algunos supuestos culturales actúan en nuestra contra. Más que alcanzar el éxito colectivo a menudo nos conducen a la corrupción de los valores, la destrucción de nuestras vidas y finalmente a la extinción de nuestras comunidades. Tal como hemos visto en la Biblia, ello es cierto no solamente en las sociedades contemporáneas sino también en las civilizaciones antiguas.

La propia Biblia es el producto de un pueblo que hace más de tres mil años ha luchado por generar mejores formas de organización social, en los albores de la primera revolución agrícola. Por muchos millones de años hasta llegar a ese tiempo, nuestros ancestros estaban muy bien adaptados a la vida nómada en comunidades de menos de cuarenta miembros. Pero la tierra disponible para dar sustento a las necesidades de una economía de forrajeadores, en aquella región del mundo se tornó escasa, la población había crecido demasiado como para nutrirse de la caza y de la recolección. Con el advenimiento de la agricultura la densidad poblacional se tornó factible y la humanidad fue desafiada a desarrollar nuevas capacidades para poder coordinar la vida de una aldea, una ciudad y hasta de una nación de cuatrocientos, cuatro mil y hasta cuatrocientos mil o más personas. Por lo tanto, tuvimos que

## Prefacio: El liderazgo y el aprendizaje público

desarrollar nuevas formas de gobierno, autoridad y arquitectura social. En el Pentateuco vemos a pequeñas comunidades de pastores –Abraham, Yitzjak y Yaakov– encontrarse con Egipto, que ya era un imperio; luego vemos a Moshé y a sus compañeros establecer, con la guía de Dios, las normas y la gobernanza de una sociedad que aprendiendo las lecciones del Egipto del Faraón –y apartándose de sus vicios– construiría algo nuevo y adaptable a todo tiempo.

En nuestros días, seguimos enfrentando esta lucha por la gobernanza y la organización social. El pensamiento imperial posee una lógica convincente, se trata de un contrato social basado en el honor y el mando autoritario como medios para gobernar enormes sistemas organizacionales o grandes cantidades de personas. Al mismo tiempo, este tipo de pensamiento a menudo no resulta funcional, los imperios suelen extinguirse. ¿Dónde falla este enfoque?

Mis colegas y yo hemos encontrado que la fuente más común de fracaso en el liderazgo radica en el diagnóstico. La gente encara desafíos adaptativos como si se tratase de problemas técnicos. Los problemas técnicos son aquellos que son largamente conocidos, motivo por el cual los sistemas, procesos y normas culturales comunitarias ya están allí para resolverlos. Son fácilmente susceptibles a la experiencia autorizada y al mando. Para emplear una analogía del mundo de la medicina, hay problemas que los médicos y los enfermeros pueden resolver realizando una cirugía o prescribiendo un medicamento. A diferencia de estos, los desafíos de adaptación requieren de un cambio en la actitud de las personas, de los valores y de la conducta. Uno debe examinar cuidadosamente qué preservar, qué desechar y cuáles innovaciones nos permitirán sobrevivir y, con un poco de suerte, prosperar. En la medicina, estos desafíos pueden ser comparables a los cambios fundamentales en el estilo de vida que se requiere por parte de los pacientes y sus familiares.

De este modo, la respuesta autoritaria a la resolución de problemas que puede resultar apropiada en el caso de una cuestión técnica se torna inadecuada cuando el desafío es adaptativo y demanda una respuesta más compleja de aprendizaje social, innovación y cambio. Esos son los momentos que claman por un liderazgo y no por una mera decisión autoritaria de coordinación y mando – es ahí cuando nuestras organizaciones y comunidades deben desarrollar nuevas capacidades.

*Lecciones de liderazgo*

Sin embargo, parece casi universal que, en esos tiempos de angustia, la gente añore las soluciones técnicas que requieren de un mínimo de responsabilidad y disrupción individual o colectiva. Demasiado a menudo,

> procuramos el tipo equivocado de liderazgo.
> Buscamos a alguien con
> respuestas, decisión, fortaleza,
> y un mapa del futuro, alguien que sepa
> a dónde deberíamos estar yendo –
> en resumidas cuentas, alguien que
> pueda tornar los problemas difíciles en simples ...
> En lugar de buscar
> salvadores deberíamos procurar un liderazgo
> que nos desafíe a enfrentar
> los problemas para los cuales no hay soluciones simples
> e indoloras – aquellos
> que necesitan que aprendamos a transitar por nuevos caminos.
> Avanzar en esos problemas requiere no solamente
> de alguien que dé
> respuestas desde arriba sino de cambios
> en nuestras actitudes, conducta y valores.
> Para enfrentar desafíos como estos,
> precisamos una idea diferente de
> liderazgo y un nuevo contrato social
> que promueva nuestras capacidades
> adaptativas en vez de las expectativas inapropiadas
> de la autoridad. Precisamos
> volver a concebir y a revitalizar nuestra vida cívica
> y el significado de la civilidad[1].

Este es el desafío que el Rabino Sacks explora a lo largo de estas páginas. Mediante el análisis de las prácticas de liderazgo y de las estructuras de autoridad en la Biblia, Sacks nos muestra cómo la lucha que enfrentamos

---

1. Ronald Heifetz, *Liderazgo sin respuestas fáciles* (Cambridge, Mass.: Belknap/ Harvard University Press 1994).

## Prefacio: El liderazgo y el aprendizaje público

hoy, a diario, puede ser guiada por las historias de nuestros antepasados. Ni nuestra lucha es completamente nueva, ni estamos solos en la necesidad de descubrir soluciones.

Toda generación enfrenta una variante de este desafío, porque cada generación enfrenta la inclinación natural de investir a sus autoridades con más respuestas de las que realmente tienen. Venimos al mundo mirando a la autoridad (originalmente a nuestros padres) para saber qué camino tomar. Tenemos una fuerte tendencia natural a retrotraernos a nuestra dependencia de la autoridad cuando los tiempos se vuelven difíciles y los problemas parecen exceder nuestra capacidad de resolución. Generamos así un terreno fértil para charlatanes y demagogos, y muchos están muy felices de ser voluntarios para trabajarlo. Tal como he aconsejado a numerosos gerentes generales, directores, presidentes y primeros ministros: *el liderazgo debería generar capacidades, no dependencia.*

Sacks nos provee de una comprensión profunda respecto de esta pregunta fundamental del liderazgo: ¿Cómo hace una persona poseedora de una medida de autoridad, sea esta humana o Divina, para mantener la autodisciplina necesaria para enfocarse en la ardua tarea de desarrollar capacidades colectivas en vez de sucumbir a la tentación de generar una dependencia perpetua?

En términos bíblicos, debemos preguntarnos cómo puede transformarse una cultura de dependencia en una de liderazgo ampliamente distribuido, cómo un pueblo esclavizado por generaciones puede transformarse en una sociedad en la cual todos sus miembros están llamados a asumir la responsabilidad cada vez que lo crean oportuno, quienquiera que sea. Tal como lo dice Sacks, ¿cómo nos transformamos en socios de Dios en la tarea continua de la Creación?

Para enfrentar este desafío, tanto en la antigüedad como en los tiempos modernos, resulta central la necesidad de comprender la diferencia entre el liderazgo como una práctica y una vocación para todos nosotros y las estructuras de autoridad y gobernanza que especifican qué roles hemos de cumplir en una organización o en una comunidad. El liderazgo y la autoridad no son lo mismo. Muchos lideran desde una posición de autoridad, pero muchos otros lo hacen careciendo de esta, yendo más allá del llamado del deber.

Debemos crear estructuras de autoridad, tal como Itró aconseja a Moshé, a los efectos de organizar nuestras grandes comunidades. Precisamos cadenas de mando para coordinar nuestra compleja existencia. Y precisamos de controles y equilibrios por sobre la autoridad para prevenir la corrupción del poder, tal como lo explica Sacks: entre reyes, profetas y sacerdotes en los tiempos bíblicos y entre las ramas ejecutiva, legislativa y judicial del gobierno de nuestros días. En efecto, necesitamos casi desesperadamente autoridades merecedoras de nuestra confianza. Tal como he sugerido, los desafíos adaptativos –desafíos tales como el cambio climático, la pobreza, el crecimiento poblacional, la igualdad de género y el terrorismo– se encuentran entre nosotros, están distribuidos entre nosotros y solamente pueden ser resueltos por todos nosotros.

Para sobrevivir y prosperar en un mundo cambiante precisamos una evolución en nuestras culturas que nos permita generar sabiduría, pensamiento crítico e innovación desde abajo hacia arriba. El liderazgo no puede mantenerse reservado como el feudo particular de unos pocos ubicados en altos cargos de autoridad. Las autoridades deben fungir como la columna vertebral de una sociedad de confianza, pero el liderazgo de semejante sociedad no puede provenir únicamente de allí. Precisamos que la gente se transforme de seguidores en ciudadanos, que vean que la ciudadanía es un llamado al liderazgo, a movilizar a otros que se encuentran a nuestro alcance para que asuman la responsabilidad de los problemas y las oportunidades que compartimos. Tal como lo sugiere Sacks, precisamos que la pasión, la iniciativa y el genio emerjan en todo lugar donde puedan hacerlo.

El comentario de Sack nos muestra cómo las lecciones de nuestros ancestros, al estar incorporadas en nuestra memoria colectiva, pueden ayudarnos a enfrentar los desafíos de liderazgo y autoridad de nuestro tiempo. Son profundamente útiles tanto para la guía personal como para el compromiso por parte del público. Estas historias proporcionan herramientas prácticas de liderazgo para explicar a las personas el pasaje de la dependencia a la capacidad, de la responsabilidad que reside en la autoridad a una responsabilidad compartida por la comunidad, desde problemas técnicos hasta cambios adaptativos. Estas herramientas pueden también ayudarnos a remodelar el narrativo histórico de nuestros

*Prefacio: El liderazgo y el aprendizaje público*

pueblos, de manera tal que, en vez de vivir en el pasado, podamos a partir de él construir de cara a un futuro mejor.

Los cinco libros de Moshé pueden comenzar a responder las preguntas centrales de la autoridad y el liderazgo: ¿Cómo las figuras de autoridad se mantienen honestas y confiables? ¿Cómo podemos controlar las tendencias corruptoras del gobierno centralizado? ¿Cómo gente que fue herida por autoridades abusivas puede renovar su capacidad de empoderar a otras y confiar en ellas? ¿Cómo pudo Moshé, "el padre protector", transformar exitosamente a un pueblo de mentalidad esclava –sumamente dependiente y a la vez sumamente escéptico respecto de la autoridad– en una sociedad que se gobierna a sí misma? ¿Qué principios de adaptabilidad permitieron a la comunidad judía sobrevivir y florecer a lo largo del tiempo?

Para finalizar, el presente volumen alude a una pregunta que es cercana a mi corazón. ¿Acaso Dios aprende? Sacks sugiere que, dado que la sociedad entre Dios y la humanidad es real, las perspectivas fluyen de un lado a otro. La deliberación tiene lugar de arriba hacia abajo y de abajo hacia arriba. Dios cambia de plan sobre la base del diálogo. Debemos aprender a escuchar; Dios también escucha. Y si Dios, la autoridad última escucha y aprende, entonces ¿por qué personas en posiciones de mando no habrían de ser también capaces de aprender públicamente?

Este libro contribuye profundamente a nuestra comprensión de la autoridad, tanto humana como Divina, y del liderazgo como la construcción de la capacidad adaptativa de la gente. Espero que ello nos inspire a conceder a nuestras autoridades y a nosotros mismos, en la medida en que practiquemos el liderazgo, un mayor permiso de aprender en público, juntos. Moshé y Aarón cayeron sobre sus rostros ante el pueblo. La necesidad actual de liderazgo es menos de lo que sabemos y más de lo que colectivamente tengamos el valor de aprender.

ID

*Introducción*

# Atreverse a mucho

Durante los veintidós años en los que ocupé el cargo de Rabino Jefe de las Congregaciones Hebreas del Commonwealth, tanto mi equipo como yo enfrentamos muchos desafíos. Cuando esto ocurría, desde una fase muy temprana, desarrollamos el hábito de sentarnos juntos a estudiar Torá. Buscábamos el texto más apropiado y le permitíamos que nos hable. Resultó asombroso cuán a menudo efectivamente lo hizo. Fue entonces que descubrimos que hay tres tipos de Torá. Dos de ellos me resultaban familiares: la Torá que se aprende de los libros y la que se aprende de los maestros. Los desafíos del liderazgo nos enseñaron que existe un tercer tipo: la Torá que se aprende de la vida. Es así que nació el presente libro, como una serie de ideas valiosas que aprendimos a lo largo de una vida en diálogo activo con la Torá, el texto central de nuestra tradición.

Resultó fascinante descubrir cuánto de la Torá versa, de hecho, sobre cuestiones de liderazgo, no en el estricto sentido de ocupar formalmente un puesto directivo sino más bien en como una actitud general hacia la vida. Los héroes y las heroínas de la Torá, los patriarcas, las matriarcas y sus hijos, y los hijos de Israel al salir del Egipto y hacer su camino hacia la tierra prometida, todos ellos tuvieron que enfrentar las responsabilidades que conlleva la libertad. Este, es en mi opinión, el drama central del judaísmo. Los antiguos griegos produjeron una literatura monumental sobre el carácter humano y el destino, con héroes descomunales y resultados que a menudo resultaban trágicos. El antiguo pueblo de Israel produjo una literatura bastante diferente sobre la voluntad y la elección, de figuras con las cuales podemos identificarnos, a menudo en lucha con sus propias emociones, contra la derrota y la desesperación.

La Torá nos ofrece algunos escenarios dramáticos e inesperados. No fue Noé, el "hombre justo, perfecto en su generación" quien se transformara en el modelo a seguir para la vida religiosa, sino Abraham, aquel que enfrentó a Dios con algunas de las palabras más audaces en la historia de la fe: "¿Acaso el juez de toda la tierra no habrá de obrar con justicia?" Moshé, el héroe de cuatro de los cinco libros de la Torá es probablemente uno de los líderes más inesperados de todos los tiempos, inicialmente carente de una capacidad retórica fluida y poseedor de lengua pesada, y para nada convencido de su capacidad de cumplir la misión que Dios le había encomendado.

Este es un patrón que se mantuvo a lo largo de la historia judía. Saúl, el primer rey de Israel, que coincidía en cada centímetro con la descripción de que "de los hombros para arriba" sobrepasaba a todos sus contemporáneos, mas resultó que le faltaron tanto el valor como la seguridad en sí mismo, ganándose la punzante reprimenda del profeta Samuel: "Puede ser que a tus ojos te veas pequeño, pero eres el líder de las tribus de Israel" (I Samuel 15:17). Su sucesor, David, era un candidato tan improbable para asumir el liderazgo que cuando al profeta Samuel le fue dicho que ungiera como rey a uno de los hijos de Ishai nadie pensó en incluirlo entre los posibles destinatarios de la unción. Las batallas que los héroes griegos debían librar eran contra sus enemigos. Las batallas que sus homólogos judíos debían librar eran contra sí mismos: contra sus miedos, sus dudas, su percepción de ser indignos. En ese sentido, me parece que la Torá nos habla a todos, nos veamos a nosotros mismos como líderes o no.

Durante estos veintidós años llegué a conocer a líderes en diferentes áreas del quehacer: políticos, hombres de negocios, líderes de otras religiones y demás. Rápidamente descubrí la diferencia entre la cara pública que estos líderes deben exhibir permanentemente: osados, seguros e inamovibles, y su cara privada, cuando ya no están en exhibición y pueden compartir sus sentimientos con sus amigos. Es entonces cuando te das cuenta de que incluso los grandes líderes son presa de las dudas y las vacilaciones; tienen sus momentos de depresión rayana en la desesperación y esto los hace aún más humanos.

Jamás pienses que los líderes son diferentes del resto de nosotros. No lo son. Todos necesitamos el valor necesario para vivir con los desafíos, los errores y los percances y aun así continuar andando. Uno de los comentarios más verdaderos, así como también más divertidos es el que se le atribuye a Winston Churchill: "Tener éxito es ir de fracaso en fracaso sin perder el entusiasmo". No son sus victorias las que hacen a las personas líderes, sino el modo en cómo se enfrentan a sus derrotas, su capacidad de aprender, de recuperarse y de crecer.

Por sobre todo, comencé a entender que todos fuimos llamados a ser líderes en nuestra esfera de influencia, sea esta la familia, la comunidad, en el trabajo entre colegas o a la hora de jugar junto a nuestros compañeros de equipo. Lo que diferencia a un líder de alguien que no lo es, no es el puesto que ocupa o la función que desempeña sino más bien una actitud básica hacia la vida. Otras personas esperan que algo pase, los líderes hacen que algo ocurra. Mientras que otras personas maldicen a la oscuridad, un líder enciende una luz. Nuestros sabios dicen que cada vez que vemos escrita en el texto bíblico la palabra *vaiehí*, "he aquí que aconteció" se trata siempre del preludio de una tragedia. Los líderes no esperan que las cosas acontezcan. Ellos no dicen *vaiehí* sino *iehí*, "hágase". Esa fue la palabra por medio de la cual Dios creó el universo. Es también el vocablo a través del cual creamos una vida significativa, que deja al mundo un poco mejor a raíz de nuestra presencia.

Fue durante una de las peores crisis de mi vida que descubrí el trabajo de Ronald Heifetz y Marty Lansky de la Escuela de Gobierno John F. Kennedy de la Universidad de Harvard. Una noche en la que no podía conciliar el sueño navegué por las páginas de una conocida tienda de libros en Internet cuando me crucé con un libro titulado "Liderazgo sin límites". Fue el subtítulo el que captó mi atención: "Mantente vivo ante los peligros del cambio". Esto sonaba radicalmente diferente a cualquier otro libro sobre el tema que había encontrado anteriormente. Los demás parecían decir que el liderazgo significa ver la senda a transitar e inspirar a otros a seguirnos. Ninguno había empleado el vocablo "peligro". Ninguno había insinuado que puedes requerir de ayuda para poder mantenerte con vida.

Encargué el libro, lo leí, e inmediatamente me di cuenta de que estaba leyendo las percepciones de personas que entendieron los problemas y las presiones de las que es objeto el liderazgo mejor que ningún otro que yo hubiera encontrado antes. No solamente que los conceptos coincidían con lo que yo estaba experimentando en ese momento, sino que también me ayudaron a entender la Torá, y la Biblia hebrea en su conjunto.

Por ejemplo, hay un pasaje extraordinario en el cual, después de que el pueblo se quejara sobre la comida, Moshé le dice a Dios: "Si es así como me vas a tratar, por favor, mátame ahora, y si he hallado favor ante Tus ojos no me dejes contemplar mi propia ruina" (Números 11:15). Lo que me desconcertó es que el pueblo de Israel ya se había quejado anteriormente por su alimento (Éxodo 16) y en la ocasión anterior Moshé no había caído en la desesperación.

Lo primero que me di cuenta, gracias al libro de Ronald y Marty es que en la primera ocasión Moshé enfrentó un desafío de índole técnico: el pueblo necesitaba alimento. En la segunda, se enfrentó a un desafío adaptativo. El problema ya no era el alimento sino el pueblo. Ellos habían comenzado la segunda mitad de su travesía desde Sinaí hasta la Tierra Prometida. Habían huido de la esclavitud y ahora precisaban desarrollar el temple y la confianza en sí mismos necesarios para librar batallas y crear una sociedad libre. Ellos eran el problema. Ellos precisaban cambiar. Ahora había aprendido que eso era lo que tornaba tan difícil al liderazgo adaptativo. La gente se resiste al cambio, las personas se enojan y se vuelven hostiles cuando enfrentan la necesidad de hacerlo. "Recibir el enojo con gracia", leo, puede ser "una labor sagrada". Esta fue una observación asombrosa que me ayudó a atravesar algunos momentos difíciles.

Me sentí impulsado a escribirle a Ronald Heifetz para agradecerle por la veracidad de su libro. Él me respondió que estaría en Londres durante una quincena y me sugirió encontrarnos. Nos vimos, y nos

## Introducción: Atreverse a mucho

volvimos amigos. Desde entonces, Elaine y yo siempre hemos apreciado su sabiduría.

Digo esto porque los ensayos del presente libro no fueron ideados como un estudio técnico sobre el liderazgo sino simplemente describen la manera cómo nosotros, los miembros de este equipo de trabajo, aprendimos a estudiar Torá de un modo que nos resulte relevante a las luchas que estábamos librando y los desafíos que enfrentábamos en una comunidad religiosa del siglo XXI. En estos ensayos, no me he esforzado por alcanzar la exactitud terminológica. Por ello, considero importante establecer desde el principio dos distinciones que aprendí del trabajo de Ronald Heifetz.

La primera es la diferenciación entre liderazgo y autoridad. La autoridad es algo que se posee en virtud de la posición que se ocupa en una familia, comunidad o sociedad. Presidentes y primeros ministros, gerentes generales y capitanes de equipo, todos detentan una autoridad. Pero no necesariamente lideran. Pueden carecer de imaginación o estar a la defensiva, pueden oponer resistencia al cambio incluso cuando resulta claro que este es necesario. El ejemplo clásico es el del Faraón en el libro de Éxodo. Mucho después de que se volvió claro de que su negativa a permitir que los israelitas se fueran estaba trayendo un desastre sobre su pueblo, él continuaba obcecado en su negativa.

En cambio, una persona puede liderar sin detentar la autoridad. Aquí el ejemplo clásico es el de Najshón hijo de Aminadav, quien según la tradición fue el primero en saltar al Mar Rojo, tras lo cual las aguas se partieron y así los hijos de Israel pudieron cruzarlo sobre tierra seca. El hecho de que la tradición haya preservado este detalle, a pesar de que no fue mencionado por la Torá, nos habla profundamente de que los sabios sabían perfectamente que no se puede dejar todo librado a la intervención Divina. Dios necesita que actuemos de modo tal que Él pueda intervenir a través nuestro. De aquí la profunda sabiduría de la tradición judía, según la cual la fe no significa dejar todo en manos de Dios. No es lo que Dios hace por nosotros lo que cambia la condición humana, sino lo que nosotros hacemos por Dios.

Una de las tradiciones más conmovedoras de los sabios se refiere a Miriam, la hermana de Moshé. Un midrash dice que después de que el Faraón promulgara su decreto por el cual todo bebé varón judío debía ser arrojado al río, los hombres decidieron que no tendrían más hijos. Esta tradición añade que Amram, el padre de Miriam, era el jefe del Sanedrín, la corte que tomó esta decisión, y fue Miriam quien lo persuadió de dejarla sin efecto. Solamente por ello es por lo que Moshé nació. En esta tradición está implícito el juicio de que una niña pequeña tuvo más fe que el hombre que en efecto era el jefe religioso de la comunidad. Él detentaba la autoridad, pero Miriam fue agraciada con el don del liderazgo.

El modo en el cual he expuesto este punto en estos ensayos ha sido el de contrastar la influencia y el poder. El judaísmo ha tendido a ser crítico respecto del poder. Reyes lo han detentado y a menudo han abusado de él. Los profetas no han tenido nada de él, pero su influencia ha perdurado hasta nuestros días. El Talmud nos dice que un Nasí (Presidente de la Comunidad Judía), Rabán Gamliel, ejerció su autoridad de tal manera que humilló a su adjunto, Rabí Yehoshúa, y a raíz de ello fue depuesto (Berajot 27b). Los guedolei hador, los grandes sabios de la generación cuya interpretación de la ley judía es usualmente seguida, rara vez, o quizás nunca – gozaron de poder formal. Simplemente emergieron por medio del consentimiento generalizado como las voces conductoras de su tiempo. En gran medida, el judaísmo se trata de liderazgo basado en la influencia y no en la autoridad que emana de un puesto formal.

La segunda distinción que vale la pena hacer es entre el liderazgo como un don –un talento, un conjunto de características– y el liderazgo como un proceso a través del cual adquirimos las habilidades y la experiencia requerida para influir sobre otros, y las cualidades de carácter necesarias para ser capaces de ceder un espacio para los demás. A menudo, en la Torá vemos personas que se convierten en líderes en vez de haber sido destinadas para ello desde su nacimiento. Génesis rastrea esta idea de diferentes maneras tanto con relación a Iosef como a Judá. Vemos que ambos se convierten en líderes. Solamente en Egipto, tras muchos vuelcos de fortuna, Iosef se transforma en un conductor y solamente tras numerosos intentos vemos que Judá hace otro tanto. Moshé atraviesa una serie de crisis personales en el libro de Números antes de emerger en Deuteronomio como la figura que es más conocida por la tradición: Moshé Rabenu, el líder como maestro. El liderazgo no es un

## Introducción: Atreverse a mucho

don que se nos concede al nacer. Es algo que a veces adquirimos con el correr del tiempo, a veces tras muchos retrocesos, fracasos y desilusiones.

Hay una historia que ya he contado en otra parte, pero vale la pena volver a ella en el presente contexto. Ocurrió en el verano de 1968 cuando era un estudiante de grado en la universidad de Cambridge. Como la mayoría de los judíos de mi generación, estaba profundamente afectado por las tensas semanas previas a la guerra de los seis días en junio de 1967, cuando parecía que Israel enfrentaba un ataque masivo por parte de sus vecinos. Nosotros, la generación nacida tras el Holocausto, sentíamos como si estuviésemos a punto de presenciar, Dios no lo permita, un segundo genocidio.

La pequeña sinagoga en Thompsons Lane estaba abarrotada de estudiantes, muchos de los cuales habían demostrado poco compromiso con la vida judía hasta ese entonces. La repentina y extraordinaria victoria israelí había generado una ola de alivio y de júbilo. Sin que nosotros lo supiéramos, algo similar estaba ocurriendo a lo largo de todo el mundo judío, lo cual condujo a una serie de consecuencias dramáticas: el despertar de los judíos soviéticos, el surgimiento de un nuevo tipo de yeshivá para los *baalei teshuvá*, personas que retornaban a la tradición, y un nuevo sentimiento de confianza en la identidad judía. Esta fue, por ejemplo, la primera vez que estudiantes judíos se sintieron capaces o impulsados a usar una kipá en público.

Decidí pasar el siguiente verano viajando por los Estados unidos y Canadá para reunirme con la mayor cantidad posible de rabinos y pensadores judíos y tener una idea de quiénes eran tanto espiritual como intelectualmente. En ese tiempo yo estudiaba filosofía secular y prácticamente se tomaba por descontado, al menos en Gran Bretaña, que ser un filósofo implicaba ser ateo o cuanto menos agnóstico. Quería saber cómo reaccionaban los pensadores judíos norteamericanos a estos desafíos. En 1966, Commentary, una revista judía norteamericana, había publicado un número titulado 'La condición de la creencia judía' en la cual treinta y ocho rabinos y teólogos daban sus respuestas a una serie de preguntas relativas a la fe. No había algo semejante en el judaísmo británico, por lo que me compré un pasaje de avión y un boleto de autobús Greyhound, y fiel al espíritu de Simon y Garfunkel, contando los automóviles en la autopista a New Jersey, vine a buscar a América.

*xxvii*

Me reuní con muchos pensadores impresionantes, pero dos nombres continuaron surgiendo en cada conversación: el Rabino Joseph Soloveitchik de la Yeshiva University y el Rebe de Lubavitch, Rabí Menajem Mendel Schneerson. El Rabino Soloveitchik era la mente judía sobresaliente de la época, un intelectual gigante que combinaba, como pocos lo han hecho, el dominio del Talmud con profundidad filosófica, genialidad exegética y una perspectiva poética de la condición humana.

Por su parte, el Rebe de Lubavitch había emergido como un líder singular en la vida judía. Había hecho algo muy inusual, orientando a su grupo jasídico hacia afuera enviándolos a los campus universitarios y a las pequeñas comunidades, lugares que nunca se habían encontrado con un tipo así de ortodoxia. Es difícil de percibir ahora, medio siglo después, que antes, casi nadie se había dedicado a la difusión del judaísmo. Él era un pionero genuino, el más singular de los fenómenos del segmento ultratradicionalista de la vida judía, el cual normalmente era más conocido por su separación del resto del mundo judío. A donde iba, las personas me hablaban de él con reverencia.

Estaba decidido a reunirme con ambos. La historia de mi encuentro con el Rabino Soloveitchik pertenece a otra parte. Fue mi encuentro con el Rebe el que tenía que ver con liderazgo, de un modo que resultó completamente inesperado. Lleno de jutzpá (atrevimiento), fui a su sede en el Bulevar Eastern Parkway 770 de Brooklyn y le pregunté al primer jasid que me encontré cómo podría hacer para verlo. Él se mató de la risa. "¿Sabes cuántos miles de personas quieren ver al Rebe?" me increpó. Me dijo que me olvidara de ello. Era simplemente imposible. Impávido, le dije que estaría viajando por los Estados Unidos y Canadá durante las próximas semanas, pero que luego me quedaría un tiempo donde mi tía en Los Ángeles, y si por casualidad fuera posible reunirme con él me podrían contactar allí. Le di el teléfono de mi tía.

Para mi sorpresa, cuatro semanas después, un domingo por la noche el teléfono sonó. Me dijeron que el Rebe podría verme por unos minutos en la noche del jueves. Hice mi maleta, le dije hasta pronto a mi tía, y viajé de Los Ángeles a Nueva York con un autobús de GreyHound, un trayecto que no recomendaría necesariamente a alguien que desee trasladarse de costa a costa. Ese jueves por la noche me reuní con el Rebe. Fue un encuentro que cambió mi vida. Era bastante diferente de lo que me esperaba. No había allí ningún carisma o personalidad desbordante. Por el contrario, era tan modesto que parecía haber una sola persona en la habitación, aquella a la cual él le estaba hablando. Esto de por sí era sorprendente. Más tarde descubrí que era uno de los principios fundamentales del misticismo judío, *bitul haiesh*, la anulación del ser, la mejor manera de estar abierto a lo Divino y también a lo humano, al Otro.

Más sorprendente aún era lo que aconteció en la mitad de nuestra conversación. Tras haber respondido pacientemente mis consultas, llevó a cabo una inversión de roles y comenzó a formular sus preguntas. ¿Cuántos judíos había en la universidad de Cambridge? ¿Cuántos de ellos estaban involucrados en la vida judía? ¿Cuántos venían a la sinagoga? En el tiempo en que escuchó las respuestas, solamente un diez por ciento de los estudiantes judíos estaban de alguna manera involucrados activamente en la vida judía, ante lo cual me preguntó, qué estaba haciendo yo a ese respecto.

Eso no fue lo que yo me esperaba. No tenía la más mínima intención de asumir ningún rol de liderazgo. Comencé una tortuosa declaración explicando por qué ello no tenía nada que ver conmigo: "En la situación en la cual me encuentro…", comencé a decir. El Rebe no dejó que la frase continuara. "Tú no te encuentras en una situación", dijo, "tú te colocas a ti mismo en una. Y si te pones en una situación puedes colocarte en otra". Muy pronto se volvió claro qué era lo que estaba haciendo. Me estaba desafiando a actuar. Evidentemente, algo andaba mal en la vida estudiantil judía de Cambridge, y él me estaba animando a involucrarme, a hacer algo para cambiar la situación.

Lo que ocurrió a lo largo de las próximas décadas es una historia para otro momento y otro lugar. Alcanza con decir que ese encuentro fue el comienzo de un largo camino que condujo, con el tiempo, a un joven que tenía planes de transformarse en abogado, economista o académico, a convertirse en rabino y eventualmente, a transformarse en el Gran Rabino. En retrospectiva, dije que las personas no comprendían cabalmente al Rebe. Lo veían como una persona que contaba con miles de seguidores. Ello era cierto, pero era la cuestión menos importante en lo que a él se refería. Lo que aprendí de él es que un buen líder crea seguidores, pero un gran líder crea líderes. Esto es lo que el Rebe hizo.

Esta es una manera tardía de decirle gracias por este libro que he escrito. Una de las labores más importantes de un líder es alentar el liderazgo en otros. Esto es lo que espero que el presente ensayo logre hacer en algún mínimo modo para ti. Cada uno de nosotros tiene un papel a jugar en el fortalecimiento de la vida judía, y no importa la escala en la cual lo hagamos. Si hacemos una diferencia positiva en alguien, ya es suficiente. Una vida, dijeron los sabios, es como un universo. Por lo tanto, si cambias una vida comienzas a cambiar el universo de la única manera que ello resulta posible: una persona por vez, un día por vez y una acción por vez.

Ofrecer ayuda a las personas necesitadas, hospitalidad a quienes están solos, ánimo a los que lidian con dificultades, es hacer una mitzvá, un acto sagrado. Es hacer lo que Dios hace: "Sostiene a los caídos, cura a los enfermos y libera a los prisioneros". Podemos curar algunas de las heridas de este mundo. Podemos hacer algo, y jamás debemos desanimarnos por no poder hacerlo todo. Tal como decía Rabí Tarfón: "No es tu deber completar la labor, pero no eres libre de apartarte de ella".

Estamos llamados a ser líderes. Pero estamos también llamados a ser seguidores. En el judaísmo, estos dos conceptos no se contradicen, tal como lo hacen en muchas culturas. Ambos aspectos son parte del mismo proceso. Líderes y seguidores se sientan alrededor de la misma mesa y se involucran en la misma labor, formulando la misma pregunta: ¿Cómo podemos juntos levantarnos unos a otros? El líder es aquel que desafía al seguidor. El seguidor es aquel que desafía al líder. Un sabio del Talmud dijo una vez: "Aprendí mucho de mis maestros, más aún de mis colegas, pero más que nadie de mis alumnos". Este es una de las grandes observaciones del liderazgo judío. Todos somos parte de un equipo y solamente como tal podemos cambiar el mundo.

Quizás, la lección más profunda e inesperada que aprendí a lo largo de estos veintidós años fue que el liderazgo no tiene que ver solamente con lo que logras con él, sino en quién te vuelves gracias a él. Liderar te obliga a desarrollar músculos que no sabías que poseías. Te transforma. Te otorga fuerza, valor y la disposición a afrontar riesgos. Te enseña inteligencia emocional y te concede la capacidad de ver el bien, a veces incluso lo sublime, en otras personas. Moshé comenzó su carrera de líder siendo incapaz de hablar en público, y la terminó como uno de los visionarios más elocuentes que el mundo haya conocido alguna vez. Liderar te hace crecer, es el medio más poderoso para ello.

El pueblo judío precisa ahora mismo de líderes, personas que no teman enfrentar los desafíos del hoy y construir para el mañana, en vez de, tal como tan a menudo ocurre, librar las batallas del ayer. Al inicio de los tiempos, dijeron los rabinos, Dios le mostró a Adán cada generación y sus buscadores, cada generación y sus líderes, con lo cual nos dicen que no hay dos generaciones similares. El mundo cambia, y los líderes nos ayudan a adaptarnos a lo nuevo sin quebrar la fe en lo antiguo. Espero que algo en estos ensayos te impulse a asumir un desafío de liderazgo, que, si bien pueda resultar pequeño, no lo hayas hecho anteriormente.

La felicidad es una vida vivida en un modo activo. No le llega a quienes se quejan sino a quienes hacen. La palabra más grande pronunciada por el pueblo judío en el momento más sagrado de su historia, cuando se encontraron con Dios en la montaña y se transformaron en una nación, fue *Naasé*, "haremos". El judaísmo es una religión de acción, y lo que hacemos juntos es más grande que lo que cada uno pudiera hacer solo. Este es el desafío del liderazgo. Los judíos osaron a creer que juntos, y con la ayuda del cielo, podemos cambiar el mundo. Atreverse en grande nos hace grandes. No hay otro camino.

Mis más profundos agradecimientos por las ideas de este libro van hacia las personas con quienes trabajé más estrechamente en el Gran Rabinato. El primer director de mi oficina, Jonathan (hoy Lord) Kestenbaum, quien definió las preguntas que llevaron a las sesiones de estudio de las cuales nació este libro. Su sucesor, Syma Weinberg, quien me enseñó sobre las dimensiones personales del liderazgo y la importancia de la inteligencia emocional. Joanna Benarroch y Dan Sacker quienes me ayudaron a pensar en métodos a través de los cuales transmitir estas ideas por nuevos medios a una nueva generación y en un nuevo rol. Haber trabajado con cada uno de ellos ha sido un privilegio.

También lo fue el haber servido a los judíos británicos y del Commonwealth. Mis colegas del Beit Din y del Rabinato de Londres fueron siempre buenos amigos y ha sido una bendición ver que, bajo su liderazgo, a lo largo de los años la vida judía en Gran Bretaña se tornó más espiritual.

Los presidentes y los activistas honorarios de la United Synagogue fueron los amigos más fieles que un líder cualquiera pudiera desear. La comunidad judía británica fue y es bendecida por el tiempo, la energía y el compromiso que sus miembros aportan para enriquecer cada aspecto de la vida judía. La nuestra es una comunidad de líderes, hacedores y dadores fuera de toda proporción con su número, y resultó sumamente inspirador ser parte de ella.

Como siempre, mis agradecimientos a mi editor Matthew Miller, a mi correctora de estilo Guila Fine y al equipo de Maggid Books por su entusiasmo y profesionalismo que excede en mucho a sus obligaciones. Estoy en deuda con el Profesor Ronald Heifetz no solo por su breve prefacio a este libro sino por todo lo que me enseñó sobre liderazgo a lo largo de los años, sus desafíos y sus posibilidades. Es un privilegio llamarlo a él y a su esposa Kathryn, amigos.

Siempre guardo mi más profundo agradecimiento a mi esposa Elaine, nunca tanto como en el caso de este libro. A lo largo de los años ella ha sido mi salvavidas, y su humor, su conexión a tierra, su profunda calma, simplicidad y perseverante fe hicieron de cada día una bendición. Agradezco a Dios por haberme obsequiado su amor, y si he logrado algo como líder, el crédito es de ella.

Jonathan Sacks<br>
Londres<br>
Yiar del 5775

ID

# Bereshit
בראשית

*Bereshit*
# Asumir la responsabilidad

Si el liderazgo es la solución, ¿cuál es el problema? Sobre este tema, la Torá no puede ser más específica. El problema es el fracaso de la responsabilidad.

Los primeros capítulos de Génesis se concentran en dos historias: la primera, de Adán y Eva, y la segunda de Caín y Abel. Ambas describen una forma específica de fracaso.

Primero, Adán y Eva. Como sabemos, pecaron. Avergonzados y con culpa, se esconden, solo para descubrir que no es posible esconderse de Dios.

> El Señor Dios llamó al hombre, "¿Dónde estás?" Él contestó: "Oí que estabas en el jardín, tuve temor porque estaba desnudo y me escondí." Entonces Él dijo: "¿Quién te dijo que estabas desnudo? ¿Has comido del árbol del que Yo te ordené no comer?" El hombre dijo: "La mujer que pusiste junto a mí me dio el fruto del árbol y yo lo comí." Entonces Dios le dijo a la mujer: "¿Qué es esto que has hecho?" La mujer respondió "La serpiente me engañó y yo comí" (Génesis 3:9–12).

## Bereshit

Ambos insisten en que no tuvieron la culpa. Adán acusa a la mujer. La mujer, a la serpiente. El resultado fue la pérdida del paraíso: ambos fueron castigados y exiliados del Jardín del Edén. ¿Por qué? Porque Adán y Eva negaron su *responsabilidad personal*. En efecto, dijeron: "Yo no fui."

La segunda historia es trágica. La primera instancia de rivalidad entre hermanos en la Torá conduce al primer asesinato:

> Cuando estaban en el campo, Caín atacó a su hermano Abel y lo mató. Entonces el Señor dijo a Caín: "¿Dónde está tu hermano Abel?" "No sé", contestó. "¿Acaso soy yo el guardián de mi hermano?" El Señor dijo, "¿Qué has hecho? ¡Escucha! La sangre de tu hermano Me clama desde la tierra" (Génesis 4:8–10).

Caín no niega su responsabilidad personal. No dice, "Yo no fui" ni "No fue culpa mía." Lo que niega es su *responsabilidad moral*. De hecho pregunta por qué debiera preocuparse por el bien de cualquier otra persona que no fuera de él mismo. ¿Por qué no hacer lo que queremos si tenemos la posibilidad de hacerlo? En *La República* de Platón, Glauco argumenta que la justicia es lo que el más poderoso juzga que es lo correcto. El poder dicta lo correcto. Si la vida es una lucha darwiniana para sobrevivir, ¿por qué deberíamos contenernos por el bien de otro si somos más poderosos que ellos? Si no hay moralidad en la naturaleza entonces solo yo soy responsable por mí mismo. Esa es la voz de Caín a través de los tiempos.

Estas dos historias no son *solo* historias. Es, al comienzo de la narrativa de la historia de la humanidad de la Torá, el registro de fracasos, primero personal y luego moral, de *asumir la responsabilidad* – y es a esto a lo que responde el liderazgo.

Hay una frase fascinante en la historia de los primeros años de Moshé. Crece, se conecta con su pueblo, el israelita, lo ve sufriendo por la labor de la esclavitud. Ve como un oficial egipcio castiga a uno de los suyos. El texto dice: "Miró para un lado y para el otro y no vio a nadie" (*vayar ki ein ish* Éxodo 2: 12, o más literalmente 'vio que no había ningún hombre').

Es difícil hacer aquí una lectura literal. Un sitio de construcción no es un lugar cerrado. Seguramente habría mucha gente presente.

## Bereshit: Asumir la responsabilidad

Apenas dos versículos más tarde vemos que había israelitas que sabían exactamente lo que había ocurrido. Por lo tanto la frase debe significar "Miró hacia un lado y al otro y vio que no había ninguna persona dispuesta a intervenir."

Si esto fuera así, estaríamos en presencia de la primera instancia de lo que se conoce como el "Síndrome Genovese" o "el efecto del espectador"[1] así denominado por el caso de la mujer atacada en Nueva York ante la presencia de un gran número de personas que sabían que estaba siendo asaltada pero que no hicieron nada para impedirlo.

Los sociólogos han realizado muchos experimentos para determinar qué pasa en situaciones semejantes. Algunos argumentan que la presencia de otros espectadores afecta la interpretación de lo que está ocurriendo. Como nadie interviene, llegan a la conclusión de que lo que están viendo no es una emergencia.

Sin embargo, otros estudiosos opinan que el factor clave es la *dilución de la responsabilidad*. La gente supone que como hay muchas personas presentes, alguno se hará cargo y actuará. Esa parece ser la interpretación correcta de lo que ocurrió en el caso de Moshé. Nadie estuvo dispuesto a intervenir. ¿Quién, en todo caso, estaría dispuesto a hacerlo? Los egipcios eran los amos de los esclavos. ¿Por qué habrían de correr el riesgo de salvar a un israelita? Y los israelitas eran esclavos. ¿Cómo acudir en ayuda de uno de sus semejantes si al hacerlo podrían poner en riesgo su propia vida?

Tuvo que aparecer Moshé para actuar. Pero eso es lo que hace ser líder. *Un líder es el que asume la responsabilidad.* El liderazgo nace cuando somos activos, no pasivos, cuando no esperamos que otra persona actúe porque quizás no haya nadie más – o por lo menos no aquí y ahora. Cuando las cosas malas ocurren, algunos miran para otro lado. Algunos esperan que actúen otros. Algunos acusan a otros por no hacer nada. Otros, simplemente se quejan. Pero existen los que dicen "Si hay algo que está mal, déjenme intentar resolverlo." Esos son los líderes. Son los que hacen la diferencia. Son los que construyen un mundo mejor.

Muchas de las grandes religiones y civilizaciones están basadas en la aceptación. Si hay violencia, sufrimiento, pobreza y dolor en el

---

[1]. Para una discusión más detallada ver https://es.wikipedia.org/wiki/Kitty_Genovese

mundo, lo aceptan por ser simplemente lo propio del mundo. O el deseo de Dios. O porque la naturaleza es así. Se encogen de hombros porque todo estará bien en el Mundo por Venir.

El judaísmo fue y es la gran religión de protesta en el mundo. Los héroes de la fe no aceptaron, protestaron. Estuvieron dispuestos a confrontar a Dios mismo. Abraham dijo, "¿Será que el Dios de toda la tierra no imparta justicia?"(Génesis 18:25). Moshé dijo, "¿Por qué Haz hecho el mal con este pueblo?"(Éxodo 5:22). Jeremías dijo, "¿Por qué están cómodos los malvados?"(Jeremías 12:1). Es así como quiere Dios que respondamos. *El judaísmo es el llamado de Dios a asumir la responsabilidad humana.* El logro más elevado es ser el socio de Dios en el trabajo de la Creación.

Cuando Adán y Eva pecaron, Dios exclamó "¿Dónde están?" Como señaló el Rabino Shneur Zalman de Liadi, el primer Lubavitcher Rebe, este llamado no iba dirigido a la primera pareja humana.[2] Se repite en cada generación. Dios nos dio libertad, pero la libertad viene con responsabilidad. Dios nos enseña lo que se debe hacer, pero Él no lo hace por nosotros. Con raras excepciones, Dios no interviene en la historia. Él actúa *a través* de nosotros, no *hacia* nosotros. Él es la voz que nos dice, así como Él le dijo a Caín, que podemos resistir al mal que está en nosotros tanto como al que nos rodea.

La vida responsable es la vida que responde. Responsabilidad en hebreo se dice *ajrayut,* y viene de la palabra *ajer,* que significa "otro." Nuestro gran Otro es Dios mismo, que nos llama a usar la libertad que Él nos dio para hacer el mundo más parecido a lo que el mundo debería ser. La gran pregunta, la pregunta que se responde por la vida que llevamos, es: ¿qué voz escucharemos? ¿La voz del deseo, como el caso de Adán y Eva? ¿La voz de la ira, como en el caso de Caín? ¿O seguiremos la voz de Dios que nos llama a hacer que nuestro mundo sea más justo y misericordioso?

CB

---

2. Según lo nota en Nissan Mindel, Rabbi Schneur Zalman of Liadi, A Biography (New York, Kehot Publication Society, 1969).

*Noaj*

# Rectitud no es liderazgo

E l elogio otorgado a Noaj no tiene paralelo en todo el Tanaj. Él fue, dice la Torá, "un hombre justo, perfecto en sus generaciones, Noaj caminaba con Dios." Elogio no dado a Abraham, Moshé, ni a ninguno de los profetas. El único personaje bíblico que se le acerca en este aspecto es Job, descrito como "recto y sin culpa *(tam ve-yashar)*; él temía a Dios y evitaba el mal" ( Job 1:1). De hecho, Noaj es el único personaje del Tanaj merecedor de la mención de "justo" (*tzadik*).

Y sin embargo el Noaj que vemos al final de su vida no es el mismo que el del principio. Después del Diluvio:

> Noaj, hombre de la tierra, procedió a plantar un viñedo. Cuando bebió algo del vino, se emborrachó y quedó túmbado, sin cobertura, dentro de su tienda. Jam, el padre de Canaán, vio a su padre desnudo y se lo dijo a sus dos hermanos que estaban afuera. Pero Shem y Iafet tomaron una túnica, la colocaron sobre sus hombros, caminaron hacia atrás y cubrieron el cuerpo desnudo de su padre. Tornaron sus caras hacia un costado para no ver la desnudez de su padre (Génesis 9:20–23).

## Bereshit

El hombre de Dios se ha convertido en un hombre de la tierra. El hombre altivo se ha transformado en un borracho. El hombre investido de virtud yace ahora desnudo. El hombre que salvó a su familia del Diluvio se ha vuelto tan indigno que dos de sus hijos tienen vergüenza de verlo. Es una historia de declinación. ¿Por qué?

El de Noaj es el clásico caso de alguien que es virtuoso, pero no líder. En una época desastrosa donde todo se ha corrompido, cuando el mundo estaba plagado de violencia, en el que Dios mismo —en una de las frases más estremecedoras de la Torá— dice que "se arrepiente de haber puesto al hombre sobre la tierra, y estaba apenado hasta la médula", sólo Noaj justifica la fe de Dios en la humanidad, la fe que lo condujo a crear al hombre en primera instancia. Ese es un logro extraordinario y no hay nada que pueda restarle valor. Noaj es, después de todo, el hombre a través del cual Dios hace un pacto con toda la humanidad. Noaj es a la humanidad lo que Abraham es al pueblo judío.

Noaj fue un hombre bueno en una época mala. Pero su influencia sobre la vida de sus contemporáneos fue aparentemente inexistente. Esto está implícito en la expresión de Dios: "*Solo en ti* He encontrado rectitud en toda esta generación" (Génesis 7:1). También está confirmado por el hecho de que solo Noaj y su familia, junto con los animales, fueron salvados. Tiene lógica suponer que estos dos factores —la rectitud de Noaj y su falta de influencia sobre sus contemporáneos— están íntimamente relacionados. Noaj preservó su virtud separándose de su medio. Así es como en un mundo que había enloquecido, él permaneció cuerdo.

El famoso debate entre los sabios acerca de que si la frase "perfecto en sus generaciones" (Génesis 6:9) se trata de un elogio o una crítica, puede tener que ver con esto. Algunos afirmaron que "perfecto en sus generaciones" significa que era perfecto so lo en relación con el bajo nivel reinante en ese entonces. Si hubiera vivido en la generación de Abraham, sostienen, habría sido insignificante. Otros dijeron lo contrario: si en un mundo malvado Noaj era virtuoso, cuánto más grande lo sería en una generación que tuviera un modelo como Abraham.

La discusión, me parece a mí, es si el aislamiento de Noaj se debía a su carácter o simplemente era la táctica adecuada para ese tiempo y lugar. Si realmente fuera un solitario, no habría ganado mucho por la presencia de un héroe como Abraham. Habría permanecido indiferente a su influencia, fuera buena o mala. Si no hubiera sido solitario por naturaleza sino meramente debido a las circunstancias, en otra época habría buscado otros espíritus afines, resultando más grande aún.

¿Pero qué era exactamente lo que debía hacer Noaj? ¿Cómo podría ser una influencia para el bien en una sociedad inclinada hacia el mal? ¿Debía intentar hablar en una era en la que nadie quería escuchar? En algunos casos la gente no escucha ni a Dios mismo. Tuvimos un ejemplo de esto solo dos capítulos atrás cuando Dios le advirtió a Caín sobre el peligro de su inclinación violenta hacia Abel – "¿Por qué estás tan furioso? ¿Por qué estás deprimido?...el pecado está agazapado en tu puerta. Te quiere seducir pero tú lo puedes dominar" (Génesis 4:6–7). Pero Caín no escuchó, y en vez de eso asesinó a su hermano. Si Dios habla y la gente no escucha, ¿cómo es posible criticar a Noaj por no haber hablado cuando todas las evidencias indican que hubiera sido en vano?

El Talmud analiza estas cuestiones en un contexto diferente, en otra era sin ley: los años que condujeron a la conquista babilónica y los de la destrucción del Primer Templo, otro periodo sin ley:

> R. Aja bar R. Janina dijo: Nunca una palabra favorable salió de la boca del Santo, Bendito Sea, de la cual se retractó por el mal, salvo en el caso siguiente, como está escrito: "Y el Señor le dijo: Ve al medio de la ciudad, al centro de Jerusalén, y pon una marca sobre la frente de los hombres que se quejan y lloran por todas las abominaciones que allí se están haciendo" (Ezequiel 9:4).
>
> El Santo Bendito Sea, le dijo a Gabriel: "Ve y pon una marca con tinta en la frente de los justos, que los ángeles de la destrucción no tengan poder sobre ellos; y marca con sangre la frente de los malvados, que los ángeles de la destrucción tengan poder sobre ellos." Dijo el Atributo de la Justicia al Santo, Bendito Sea: "¡Soberano del Universo! ¿Cómo se diferencian unos de otros?"
>
> "Estos son completamente justos, mientras que aquellos son completamente malvados." Y replicó: "¡Soberano del Universo!" dijo la Justicia, "tuvieron el poder de protestar pero no lo hicieron."
>
> Dijo Dios: "Si lo hubieran hecho no les habrían hecho caso."

*Bereshit*

"¡Soberano del Universo!" dijo la Justicia, "Esto Te fue revelado a Ti, ¿pero les fue revelado a ellos?" (Shabat 55a).

Según este pasaje, hasta los más virtuosos de Jerusalén fueron castigados en el tiempo del Primer Templo por no protestar ante la acción de sus contemporáneos. Dios objeta la postura de la Justicia: ¿Por qué castigarlos por no protestar si estaba claro que de haberlo hecho, no habrían sido escuchados? La Justicia responde: Esto puede estar claro para Ti o para los ángeles –queriendo decir que retrospectivamente estaba claro– pero en ese tiempo ningún ser humano podía estar seguro de que sus palabras no tendrían efecto. La Justicia pregunta: ¿cómo puedes estar seguro de que fracasarás si no lo intentas?

El Talmud nota que Dios concuerda renuentemente con la Justicia. De ahí el poderoso principio: cuando pasan cosas malas en la sociedad, cuando la corrupción, la violencia y la injusticia prevalecen, es nuestro deber registrar una protesta, aun cuando sea probable que no tenga ningún efecto. ¿Por qué? Porque eso es lo que demanda la integridad moral. El silencio puede ser tomado como aceptación. Y además, nunca se puede estar seguro de que nadie escuchará. La moralidad requiere que ignoremos la probabilidad y nos enfoquemos en la posibilidad. Quizás alguien lo note y cambie sus costumbres – y que ese "quizás" es suficiente.

Esta idea no aparece súbitamente por primera vez en el Talmud. Está expresada explícitamente en el libro de Ezequiel. Esto es lo que Dios le dice al profeta:

"Hijo del hombre, Yo te estoy enviando a los israelitas, una nación rebelde que se ha rebelado contra Mí; ellos y sus antecesores han estado en rebelión ante Mí hasta este mismo día. El pueblo al que te estoy enviando es terco y obstinado. Dile a ellos: 'Esto es lo que dice el Señor Soberano.' Y si quieren escuchar o no lo hacen –pues son un pueblo rebelde– sabrán que un Profeta ha estado entre ellos" (Ezequiel 2:3–5).

Dios le está diciendo al profeta que hable, sin tener en cuenta si el pueblo lo escuchará o no.

Por lo tanto, una manera de leer la historia de Noaj es como un ejemplo de falta de liderazgo. Noaj era virtuoso, pero no líder. Era un buen hombre que no tuvo influencia alguna sobre su medio.

Seguramente existan otras formas de leer esta historia pero a mí me parece que esta es la más directa. Si fuera así, el de Noaj sería el tercer caso de falla en asumir responsabilidades. Como vimos la semana pasada, Adán y Eva fallaron al no responsabilizarse por sus actos ("Yo no fui"). Caín falló en asumir la responsabilidad moral ("¿Acaso soy el guardián de mi hermano?") Y Noaj falló en la prueba de responsabilidad colectiva.

Esta manera de interpretar la narrativa, si fuera correcta, nos llevaría a una contundente conclusión. Sabemos que el judaísmo implica responsabilidad colectiva ya que enseña *Kol Israel arevim ze bazeh* ("Todo Israel es responsable por el otro", Shevuot 39a). Pero también podría ser que el solo hecho de ser *humano* implica una responsabilidad colectiva. No sólo los judíos son responsables por los demás. Lo somos todos, independientemente de la fe o la filiación religiosa. Eso es lo que argumentó Maimónides, aunque Najmánides estuvo en desacuerdo.[1]

Los Jasidim lo plantearon en forma sencilla: Llamaron a Noaj *tzadik im peltz*, "justo en abrigo de piel." Esencialmente, hay dos formas de resguardarse del frío nocturno: con un abrigo grueso o encendiendo una fogata. Con el abrigo se calienta uno mismo. Con el fuego entran todos en calor. Se supone que esta última es la preferible.

Noaj era un hombre bueno que no era líder. ¿Estaría él, después del Diluvio, atormentado por la culpa? ¿Habrá pensado en las vidas que hubiese podido salvar si hubiera levantado la voz, ya sea con sus contemporáneos o con Dios? No podemos asegurarlo. El texto lo sugiere, pero no es concluyente.

Parece ser, sin embargo, que la Torá propone un alto nivel de vida moral. No es suficiente ser virtuoso si eso significa dar la espalda a una sociedad culpable de hacer el mal. Debemos asumir. Debemos protestar. Debemos registrar nuestro disenso aun cuando la posibilidad de cambiar opiniones sea pequeña. Eso se debe a que la vida moral es la vida que compartimos con otros. Somos, de alguna forma, responsables de la sociedad de la que formamos parte. No es suficiente ser bueno. Debemos alentar a otros a que lo sean. Hay momentos en los que cada uno de nosotros debe liderar.

---

1. Ver Rambam, Mishné Torá, *Hiljot Melajim* 9:14. Ramban, *Comentario a Bereshit* 34:13, s.v. *ve-rabim*.

*Bereshit*

Si el liderazgo es la solución, ¿cuál es el problema? Sobre este tema, la Torá no puede ser más específica. El problema es el fracaso de la responsabilidad.

CB

*Lej Lejá*

# El coraje de no amoldarse

Los líderes lideran. Eso no significa que además no sean seguidores. Pero lo que ellos siguen es distinto a lo que sigue la mayoría de la gente. No se conforman por el hecho de conformarse. No hacen lo que hacen los demás, meramente porque los otros lo hacen. Siguen a una voz interna, un llamado. Tienen una visión, no de lo que es, sino de lo que puede llegar a ser. Su pensamiento está fuera de lo convencional. Marchan a un compás diferente.

Esto nunca fue expresado más dramáticamente que en las primeras palabras de Dios a Abraham, las palabras que pusieron en marcha la historia judía: "Deja tu tierra, tu lugar de nacimiento, la casa de tu padre y ve a la tierra que Yo te indicaré" (Génesis 12:1).

¿Por qué? Porque la gente *se* amolda. Adopta las costumbres y sobre todo la cultura del tiempo y lugar en el que vive – "tu tierra." Y a un nivel más profundo, está influenciada por vecinos y amigos – "tu lugar de nacimiento." Y más profundamente aún, moldeada por los padres y por la familia donde creció – "la casa de tu padre."

Yo quiero que seas diferente, le dice Dios a Abraham. No por el mero hecho de serlo, sino para iniciar algo nuevo: una religión que no venere el poder y sus símbolos – que es para lo que fueron hechos y son los ídolos. "Quiero que tú", dijo Dios "enseñes a tus hijos y a tu familia a seguir el camino del Señor haciendo lo que es justo y correcto" (Génesis 18: 19).

Ser judío es estar dispuesto a desafiar el consenso prevaleciente cuando, como tan frecuentemente ocurre, las naciones sucumben a la veneración de antiguos dioses. Lo hicieron en Europa en el siglo XIX y en los comienzos del siglo XX. Fue la era del nacionalismo: la búsqueda del poder en nombre de la nación-estado, que condujo a dos guerras mundiales y decenas de millones de muertos. Es la era que estamos viviendo en la actualidad, donde Corea del Norte adquiere, e Irán desarrolla, armas nucleares para imponer sus ambiciones por la fuerza. Es lo que está pasando ahora en gran parte del Medio Oriente y África en que las naciones incurren en la violencia y en lo que Hobbes llamó "la guerra de todo hombre contra todo hombre." [1]

Nos equivocamos cuando imaginamos a los dioses representados por su apariencia externa – estatuas, efigies, íconos. Es algo que corresponde a un tiempo que hace mucho hemos superado. La forma de imaginar a los ídolos es lo que ellos representan. Simbolizan el poder: Ra para los egipcios, Baal para los cananitas, Quemosh para los moabitas, Zeus para los griegos, y los misiles y bombas para los insurgentes y las naciones terroristas de la actualidad.

El poder nos permite dominar a otros sin su consentimiento. Como manifestó el historiador griego Tucídides, "Los poderosos hacen lo que quieren y los débiles sufren lo que deben."[2] El judaísmo es una crítica sostenida al poder. He arribado a esa conclusión después de toda una vida de estudiar nuestros textos sagrados. Trata sobre cómo puede ser construida una nación sobre la base de un compromiso compartido y una responsabilidad colectiva. Cómo construir una sociedad que honra a la persona hecha a la imagen y semejanza de Dios. Es sobre la visión, nunca totalmente lograda pero tampoco abandonada, de un mundo basado en la justicia y la compasión, en la cual "Ellos no dañarán ni

---

1. Thomas Hobbes, *The Leviathan*, ed. Richard Tuck (Cambridge, England: Cambridge University Press, 1991), parte 1, cap. 13.
2. Tucídides, 5.89.

## Lej Lejá: El coraje de no amoldarse

destruirán en toda Mi montaña, pues la tierra se llenará del conocimiento del Señor como las aguas cubren el mar" (Isaías 11: 9).

Abraham, sin duda alguna, es la persona más influyente que ha existido. Hoy se afirma que es el ancestro espiritual de 2.300 millones de cristianos, 1.800 millones de musulmanes y 14 millones de judíos; más de la mitad de la población actual. Sin embargo no reinó ningún imperio, no comandó un gran ejército, no realizó milagros ni profecías. Es el ejemplo supremo, en toda la historia, de *influencia sin poder*.

¿Por qué? Porque fue preparado para ser diferente. Como dicen los sabios, fue llamado *ha-ivri*, "el hebreo" porque "todo el mundo estaba de un lado (*be-ever ejad*) y él estaba del otro".[3] El liderazgo, como es sabido, puede ser muy solitario. Pero sigues haciendo lo que debes hacer porque sabes que la mayoría de la gente no siempre tiene razón y que la sabiduría convencional no siempre es sabia. Los peces muertos van con la corriente. Los vivos nadan contra la misma. Así es con la conciencia y el coraje. Así es con los hijos de Abraham. Están preparados para desafiar a los ídolos de su tiempo.

Después del Holocausto algunos sociólogos estaban turbados por la pregunta de por qué tanta gente estaba dispuesta, ya sea por participación activa o por una aprobación silenciosa, a apoyar a un régimen que estaba cometiendo uno de los más grandes crímenes de la humanidad. Un experimento clave fue conducido por Solomon Asch. Reunió a un grupo de personas a las cuales pidió que hicieran una serie simple de tareas cognitivas. Se les mostraba una serie de cartas, una con una línea fina, la otra con tres líneas de distinta longitud y se les preguntó cuál de esas líneas tenía la misma longitud que la de la primera carta. Sin el conocimiento de uno de los participantes, Asch instruyó a los demás a dar la respuesta correcta con las primeras cartas y una incorrecta para las demás. En un significativo número de casos el sujeto bajo análisis, aun sabiendo que su respuesta era errónea, acompañó la opinión de los demás. Tal es el poder de la presión para amoldarse: nos puede decir algo que sabemos que es inexacto.

Más atemorizante aún resultó el experimento de Stanford llevado a cabo a comienzos de 1970 por Philip Zimbardo. A los participantes les

---

3. Génesis Rabá 42:8.

*Bereshit*

fueron asignados aleatoriamente roles de guardias y prisioneros en una prisión simulada. En pocos días los estudiantes con el rol de guardias comenzaron a actuar en forma abusiva, algunos de ellos sometiendo a los supuestos prisioneros a tortura psicológica. Los que actuaban como prisioneros lo tomaron en forma pasiva, incluso poniéndose del lado de los guardias frente a los que se resistían. El experimento se canceló a los seis días al comprobar que el mismo Zimbardo se encontraba dominado por la realidad artificial que había creado. La presión para amoldarse a los roles asignados es lo suficientemente intensa como para instigar a las personas a hacer lo que saben que está mal.

Es por eso que a Abraham le fue indicado, al comienzo de su misión, dejar "su tierra, su lugar de nacimiento, la casa de su padre," para liberarse de la presión de amoldarse. Los líderes deben estar preparados para no seguir el consenso. Uno de los grandes autores sobre el tema del liderazgo, Warren Bennis, escribe: "Para la época en que llegamos a la pubertad, el mundo nos ha moldeado de una manera mayor de la que nos damos cuenta. Nuestra familia, los amigos y la sociedad en general nos han indicado –verbalmente y con ejemplos– cómo ser. Pero la persona comienza a ser líder en el momento en que decide por sí misma cómo ser."[4]

Una razón por la cual los judíos han resultado ser líderes, en una proporción que no tiene relación con su número, y en casi cualquier disciplina, es precisamente por la voluntad de ser diferentes. A lo largo de los siglos los judíos han sido el ejemplo más impactante de un grupo que se ha negado a asimilarse a la cultura dominante o convertirse a la fe dominante.

Uno de los hallazgos de Solomon Asch vale la pena ser destacado. Él observó que cuando había sólo una persona dispuesta a respaldar al individuo que veía que los demás estaban dando la respuesta equivocada, le daba la fortaleza necesaria para alzarse contra el consenso. Es por eso, que a pesar de su número menor, los judíos crearon comunidades. Es difícil liderar en soledad, mucho menos difícil es hacerlo en compañía de otros, aun siendo minoría.

---

4. Walter Bennis, *On Becoming a Leader* (New York: Basic Books, 1989), 49.

## Lej Lejá: El coraje de no amoldarse

El judaísmo es la voz antagónica en la conversación de la humanidad. Como judíos, no seguimos a la mayoría solo porque lo es. Era tras era, centuria tras centuria, los judíos fueron preparados para hacer lo que inmortalizó el poeta Robert Frost:

> Dos caminos divergieron en un bosque, y yo,
> Elegí el menos transitado,
> Y eso marcó toda la diferencia. [5]

Eso es lo que hace una nación de líderes.

CB

---

5. Robert Frost, *The Road Not Taken, Birches, and Other Poems* (New York: H. Holt and Co., 1916), 10.

*Vaierá*
# Respondiendo al llamado

La historia temprana de la humanidad comienza en la Torá con una serie de trastornos. Dios le dio libertad al ser humano que luego desaprovechó. Adán y Eva comieron el fruto prohibido. Caín asesinó a Abel. En relativamente poco tiempo, antes del Diluvio, el mundo estuvo dominado por la violencia. Toda carne en la tierra se pervirtió. Dios creó el orden pero la humanidad creó el caos. Aún después del Diluvio, al construir la Torre de Babel, la humanidad fue culpable de una arrogancia desmedida y la convicción de que se podría construir una torre que "llegara al cielo" (Génesis 11: 4).

Los humanos fallaron en responder a Dios, es cuando Abraham entra en escena. Al comienzo, no estamos seguros de qué es lo que Abraham está convocado a hacer. Sabemos que se le ordena dejar su tierra, su lugar de nacimiento y la casa de su padre para ir "a una tierra que Yo te indicaré" (Génesis 12:1), pero qué es lo que debe hacer cuando llegue, no lo sabemos. Sobre esto la Torá guarda silencio. ¿Cuál es la misión de Abraham? ¿Qué es lo que tiene él de especial? ¿Qué es lo que le hace ser algo más que un buen hombre en una mala época, al igual que Noaj? ¿Qué es lo que hace que sea un líder y padre de una nación de líderes?

Para decodificar este misterio tenemos que revisar lo que nos señala la Torá antes de este punto. Yo sugerí hace unas semanas que quizás la clave del tema es la falta de responsabilidad. Adán y Eva carecieron de responsabilidad *personal*. Adán dice "No fui yo, fue la mujer." Eva dice "No fui yo, fue la serpiente." Es como si negaran ser los autores de sus propias historias – como si no comprendieran qué es la libertad ni la responsabilidad que esta implica.

Caín no niega su responsabilidad personal. No dice "No fui yo, fue culpa de Abel por provocarme." En cambio, niega su responsabilidad *moral*: "¿Acaso soy el guardián de mi hermano?"

Noaj fracasa en la prueba de responsabilidad *colectiva*. Es un hombre virtuoso en una era de vicio, pero no impacta en sus contemporáneos. Salva a su familia (y a los animales) pero a nadie más. Según la lectura simple del texto, ni lo intenta.

Si entendemos esto, comprendemos a Abraham. Él ejerce la responsabilidad *personal*. En la parashá Lej Lejá, se desata una pelea entre los pastores de Abraham y los de su sobrino Lot. Al ver que no era un conflicto banal sino que había un exceso de ganado para la tierra disponible, Abraham inmediatamente propone una solución:

> "Entonces Abram dijo a Lot: Que no haya una disputa entre tú y yo ni entre nuestros pastores, pues somos hermanos. ¿No está toda la tierra delante de ti? Separémonos. Si tú vas a la derecha, yo iré a la izquierda; si vas a la derecha, yo iré a la izquierda" (Génesis 13: 8–9).

Observen que Abraham no emite juicio alguno. No pregunta quién es el culpable de la disputa. No indaga quién se beneficiará del resultado. Le da a Lot a elegir. Ve el problema y actúa.

En el capítulo siguiente de Bereshit vemos una guerra local, que deriva en la captura de Lot junto a otras personas. Inmediatamente, Abraham reúne sus fuerzas, persigue a los invasores, rescata a Lot y a todos los demás cautivos y los devuelve a salvo a sus hogares, negándose a recibir cualquier recompensa ofrecida por el agradecido rey de Sodoma.

## Vaierá: Respondiendo al llamado

Este es un pasaje extraño, lo retrata a Abraham de manera muy distinta al pastor nómade que vemos en otros lados. Se comprende mejor en el contexto de la historia de Caín. Abraham muestra que *es* el guardián de su hermano (o del hijo de su hermano). Inmediatamente capta la naturaleza de la responsabilidad moral. Pese al hecho de que Lot eligió vivir en ese lugar con los riesgos implícitos, Abraham no dijo: "Su seguridad es responsabilidad de él, no mía."

En la parashá Vaierá de esta semana, llega el gran momento: un ser humano desafía a Dios mismo por primera vez. Dios está por emitir Su juicio a Sodoma. Abraham, temiendo que esto signifique la destrucción de la ciudad, dice:

> "¿Vas a eliminar a los justos junto a los malvados? ¿Y si hubiera cincuenta virtuosos en la ciudad? ¿Vas realmente a destruirla y no salvar al lugar, en mérito de los cincuenta justos que estarían allí? Lejos de Ti está hacer tal cosa – matar a los justos junto con los malvados, tratar a ambos en pie de igualdad. ¡Lejos de Ti! ¿Será que el Juez de toda la tierra no imparta Justicia?" (Génesis 18: 23–25).

Este es un discurso notable. ¿Qué derecho tiene un mero mortal de desafiar a Dios mismo?

La breve respuesta de Dios es que sí, que puede hacerlo. Escuchemos cuidadosamente el texto:

> Entonces el Señor dijo: "¿Debo esconder de Abraham lo que pienso hacer? Abraham con seguridad se transformará en una nación grande y poderosa y todas las naciones de la tierra serán bendecidas a través de él"... Entonces dijo el Señor: "El clamor contra Sodoma y Gomorra es tan grande y sus pecados tan graves que bajaré a ver si lo que han hecho es tan malo como el clamor que Me ha llegado."

Estas palabras "*¿Debo esconder de Abraham lo que pienso hacer?*" es una clara indicación de que Dios quiere que Abraham le conteste, si no ¿por qué lo habría dicho?

La historia de Abraham sólo puede comprenderse con el trasfondo de la historia de Noaj. Ahí también Dios le adelantó a Noaj sus planes de castigar al mundo.

Entonces Dios le dijo a Noaj "Yo voy a poner fin a todos los humanos, pues la tierra se ha plagado de violencia debido a ellos. Ciertamente voy a destruirlos a ellos y a la tierra" (Génesis 6:13).

Noaj no protestó. Por el contrario, nos dice la Torá que tres veces Noaj "hizo lo que Dios le ordenó" (Génesis 6:22, 7:5, 7:9). Noaj aceptó el veredicto. Abraham lo cuestionó. Abraham comprendió lo del tercer principio que hemos estado explorando en estas últimas semanas: el de la responsabilidad *colectiva*.

Los habitantes de Sodoma no eran hermanos ni hermanas de Abraham, por lo que él estaba yendo más allá de lo que había hecho por Lot. Rogó por ellos porque comprendió el concepto de la solidaridad, manifestado por John Donne:

> Ningún hombre es una isla,
> Enteramente en sí…
> La muerte de cualquier ser me disminuye
> Pues estoy involucrado con la humanidad. [1]

Pero queda latente una pregunta. ¿*Por qué* Dios hizo que Abraham lo desafíe? ¿Había algo que Abraham sabía y Dios no? Esa idea es absurda. La respuesta seguramente es: Abraham estaba por convertirse en el referente e iniciador de una nueva fe, alguien que no debía defender el status quo del ser humano, sino desafiarlo.

*Abraham debía tener el coraje de desafiar a Dios si sus descendientes habrían de retar a los gobernantes humanos*, como lo hicieron Moshé y los profetas. Los judíos no aceptan el mundo tal cual es. Lo desafían en nombre del mundo que debería ser. Este es un punto de inflexión crítico en la historia humana: el nacimiento de la primera religión de protesta – la aparición de una fe que desafía al mundo en vez de aceptarlo tal cual es.

---

[1]. John Donne, Devociones para ocasiones emergentes, Meditación XVII.

Abraham no era un líder convencional. No gobernó a una nación. No había aún nación para gobernar. Pero fue el modelo de líder como lo entiende el judaísmo. Asumió la responsabilidad. Actuó, no esperó que lo hicieran otros. De Noaj, la Torá dice, "caminó *con* Dios" (Génesis 6: 9). Pero a Abraham Dios le dice, "Camina *delante* de Mí" (Génesis 17:1), o sea, sé un líder. Camina delante. Asume responsabilidad personal. Asume responsabilidad moral. Asume responsabilidad colectiva.

El judaísmo es el llamado de Dios a la responsabilidad.

CB

*Jaié Sará*
# Comenzando la travesía

Hace un tiempo, un periódico británico, *The Times*, entrevistó a un integrante de la comunidad judía y miembro de la Casa de los Lores (*House of Lords*) –llamémoslo Lord X– en su nonagésimo segundo cumpleaños. El periodista dijo, "La mayoría de las personas cuando llegan a los 92 años comienza a bajar las revoluciones. Pero usted parece que acelerara. ¿Por qué?"

La respuesta de Lord X fue: "Cuando uno llega a los 92, comienza a ver que la puerta se va cerrando, y tengo tantas cosas que hacer antes de que se cierre que cuanto más envejezco, más duro trabajo."

La parashá de esta semana sobre Abraham nos produce una impresión similar. Sara, su compañera fiel durante todas las travesías, ha muerto. Él tiene 137 años. Lo vemos lamentando la muerte de Sara, pero inmediatamente entra en acción. Se involucra en una complicada negociación para comprar un sitio donde enterrarla. Como claramente lo describe la narración, no es tarea fácil. Él le confiesa al pueblo local, el hitita, que es "un inmigrante y residente entre ustedes" (Génesis 23:4), dando a entender que sabe que no tiene derecho a comprar un terreno allí. Necesitará una concesión especial para lograrlo. Los hititas, respetuosa pero firmemente tratan de desalentarlo. Él no necesita comprar el sitio: "ninguno de nosotros le negará un lugar para enterrar a su muerto" (Génesis 23: 6). Podría enterrar a Sara en un cementerio ajeno. Igualmente respetuoso, pero no menos firme, Abraham manifiesta que está decidido a comprar el sitio. Finalmente, paga un precio exorbitante (400 shekels de plata) para lograrlo.

La compra de la Cueva de Majpelá es, sin duda, un evento muy importante, porque está registrado con gran detalle y con una terminología fuertemente legal, no sólo aquí sino en tres oportunidades subsecuentes en Génesis (aquí en 23:17, y luego en 25:9, 49:30 y 50:13) y, en cada ocasión, con igual formalidad. Acá, por ejemplo, lo vemos a Yaakov en su lecho de muerte, hablando sus hijos:

> "Entiérrenme con mis padres en la Cueva en el llano de Efrón el hitita, la cueva en la tierra de Majpelá cerca de Mamré en Canaán, que Abraham adquirió como cementerio a Efrón el hitita. Allí Abraham y su esposa Sara fueron enterrados, ahí Yitzjak y su esposa Rebeca fueron enterrados y allí enterré a Leah. El campo y la cueva fueron comprados a los hititas" (Génesis 49- 29,32).

Acá se está insinuando algo significativo, de lo contrario ¿por qué especificar cada vez, con tanta precisión, dónde estaba el campo y a quién se lo compró Abraham?

Inmediatamente después de la compra del terreno leemos: "Abraham era anciano, bien avanzado en años, y Dios había bendecido a Abraham en todo" (Génesis 24:1). De nuevo esto parece sonar como el final de una vida, no el prefacio de una nueva acción, y nuevamente nuestra expectativa entra en confusión. Abraham se lanza aquí a una nueva iniciativa: esta vez la de encontrar una esposa adecuada para su hijo Yitzjak, que tenía, para ese entonces, por lo menos 37 años de edad. Abraham instruye a su sirviente de mayor confianza para que vaya "a mi tierra, a mi lugar de nacimiento" (Génesis 24: 2), para buscar a la mujer apropiada. Quiere que Yitzjak tenga una mujer que comparta su fe y su modo de vida. Abraham no estipula que debe provenir de su propia familia, pero en el trasfondo parece ser una suposición latente.

Como en el caso de la compra de la tierra, el transcurso de estos eventos se describe con casi más detalle que en cualquier otro pasaje de la Torá. Cada intercambio de palabras queda registrado. El contraste con el episodio de las ligaduras de Yitzjak no podría ser mayor. Allí, casi todo –los pensamientos de Abraham, los sentimientos de Yitzjak– queda sin expresión. Aquí, se dice todo. Nuevamente, el estilo literario nos llama la atención sobre la importancia de lo que está sucediendo, sin decirnos precisamente en qué consiste.

La explicación es simple e inesperada. A través de toda la historia de Abraham y Sara, Dios promete dos cosas: hijos y una tierra. La promesa de la tierra: "Levántate, camina por la tierra a todo lo largo y lo ancho, pues Yo te la daré" (Génesis 13:17), se repite no menos de siete veces. La promesa de hijos, cuatro veces. Los descendientes de Abraham serán "una gran nación" (Génesis 12:22) y tantos como "el polvo de la tierra" (Génesis 13:16) y "las estrellas del firmamento" (Génesis 15:5); será el padre no de una nación, sino de muchas (Génesis 17:5).

A pesar de esto, cuando muere Sara, Abraham no tiene ni un centímetro de tierra que pueda considerar como propio, y tiene un solo hijo que podrá continuar con el pacto, Yitzjak, en ese entonces soltero. Ninguna de las promesas se ha cumplido. De ahí, el extraordinario detalle de las dos narrativas principales de Jaié Sará: la compra de la tierra y la búsqueda de una mujer para Yitzjak. Aquí hay una enseñanza: la Torá disminuye la velocidad de la narrativa cuando aumenta el ritmo de los acontecimientos, para que no perdamos detalle alguno.

*Dios promete, pero nosotros debemos actuar.* Dios le prometió la tierra a Abraham, pero tuvo que comprar la primera parcela. Dios le prometió a Abraham muchos descendientes, pero Abraham debía asegurar que su hijo se casara, y con una mujer que compartiera la vida del pacto, para que él pueda decir, como decimos ahora, que tuvo "nietos judíos."

*Pese a todas las promesas, Dios no lo hizo ni lo hará Él solo.* Por el mismo acto de autolimitación (*tzimtzum*) mediante el cual creó el espacio para la libertad humana, Dios nos da la responsabilidad, y solo ejerciéndola podemos arribar a la estatura plena de seres humanos. Dios salvó a Noaj del Diluvio, pero Noaj debía construir el Arca. Le dio la tierra de Israel al pueblo de Israel, pero ellos tuvieron que librar las batallas. Dios nos da la fortaleza para actuar, pero hacerlo nos corresponde a nosotros. Lo que cambia el mundo, lo que nos conduce a nuestro destino, *no es lo que Dios hace por nosotros, sino lo que nosotros hacemos por Dios.*

Esto es lo que entienden los líderes, y es lo que hizo que Abraham fuera el primer líder judío. Los líderes asumen la responsabilidad de crear las condiciones mediante las cuales los designios de Dios puedan ser cumplidos. No son pasivos sino activos – aún en la ancianidad, como Abraham en la parashá de esta semana. En el capítulo siguiente a la búsqueda de la mujer para Yitzjak, leemos con sorpresa que Abraham se vuelve a casar y tiene ocho hijos más. Lo que nos puede decir esto – y hay muchas interpretaciones, (la más probable sería la explicación de que Abraham fue el "padre de muchas naciones.")– ciertamente transmite la idea de que Abraham siguió siendo joven de la misma forma que Moshé, "sus ojos sin disminución y su vigor sin merma" (Deuteronomio 34:7). Aunque la acción requiere de energía, también genera energía. El contraste entre Noaj y Abraham en la ancianidad, no podría ser mayor.

Quizás, sin embargo, el punto más importante de esta parashá es que grandes promesas –una tierra, innumerables hijos– se transforman en realidad mediante pequeños inicios. Los líderes comienzan a vislumbrar un futuro, pero también saben que hay un largo camino entre aquí y allá; y solo podemos llegar mediante un acto a la vez, día por día. No hay atajos milagrosos – y si los hubiera, no ayudarían. Ir por un atajo podría culminar en un éxito como la calabaza de Ioná, que creció durante la noche y que en ese período también murió. Abraham adquirió solo una parcela y tuvo un solo hijo para continuar con el pacto. Sin embargo, no se quejó y murió sereno y satisfecho. Porque había comenzado. Porque les dejó a las generaciones futuras algo sobre lo cual construir. Todo gran cambio es el trabajo de más de una generación y ninguno de nosotros vivirá para ver el fruto de nuestro esfuerzo.

Los líderes vislumbran el destino, comienzan la travesía, y dejan detrás de ellos a los que la continuarán. Es lo suficiente para dotar de inmortalidad a una vida.

CB

*Toldot*
# La comunicación importa

El Netziv (Naftali Zvi Yehuda Berlin, 1816–1892, decano de la Yeshiva de Volozhin) observó agudamente que Yitzjak y Rebeca parecían tener un problema de falta de comunicación. Notó que la relación de Rebeca con Yitzjak no era la misma que la de Abraham y Sara o la de Rajel y Yaakov. Cuando tenían un problema, no temían hablar sobre el tema. No así Rebeca" (Ha'amek Davar a Génesis 24:65).

El Netziv percibe este distanciamiento desde el primer momento en el que Rebeca ve a Yitzjak, cuando está "meditando en el campo" (Génesis 24: 63), en ese momento, se cayó del camello y se "cubrió con un velo" (Génesis 24: 65). Comenta que "se cubrió por temor y por sentirse inapropiada, como si percibiera que no era merecedora de ser su esposa, y desde ese momento esa sensación quedó fijada en su mente".

El Netziv sugiere que la relación nunca fue informal, espontánea y comunicativa. Como resultado de esto, en los momentos críticos se produce un quiebre en la comunicación. Por ejemplo, parece probable que Rebeca nunca le haya informado a Yitzjak sobre la profecía que tuvo previa al nacimiento de los mellizos, Esav y Yaakov, en la que Dios le manifestó que "el mayor servirá al menor" (Génesis 25:23). Esa sería, aparentemente, una de las razones por la cual ella amaba a Yaakov más que a Esav, sabiendo que era el elegido por Dios. ¿Si Yitzjak hubiera sabido esta predicción sobre el futuro de sus hijos, igualmente habría preferido a Esav? Probablemente no lo sabía, ya que Rebeca no se lo dijo. Es por eso que, muchos años más tarde, cuando oye que Yitzjak está por bendecir a Esav, se ve obligada a planear el engaño: le dice a Yaakov que simule ser Esav. ¿Por qué no le dice simplemente que es Yaakov el que debe ser bendecido? Porque eso la hubiera forzado a admitir que había mantenido en secreto lo de la profecía, durante todos los años del crecimiento de sus hijos.

Si le hubiera hablado a Yitzjak el día de la bendición, es posible que él hubiese dicho algo que podría haber cambiado todo el curso de sus vidas y la de sus hijos. Puedo imaginarme a Yitzjak diciendo: "Naturalmente sé que será Yaakov y no Esav el que continuará con el pacto. Pero tengo en mente dos bendiciones diferentes, una para cada uno de nuestros hijos. Le daré a Esav una bendición de *riqueza y poder*. 'Que Dios te otorgue el rocío del firmamento y la riqueza de la tierra... Que las naciones te sirvan y que las personas se inclinen ante ti (Génesis 27:28-29). Y le daré a Yaakov la bendición que Dios nos otorgó a Abraham y a mí, la bendición de los *hijos* y de la *tierra prometida:* 'Que Dios Todopoderoso te bendiga y te haga fructificar e incrementar tu número hasta transformarte en una comunidad de personas. Que Él te dé a ti y a tu descendencia las bendiciones dadas a Abraham, para que tomes posesión de la tierra que ahora habitas como extranjero, la tierra que Dios le dio a Abraham'" (Génesis 28:3-4).

Yitzjak nunca tuvo la intención de otorgar la bendición del pacto a Esav. Quería darle a cada hijo la bendición adecuada. Todo el engaño planeado por Rebeca y llevado a cabo por Yaakov no fue necesario en ningún momento. ¿Por qué Rebeca no lo comprendió? Por la falta de comunicación que existía entre ella y su esposo.

Ahora veamos las consecuencias. Yitzjak, anciano y ciego, se sintió traicionado por Yaakov. "Tembló violentamente" cuando se dio cuenta de lo ocurrido y le dijo a Esav: "Tu hermano vino con engaño." Esav de igual forma se sintió traicionado y experimentó un odio tan intenso hacia Yaakov que juró matarlo. Rebeca se vio forzada a mandar a Yaakov al exilio, privándose, durante más de dos décadas, de la compañía del hijo que amaba. En cuanto a Yaakov, las consecuencias del engaño le duraron toda la vida, resultando en el distanciamiento con sus esposas y hasta con sus hijos. "Pocos y crueles han sido los años de mi vida" (Génesis 47:9), le dice al Faraón en su ancianidad. Tantas vidas descarriadas por una acto que en realidad resultó innecesario – Yitzjak finalmente le dio a Yaakov la "bendición de Abraham" sin engaño alguno, sabiendo que era Yaakov y no Esav.

Tal es el precio humano que se paga por la falta de comunicación. La Torá es extremadamente ingenua en esos temas, lo que hace que sea una enseñanza de vida tan significativa: se trata de la vida auténtica, con personas reales y problemas verdaderos. La comunicación importa. En el principio, Dios creó el mundo con palabras: "Y Dios dijo: 'que se haga'". Nosotros creamos el mundo social con palabras. El Targum tradujo la frase "Y el hombre se convirtió en un alma viviente" (Génesis 2:7), en "Y el hombre se convirtió en un alma *parlante*." Para nosotros, hablar es vida. La vida es relación. Y las relaciones humanas se construyen mediante la comunicación. Podemos transmitir a otros nuestras esperanzas, temores, sentimientos y pensamientos.

Es por eso que cualquier líder –ya sea un padre o un CEO– debe tener como objetivo una buena, fuerte, honesta y abierta capacidad de comunicación. Eso es lo que hace que las familias, los equipos y las culturas empresariales sean buenas. Todos deben saber cuál es el objetivo central como equipo, cuál es su rol específico, cuáles son las responsabilidades que les corresponden y cuáles son los valores y el comportamiento que se espera que brinden como ejemplo. Debe haber elogios para los que lo logran y críticas para los que no. La crítica debe ser a la acción, no a la persona; la persona debe sentirse respetada aun en caso de fallar. Esta última característica es una de las diferencias fundamentales entre la "moralidad de la culpa" de la cual el judaísmo es el ejemplo supremo y la "moralidad de la vergüenza" como la de los griegos antiguos (básicamente, la culpa establece una clara diferencia entre el acto y la persona; la vergüenza, no).

Hay situaciones en las cuales mucho depende de una comunicación clara. No es una exageración decir que hay momentos en los que el destino mismo del mundo depende de ello.

Una de esas instancias ocurrió durante la crisis de los misiles cubanos en 1962 cuando los Estados Unidos y la Unión Soviética estuvieron al límite de una guerra nuclear. En el apogeo de la crisis, como describió Robert McNamara en su film, *The Fog of War*, (La niebla de la guerra) el presidente John F.Kennedy recibió dos mensajes del líder soviético, Nikita Khuschev. Uno era conciliador, el otro mucho más agresivo. La mayoría de los asesores creyó que la segunda representaba el pensamiento real de Khruschev y debía tomarse en serio.

Sin embargo, una persona, Llellwyn Thompson Jr., tuvo una perspectiva diferente. Él había sido embajador norteamericano entre los años 1957 y 1962 y llegó a conocer muy bien al líder soviético. Incluso había vivido un tiempo con él y su esposa. Le dijo a Kennedy que consideraba que el mensaje conciliador era el pensamiento real de Khruschev, mientras que el agresivo, que no le parecía que viniera de él, habría sido escrito para apaciguar a los generales rusos. Kennedy le hizo caso a Thompson y le dio a su contrincante la oportunidad de una retirada sin perder la dignidad – con lo cual se evitó la posibilidad de una guerra devastadora. Es terrible pensar lo que podría haber ocurrido si Thompson no hubiera estado allí para aclarar cuál era el mensaje verdadero.

Muchos aspectos de nuestras vidas se ven afectados por la información errónea y mejorados por la correcta comunicación. Es por eso que los amigos, padres, socios y líderes deben practicar un comportamiento en el cual se lleve a cabo una comunicación honesta, abierta y respetuosa, que involucre no solo hablar sino también escuchar. Sin ello, la tragedia está al acecho.

CB

*Vayetzé*
# Luz en tiempos oscuros

¿Qué fue lo que hizo que Yaakov –y no Abraham, Yitzjak o Moshé– fuera el auténtico padre del pueblo judío? A nosotros nos llaman "la congregación de Yaakov", "los hijos de Israel". Yaakov/Israel es el hombre cuyo nombre llevamos. Pero no fue Yaakov el que inició la travesía, sino Abraham. Yaakov no tuvo que someterse a la prueba de Yitzjak con las Ligaduras. No lideró la salida del pueblo de Egipto ni les entregó la Torá. Sin duda, todos sus hijos permanecieron en la fe junto a él, a diferencia de Abraham y de Yitzjak. Pero eso nos retrotrae a la pregunta inicial. ¿Por qué tuvo éxito donde Abraham y Yitzjak fallaron?

Parecería que la respuesta estuviera en las parashiot Vayetzé y Vaishlaj. Yaakov fue el hombre al que se le presentaron las más grandes apariciones cuando estaba solo, de noche, lejos del hogar, huyendo de un peligro a otro. En la parashá Vayetzé, escapando de Esav, se detiene para descansar por la noche, se acuesta sobre unas piedras, y tiene una epifanía.

*Bereshit*

> Tuvo un sueño en el que vio una escalera con la base en la tierra que llegaba hasta el cielo, sobre la cual ascendían y descendían los ángeles de Dios…Cuando Yaakov se despertó, pensó: "Seguramente el Señor está en este lugar y yo no me di cuenta." Tuvo miedo, y dijo: "¡Qué atemorizante es este lugar! No es otra cosa que la casa de Dios y esta es la entrada al cielo" (Génesis 28: 12–17).

En la parashá Vaishlaj, huyendo de Labán y, nuevamente aterrado por la posibilidad de un encuentro con Esav, lucha en la soledad de la noche con un desconocido.

> "Entonces el hombre le dijo: Tu nombre ya no será Yaakov sino Israel, pues has luchado con Dios y con los hombres y has prevalecido"…Yaakov llamó al lugar Peniel, pues "Yo vi a Dios cara a cara y pese a ello mi vida fue perdonada" (Génesis 32: 28–30).

Estos fueron encuentros decisivos de la vida espiritual de Yaakov, pero ocurrieron en tiempo liminal (el periodo del medio, no el del punto de partida ni el del destino final), un tiempo en el que Yaakov está en peligro en los dos lugares – el lugar del que parte y hacia dónde va. Pero en esos puntos centrales es donde halla a Dios y encuentra el coraje para continuar, a pesar de los peligros del camino.

Esa es la fortaleza que Yaakov le legó al pueblo judío. Lo más destacable no es solo que este es uno de los pequeños pueblos que ha sobrevivido a tragedias que hubieran aniquilado a otros pueblos: la destrucción de dos templos; las conquistas babilónica y romana; las expulsiones, persecuciones y pogromos de la Edad Media; el avance del antisemitismo en el siglo XIX en Europa, y el Holocausto. Lo sorprendente es que después de cada catástrofe el judaísmo se renovó, alcanzando logros de nuevas alturas.

Durante el exilio babilónico, el judaísmo profundizó su compromiso con la Torá. Después de la destrucción de Jerusalén por parte de los romanos, se produjo la monumental obra de la Torá Oral: el Midrash, la Mishná y la Guemará. Durante la Edad Media, se produjeron las obras maestras de los comentarios de la ley y de la Torá, poesía y filosofía. Y

## Vayetzé: Luz en tiempos oscuros

solo tres años después del Holocausto, se proclamó el Estado de Israel, el retorno del judaísmo a la historia luego de la larga noche del exilio.

Cuando fui consagrado Jefe del Rabinato del Reino Unido, tuve que someterme a un examen de salud. El médico me hizo caminar sobre una cinta a bastante velocidad. Le pregunté "¿Qué está tratando de medir, cuán rápidamente puedo correr o cuánto tiempo aguanto?" "Ninguna de las dos," me contestó, "Quiero ver cuánto tarda su pulso en volver a la normalidad cuando se detenga." Ahí es donde descubrí que la salud se define midiendo la capacidad de recuperación. Eso es válido para todos, pero doblemente para los líderes del pueblo judío, una nación de líderes (creo que ese es el significado de la frase "un Reino de Sacerdotes") (Éxodo 19:6).

Los líderes padecen crisis. Es una constante del liderazgo. Cuando a Harold Macmillan, primer ministro de Gran Bretaña entre 1957 y 1963, le preguntaron cuál fue el aspecto más complicado de su gestión, contestó la famosa frase: "los eventos, mi amigo, los eventos." Las cosas malas ocurren, y cuando es así, el líder debe soportar la presión para que los demás puedan dormir tranquilamente en sus lechos.

El liderazgo, especialmente relacionado con lo espiritual, es sumamente tensionante. Cuatro personajes del Tanaj: Moshé, Eliahu, Jeremías y Ioná – rogaron morir antes que continuar. Esto no ocurrió solamente en el pasado lejano. Abraham Lincoln sufrió ataques de depresión, como así también Winston Churchill que llamó a esa condición "el perro negro." Tanto Mahatma Gandhi como Martin Luther King tuvieron intentos de suicidio en su adolescencia y tuvieron eventos depresivos en la vida adulta. También, ocurrió con grandes artistas como Miguel Ángel, Beethoven y Van Gogh.

¿Es la grandeza la que nos lleva a momentos de desesperación o la desesperación la que nos conduce a la grandeza? ¿Son los conductores los que internalizan las tensiones y angustias de su tiempo? ¿O son los que están acostumbrados a la presión emocional, los que hallan como salida llevar a cabo vidas excepcionales? En la literatura no existe hasta ahora una respuesta convincente a esta pregunta. Pero como persona, Yaakov era más volátil emocionalmente que Abraham, quien se mantenía mucho más sereno aun frente a situaciones muy difíciles. O Yitzjak, que era especialmente retraído. Yaakov temió; Yaakov amó;

*Bereshit*

Yaakov pasó mucho más tiempo en el exilio que los demás patriarcas. Pero Yaakov perduró y persistió. De todas las figuras de Génesis, él es el gran sobreviviente.

La capacidad de sobrevivir y de recuperarse es lo que se necesita para ser líder. Es la decisión de vivir una vida de riesgo lo que hace que ese tipo de personas sea diferente a los demás. Así lo expresó Theodor Roosevelt en uno de los discursos más grandes que pronunció sobre el tema:

> No es el crítico el que vale; no es el que señala cómo trastabilla el gran hombre, o el que dice que los hechos podrían haberse realizado mejor. El crédito le corresponde al hombre que está en el terreno, cuyo rostro está marcado por el polvo, el sudor y la sangre; que lucha valientemente; que se equivoca, que se queda corto repetidas veces, porque no existe esfuerzo sin errores y limitaciones; pero realmente pelea por sus logros; que sabe de grandes entusiasmos, grandes devociones; que se desgarra por una causa justa; que en el mejor de los casos llega finalmente a triunfar con grandes realizaciones y que si fracasa, por lo menos lo hace con valentía, para que su lugar jamás esté entre las almas tímidas y frías que no conocen la victoria ni la derrota[1].

Yaakov soportó la rivalidad de Esav, el resentimiento de Labán, la tensión entre sus esposas e hijos, la temprana muerte de su amada Rajel, y la ausencia – durante veintidós años – de su hijo favorito, Iosef. Él le dijo al Faraón, "Pocos y crueles han sido los días de mi vida" (Génesis 47:9). Sin embargo, en el camino se "encontró" con ángeles, que tanto si estaban luchando con él o ascendiendo la escalera al cielo, iluminaron la noche con una aureola de trascendencia.

Intentar, fracasar, temer, pero seguir adelante: eso es lo necesario para ser líder. Ese fue Yaakov, el hombre que en los momentos más críticos de su vida tuvo las visiones más grandes del cielo.

CB

---

1. Theodore Roosevelt, "Citizenship in a Republic", discurso pronunciado en París, el 23 de abril de 1910.

*Vaishlaj*

# Ser uno mismo

He comentado muchas veces que el episodio por el cual el pueblo judío adquirió su nombre –cuando Yaakov luchó de noche con un adversario desconocido, y recibió el nombre de Israel– es esencial para comprender lo que significa ser judío. Ahora planteo aquí, que este episodio es igualmente fundamental para comprender lo que significa liderar.

Existen varias teorías sobre la identidad del "hombre" que luchó con el patriarca esa noche. La Torá lo llama "un hombre". El profeta Oseas lo llama "ángel" (Oseas 12:4–5). Los sabios opinaron que era Samael, el ángel guardián de Esav y una fuerza del mal[1]. Yaakov mismo estaba convencido de que era Dios. "Yaakov llamó al lugar Peniel diciendo 'Porque vi a Dios cara a cara y sin embargo mi vida fue perdonada'" (Génesis 32:31).

Mi sugerencia al respecto es que solo podemos entender este pasaje al examinar toda la vida del patriarca. Yaakov nació tomado del talón de Esav. Le compró a él la primogenitura. Le robó la bendición.

---

1. Bereshit Rabá, 77; Rashi a Génesis 32:35; Zohar I, Vaishlaj, 170a.

Cuando su padre, ciego, le preguntó quién era, le contestó: "Soy Esav, tu primogénito" (Génesis 27:19). Yaakov era el niño que quería ser Esav.

¿Por qué? Porque Esav era el mayor. Porque Esav era fuerte, maduro físicamente, un cazador. Sobre todo, porque era el favorito de su padre: "Yitzjak, a quien le gustaba la carne de animal salvaje, amaba a Esav, pero Rebeca amaba a Yaakov" (Génesis 25:28). Yaakov es el paradigma de lo que el teórico literario y antropólogo francés, Rene Girard, llamó *deseo mimético*, que significa que deseamos lo que otra persona quiere, porque queremos *ser* esa otra persona[2]. Lo que resulta en una tensión entre Yaakov y Esav. Esa tensión crece hasta llegar a una intensidad inaguantable cuando Esav descubre que la bendición que el padre tenía destinada para él fue tomada por Yaakov, y Esav jura matar a Yaakov, una vez que Yitzjak ya no esté vivo.

Yaakov huye a la casa de su tío Labán donde se encuentra con más conflictos; va camino a casa cuando se entera de que Esav se aproxima con una fuerza de cuatrocientos hombres. En una descripción fuerte e inusual de las emociones, la Torá nos dice que Yaakov estaba "muy asustado y desesperado" (Génesis 32:7) – asustado, sin ninguna duda, ya que Esav venía dispuesto a matarlo, y quizás la desesperación podía deberse a que el enojo de su hermano no era sin causa.

Como hemos visto anteriormente, Yaakov, en efecto, había perjudicado a su hermano. Yitzjak le dice a Esav "Tu hermano vino con engaño y tomó tu bendición" (Génesis 27:35). Siglos más tarde, el profeta Oseas dijo: "El Señor tiene una acusación contra Judá; castigará a Yaakov según sus actos y lo remunerará de acuerdo a sus hechos. En el vientre de la madre asió el talón de su hermano; siendo hombre, luchó con Dios" (Oseas 12:3–4). Jeremías usa el nombre de Yaakov para nombrar a una persona que engaña: "Cuídense de sus amigos; no confíen en vuestro clan; pues cada uno de ellos es un embaucador (*akov Yaakov*), y cada amigo, un difamador" (Jeremías 9:3).

Todo el tiempo que Yaakov quiso ser Esav hubo tensión, conflicto, rivalidad. Esav se sintió engañado; Yaakov sintió miedo. Esa noche, cuando estaba por encontrarse con Esav después de veintidós años de ausencia, Yaakov lucha consigo mismo, termina expulsando la imagen

---

2. Rene Girard, *La violencia y lo sagrado*, Athlone Press, 1988.

de Esav, la persona que él quiso ser, y que había cargado consigo durante todos esos años. Ese es el momento crítico de la vida de Yaakov. De ahí en más, está satisfecho consigo mismo. Y solamente cuando dejamos de querer ser otra persona, (en palabras de Shakespeare "envidio el arte de este hombre y la pujanza de este otro. Hastiado incluso de aquello que me daba alegrías"[3]) es que podemos estar en paz con nosotros mismos y con el mundo.

Este es uno de los grandes desafíos del liderazgo. Es sumamente fácil para un líder buscar la popularidad al ser lo que las personas quieren que sea – liberal para los liberales, conservador para los conservadores, tomando decisiones que logran un reconocimiento temporario, en lugar de actuar según sus principios y convicciones. El asesor presidencial, David Gergen, una vez escribió sobre Bill Clinton que "no sabe bien quién es, y trata de definirse de acuerdo a cuánto lo aprecian los demás. Eso lo lleva a toda clase de contradicciones, y a la vista de los demás, es una mezcla constante de fortalezas y debilidades."[4].

Los líderes tratan a veces de "mantener unido al equipo" al decirle cosas diferentes a distintas personas, pero a la larga esas contradicciones salen a la luz –especialmente con la transparencia total que imponen los medios actuales– y como resultado, el líder parece no tener integridad. Las personas ya no confían en sus declaraciones. Hay una pérdida de confianza y autoridad que puede llevar mucho tiempo en recomponerse. El líder puede llegar a la conclusión de que su posición es insostenible y puede verse forzado a dimitir. Pocas cosas hacen que un líder sea más impopular que la búsqueda de la popularidad.

Los grandes líderes tienen el coraje de vivir con la falta de popularidad. Abraham Lincoln fue insultado y ridiculizado durante su mandato. En 1864 el *New York Times* escribió: "Ha sido denunciado innumerables veces como perjuro, usurpador, tirano, corruptor de la Constitución, destructor de las libertades de su país, un temerario fanático, un frívolo desalmado frente una nación agonizante."[5] A Winston Churchill, antes

---

3. Shakespeare, "*Sonnet 29*". (N. del T.: tomado de la traducción de Shakespeare de Guillermo Ospina)
4. David Gergen, *Eyewitness to Power* (New York: Simon & Schuster, 2001), 328.
5. John Kane, *The Politics of Moral Capital*, Cambridge University Press, 2001, 71.

de asumir como Primer Ministro durante la Segunda Guerra Mundial, se lo consideraba un fracasado. Y cuando finalizó la guerra fue derrotado en las elecciones generales. Él mismo señaló que "El éxito se consigue deambulando entre fracaso y fracaso sin perder el entusiasmo..." John F. Kennedy y Martin Luther King fueron asesinados. Cuando Margaret Thatcher falleció, algunas personas salieron a celebrar en las calles.

Yaakov no fue líder; no existía aún nación para liderar. Sin embargo, la Torá se explaya extensamente para darnos una imagen de su lucha por la identidad, que no era solamente la suya. Muchos de nosotros hemos experimentado esta lucha. (La palabra *avot* utilizada para describir a Abraham, Yitzjak y Yaakov no significa solamente "padres, patriarcas" sino también "arquetipos"). No es fácil superar el deseo de ser otra persona, de desear lo que otros tienen, de ser lo que son. De vez en cuando, la mayoría de nosotros lo sufre. Girard afirma que esa ha sido la principal fuente de conflicto a través de la historia. Puede llevar toda una vida de lucha hasta llegar a la conclusión de saber quién somos y de renunciar al deseo de lo que no somos.

Más que ningún otro personaje en Génesis, Yaakov está rodeado de conflictos: no solo con Esav, sino también con Labán; Rajel y Lea; y con sus hijos, Iosef y sus hermanos. Es como si la Torá nos estuviera diciendo que mientras tengamos algún conflicto *dentro* de nosotros, habrá conflicto a nuestro *alrededor*. Debemos resolver nuestra tensión interna antes de intentar hacerlo para los demás. Debemos tener paz interior antes de estar en paz con el mundo.

Eso es lo que ocurrió en la parashá de esta semana. Después de la lucha con el personaje desconocido, Yaakov experimenta un cambio de personalidad, una transformación. Le devuelve a Esav la bendición que le sacó. El día anterior le había entregado centenares de cabras, ovejas, carneros, camellos, vacas, toros y asnos. Luego le devuelve la bendición diciendo "Que seas amo sobre tus hermanos, que los hijos de tu hermano se inclinen ante ti" (Génesis 27:29). Yaakov se inclina siete veces ante Esav. Lo llama "mi señor," (33:8) y se refiere a sí mismo como "tu servidor" (33:5). Utiliza la palabra "bendición," aunque este hecho aparece oculto por la traducción. Él le dice "Por favor toma la bendición que ha sido traída a ti" (33: 11). Como conclusión, los dos hermanos se encuentran, y parten en paz.

## Vaishlaj: Ser uno mismo

Las personas son conflictivas. Tienen distintos intereses, pasiones, deseos, temperamentos. Aunque no los tuvieran, igual entrarían en conflicto, como todo padre o madre sabe. Los hijos –y no solo ellos– demandan atención, y no se puede ser equitativo con todos todo el tiempo. Manejar los conflictos que afectan a cada grupo humano es trabajo del líder – y si el líder no está seguro o confiado acerca de su identidad, los conflictos seguirán existiendo. Aun si el líder se ve como pacificador, los conflictos no desaparecerán.

La única respuesta es "conocerse a uno mismo". Debemos luchar con nosotros mismos, como lo hizo Yaakov en esa noche fatídica, deshacernos de la persona con la que nos comparamos constantemente, aceptar que algunas personas nos querrán por lo que defendemos y otras no, comprender que es mejor lograr el respeto de algunos que la popularidad de todos. Esto puede significar toda una vida de lucha, pero el resultado es una fortaleza inmensa. Nadie es más fuerte que los que saben qué son y quiénes son.

CB

*Vaieshev*
# El heroísmo de Tamar

Esta es una historia verídica que ocurrió en 1970. El Rabino Nahum Rabinovitch, entonces Director del Jews' College, el seminario rabínico de Londres donde fui alumno y maestro, fue contactado por una organización que tuvo la inusual oportunidad de realizar un encuentro interreligioso. Un grupo de obispos africanos deseaba saber más sobre el judaísmo. ¿Estaría dispuesto el Director a enviar a sus alumnos avanzados para entablar un diálogo en un castillo en Suiza?

Ante mi sorpresa, él accedió. Me dijo que era escéptico respecto al diálogo judeo-cristiano en general, porque creía que a través de los siglos la Iglesia había estado infectada de antisemitismo, y eso era difícil de superar. Pero en ese tiempo pensó que los cristianos africanos eran distintos. Ellos amaban el Tanaj y sus historias. Estaban, por lo menos en un principio, abiertos a comprender el judaísmo bajo sus propios términos. Él no agregó, aunque yo sabía que por ser una de las máximas autoridades del mundo sobre Maimónides, que el sabio del siglo XII tenía una actitud especial respecto al diálogo. Maimónides creía que el Islam era una fe auténticamente monoteísta, mientras que el cristianismo, en esa época, no lo era. Sin embargo, sostuvo que estudiar el Tanaj con cristianos estaba permitido, pero no con los musulmanes, ya que los cristianos creían que el Tanaj (lo que ellos llamaban Antiguo Testamento) era la palabra de Dios, mientras que los musulmanes sostenían que los judíos habían falsificado el texto[1].

Por lo tanto, fuimos a Suiza. Era un grupo inusual: la clase de *smijá* del Colegio Judío junto con la clase más avanzada de la yeshivá de Montreux donde había disertado el difunto Rabino Yejiel Weinberg, autor de *Seridei Esh* y uno de los mayores halajistas del mundo. Durante tres días el grupo judío rezó y bendijo con especial intensidad. Estudiamos Talmud cada día. Durante el tiempo restante tuvimos un encuentro poco común y casi transformador con los obispos africanos, terminando en una mesa de tipo jasídica durante la cual compartimos nuestras canciones e historias y ellos nos contaron las suyas. A las tres de la mañana, terminamos bailando juntos. Nosotros sabíamos que éramos distintos, sabíamos que había diferencias profundas entre nuestras respectivas fes, pero nos hicimos amigos. Quizás sea eso lo que debemos buscar. Los amigos no tienen por qué estar de acuerdo para ser amigos. Y la amistad puede a veces sanar el mundo.

La mañana siguiente a nuestro arribo hubo un episodio que me impresionó profundamente. El grupo convocante era una organización secular global judía y para cumplir con sus normas el grupo debía incluir por lo menos a una judía no ortodoxa, una mujer que estudiaba para el rabinato. Nosotros, la *smijá* y los estudiantes de la *yeshivá* estábamos rezando durante el servicio de Shajarit en una de las salas del lugar cuando la mujer reformista entró, con su *talit* y *tefilín*, y se sentó en medio del grupo.

Eso fue algo que los estudiantes nunca habían experimentado. ¿Qué debían hacer? No había *mejitzá*. No había forma de separarse. ¿Cómo reaccionar ante una mujer con *talit* y *tefilín* en medio de un grupo de hombres rezando? Fueron corriendo al Rabino en un estado de gran agitación y le preguntaron qué hacer. Sin un instante de hesitación les citó lo dicho por los sabios: una persona debe preferir arrojarse dentro de un horno ardiendo antes que humillar a una persona en público (Ver

---

1. Maimonides, Teshuvot HaRambam, Blau Edition (Jerusalem: Mekitzei Nirdamim, 1960), no. 149.

## Vaieshev: El heroísmo de Tamar

Berajot 43b y Ketubot 67b). Con lo cual les ordenó que volvieran a sus lugares y que siguieran rezando.

La moraleja de ese momento nunca me abandonó. El Rav, director de la yeshivá Maalé Adumim durante 32 años fue uno de los grandes halajistas de nuestro tiempo[2]. Sabía perfectamente la seriedad de lo que estaba en juego: hombres y mujeres rezando juntos sin una barrera que los separe, y la complicada cuestión de si las mujeres pueden ponerse *talit* y *tefilín*. El tema era cualquier cosa menos simple. Pero también sabía que la halajá es una manera sistemática de convertir las grandes verdades espirituales y la ética en hechos concretos, y no se debe perder nunca la visión abarcadora por enfocarse exclusivamente en los detalles. Si los alumnos hubieran insistido que la mujer rezara en otro lado, le habrían causado una gran humillación. Nunca, bajo ninguna circunstancia, se debe humillar a alguien en público. Ese era el imperativo trascendente del momento. Revela la marca del hombre de alma elevada. Uno de los grandes privilegios que he tenido es haber sido su alumno durante más de una década.

El motivo por el cual cuento esta historia es porque se relaciona con una de las lecciones más poderosas e inesperadas de nuestra parashá. Judá, el hermano de Iosef, que propuso venderlo como esclavo (Génesis 37: 26), había "bajado" a Canaán donde se casó con una mujer del lugar (Génesis 38: 1). La expresión "bajar" fue tomada justamente por los sabios con todo su significado[3]. Así como Iosef había sido bajado a Egipto (Génesis 39: 1) de la misma forma Judá descendió moral y espiritualmente. He aquí que uno de los hijos de Yaakov estaba haciendo lo que los patriarcas insistieron que no se debía: asimilarse a la población local. Es un ejemplo de una lamentable declinación.

---

2. Este ensayo fue originalmente escrito por el Rabino Sacks en el 2015. El Rabino Dr. Nachum Rabinovitch fue el Rabino, maestro y mentor del Rabino Sacks. Tristemente falleció en el año 2020, unos meses antes de que falleciera el Rabino Sacks. Para leer más acerca del Rabino Rabinovitch, por favor ver el ensayo de *Conversación y Convenio* titulado "Mi maestro: in Memoriam", escrito para Matot-Masei.
3. De acuerdo con la tradición midráshica (Midrash Agadá, Pesikta Zutreta, Sejel Tov et al), Judá fue "Enviado hacia abajo" o excomulgado por sus hermanos por convencerlos de vender a Iosef, luego de la grieta vieron a su padre sufrir. Ver también Rashi ad loc.

Su primogénito, Er, se casa con una mujer local, Tamar[4]. Un pasaje oscuro nos dice que pecó y luego murió. Judá entonces la casó con su segundo hijo, Onán, en base a la forma de casamiento de levirato pre mosaico en el que el hermano está obligado a casarse con la cuñada viuda si no ha tenido hijos. Onán, reacio a ser padre de un hijo que sería considerado de su hermano fallecido y no propio, practicó una forma de *coitus interruptus* que al día de hoy lleva su nombre. Debido a esto, él también murió. Habiendo perdido a dos de sus hijos, Judá no quiso casar a su tercer hijo, Shelah, con Tamar. Como consecuencia, quedó en un estado de "viuda en vida", destinada a casarse con su cuñado pero impedida de hacerlo por Judá y por lo tanto imposibilitada de casarse con otro hombre.

Después de muchos años, al ver que su suegro (a la vez también viudo) se negaba a permitir que ella se case con Shelah, decidió, en una maniobra audaz, sacarse la vestimenta de viudez, cubrirse con un velo y ubicarse en un sitio por el que Judá debía pasar camino a esquilar las ovejas. Judá la vio, la tomó por prostituta y aceptó sus servicios. Como garantía del pago de los mismos, ella insistió en recibir el anillo con su sello, su cuerda y su vara. Judá volvió al día siguiente con el pago, pero la mujer había desaparecido. Preguntó a los lugareños por la prostituta del templo (el texto en este punto emplea la palabra *kedeshah* "prostituta de culto" en lugar de *zonah*, haciendo que la trasgresión de Judá sea aún peor) pero ninguno en la zona había visto a tal persona. Perplejo, Judá retornó a su casa.

Tres meses más tarde se enteró de que Tamar estaba embarazada. Llegó a la única conclusión posible: había tenido una relación sexual con otro hombre estando ligada por ley a su hijo Shelah. Había cometido adulterio, trasgresión castigada con la muerte. Tamar fue llevada a enfrentar su sentencia y Judá se percató de inmediato de que portaba su vara y su sello. Ella dijo: "Yo estoy embarazada de la persona a la que

---

4. Targum Yonatan la identifica como la hija de Shem (hijo de Noaj). Otros la identifican como la hija de Malkizedek, contemporáneo de Abraham. Sin embargo, la verdad es que ella aparece en la narrativa sin lineaje, un recurso que la Torá utiliza a menudo para enfatizar que la grandeza moral, muchas veces, puede encontrarse entre la gente común. No tiene nada que ver con la ascendencia. Ver Alshij ad loc.

pertenecen estos objetos". Judá se dio cuenta de lo ocurrido y proclamó: "Ella es más justa que yo" (Gén 38: 20).

Este es el momento de quiebre de la historia. Judá es la primera persona en la Torá en admitir explícitamente que obró mal[5]. No nos damos cuenta aún, pero este parece ser el momento en el que él adquirió la profundidad de carácter necesaria para convertirse en el primer verdadero *baal teshuvá*. Esto lo vemos años más tarde, cuando él (el hermano que propuso vender a Iosef como esclavo) propone pasar el resto de su vida en esclavitud con tal de que su hermano Benjamin pueda ser liberado (Génesis 44: 33). He argumentado en otro texto que es de aquí que aprendemos el principio de que una persona arrepentida es más elevada que un individuo perfectamente virtuoso[6]. Judá, el arrepentido, será el antecesor de los reyes de Israel, mientras que Iosef, el justo, es sólo un virrey, *mishné le-melej*, el segundo del Faraón.

Hasta aquí Judá. Pero la verdadera heroína de la historia es Tamar. Ella asumió un riesgo inmediato al quedar embarazada. En realidad corrió peligro de muerte por ello. Lo había hecho por una razón noble: quería asegurar la continuidad del nombre de su marido fallecido. Pero tomó recaudos no menores para evitar la humillación de Judá. Solo ellos dos supieron lo ocurrido. Judá pudo reconocer su error sin pérdida de imagen. Es por este episodio que los sabios derivaron la regla articulada por el Rabino Rabinovitch esa mañana en Suiza. Es preferible arrojarse a un horno ardiente antes que humillar a alguien en público.

Por lo tanto no es coincidencia que Tamar, una heroica mujer no judía, haya sido la antecesora de David, el más grande rey de Israel. Hay semejanzas impactantes en el caso de Tamar y la otra mujer heroica

---

5. El texto, aquí, se encuentra lleno de alusiones verbales. Como lo notamos, Judá "bajó" tal como Iosef fue "llevado hacia abajo". Iosef está a punto de alcanzar la grandeza política. Judá eventualmente alcanzará la grandeza moral. El engaño de Tamar a Judá es similar al engaño de Yaakov (los dos involucran a las ropas): La túnica manchada con sangre de Iosef, el velo de Tamar. Los dos alcanzan su clímax con las palabras *haker na*, "por favor, examine" Judá obliga a Yaakov a creer una mentira. Tamar obliga a Judá a reconocer la verdad.
6. Berajot 34b. Jonathan Sacks, *Covenant and Conversation Genesis: The Book of Beginnings*, pp. 303–314.

*Bereshit*

antecesora de David: la mujer moabita que conocemos por el nombre de Ruth.

Hay una antigua costumbre en Shabat y otras festividades que es la de cubrir la *jalá* o *matzá* al recitar el Kidush. El motivo es el de no avergonzar al pan ante la prioridad del vino. Existen algunos judíos muy religiosos que evitan avergonzar un objeto inanimado como el pan, pero no tienen problema alguno en humillar a otros judíos por no considerarlos lo suficientemente religiosos. Eso es lo que ocurre cuando tenemos presente la halajá, pero olvidamos el principio moral que lo sustenta.

Nunca avergüences a nadie. Eso es lo que Tamar le enseñó a Judá y lo que el gran rabino de nuestro tiempo enseñó a los que tuvimos el privilegio de ser sus alumnos.

CB

*Miketz*

# Tres aproximaciones a los sueños

En una de las transformaciones más grandes de toda la literatura, Iosef se convierte, súbitamente, de prisionero en primer ministro. ¿Qué es lo que tenía Iosef – un foráneo absoluto de la cultura egipcia, un "hebreo", un hombre que había languidecido en la cárcel por una acusación falsa de intento de abuso – que lo marcó como el líder del imperio más grande del mundo antiguo?

Iosef tenía tres dones que muchos poseen individualmente, pero que pocos reúnen conjuntamente. El primero es que tenía sueños. En un principio, no sabemos si sus dos sueños de adolescente –el de las espigas de sus hermanos inclinándose hacia él, o el del sol, la luna y once estrellas inclinándose también– fueron presentimientos genuinos de un futuro de grandeza, o meramente la imaginación hiperactiva de un niño mimado con delirios de grandeza.

Solo en Miketz, la parashá de esta semana, descubrimos una pieza vital de información que hasta ahora no teníamos. Iosef le dice al Faraón, (quien también había tenido dos sueños): "La razón por la cual el sueño fue dado al Faraón de dos maneras es que el tema ha sido decidido firmemente por Dios, y Dios lo ejecutará próximamente" (Génesis 41:32). Sólo en retrospectiva nos damos cuenta de que el sueño doble de Iosef era una señal de que estos tampoco eran fruto de su imaginación. Iosef estaba realmente destinado a ser el líder ante quien se inclinaría su familia.

Segundo, igual que Sigmund Freud varios siglos más tarde, Iosef tenía el don de la interpretación de los sueños de los demás. Interpretó los del mayordomo y el panadero en la prisión y, en esta parashá, los del Faraón. Sus interpretaciones no fueron mágicas ni milagrosas. En el caso del mayordomo y el panadero recordó que tres días más tarde sería el cumpleaños del Faraón (Génesis 40:20). Era costumbre de los gobernantes hacer una fiesta para la ocasión y decidir la suerte de determinadas personas (en Gran Bretaña el cumpleaños de la reina sigue con esta tradición). Por lo tanto, era razonable suponer que los sueños del mayordomo y el panadero estarían relacionados con este evento, y con sus temores y esperanzas inconscientes.[1]

En cuanto a los sueños del Faraón, Iosef pudo haber conocido las tradiciones egipcias antiguas sobre las hambrunas de los siete años. Najum Sarna cita el texto de la región del Rey Djoser (aproximadamente en siglo XXVIII a.e.c.):

> Yo estaba angustiado en el gran trono, y los que estaban en el palacio con gran aflicción del corazón, debido a un gran mal, ya que el Nilo no había aparecido en mi tiempo por el lapso de siete años. Los cereales escaseaban, los frutos estaban secos y todo lo comestible estaba en falta.[2]

El logro más impresionante de Iosef, sin embargo, fue su tercer don, la capacidad de implementar los sueños, al resolver el problema de cuales eran una alerta temprana. Apenas relató lo de la hambruna de los siete años, continuó sin pausa para dar la solución:

---

1. Ibn Ezra 40:12 y Bejor Shor hacen esta sugerencia.
2. Najum Sarna, *Understanding Genesis*, Nueva York, Schocken Books, 1996, 219.

> "Ahora, que el Faraón busque un hombre sabio y con discernimiento y lo ponga a cargo de la tierra de Egipto. Que el Faraón nombre comisionados de la tierra y que retenga un quinto de la cosecha de Egipto durante los siete años de abundancia. Ellos deben recolectar todos los alimentos durante esos buenos años y almacenar los granos bajo la autoridad del Faraón para ser guardados como alimento en las ciudades. Este alimento debe quedar como reserva para el país, para ser utilizado durante los años de hambruna que vendrán sobre Egipto, para que el país no sea arruinado por la escasez" (Génesis 41: 33-36).

Hemos visto anteriormente a Iosef como un gran administrador, tanto en la casa de Potifar como en la prisión. Fue este don, demostrado precisamente en el momento apropiado, que lo llevó a ser nombrado Virrey de Egipto.

Por lo tanto, de Iosef aprendemos tres principios. El primero: soñar sueños. Nunca tener miedo de dejar volar la imaginación. Cuando las personas me piden consejos sobre el liderazgo, yo les digo que se tomen el tiempo, el espacio y la imaginación para soñar. En los sueños descubrimos nuestra pasión y seguir esa pasión es la mejor manera de vivir una vida gratificante.[3]

Muchas veces se considera que soñar no es práctico. No es así; es una de las cosas más prácticas que podemos hacer. Hay personas que ocupan meses planeando sus vacaciones pero ni un día para planear una vida. Se dejan llevar por los vientos del azar y de las circunstancias. Eso es un error. Los sabios decían: "Cuando encuentren en la Torá la palabra *vayejí*, 'Y ocurrió', es siempre el preludio de una tragedia".[4] Una vida *vayejí* es la que permitimos pasivamente que las cosas ocurran. Una vida *yejí* ("que sea") es aquella en la que hacemos que las cosas ocurran, y son nuestros sueños los que nos indican la dirección.

Teodoro Herzl, a quien más que a cualquier otra persona le debemos la existencia del Estado de Israel, solía decir: "Si lo deseas, no es un

---

3. Uno de los textos clásicos sobre este tema es el de Ken Robinson, *The Element: How Finding Your Passion Changes Everything*, Nueva York, Penguin Books, 2009.
4. Meguilá 10b.

sueño". Una vez escuché una historia magnífica de Elie Wiesel. Hubo un tiempo en el que Teodoro Herzl y Sigmund Freud vivieron en el mismo distrito en Viena. "Afortunadamente" dijo, "nunca se encontraron. ¿Se imaginan lo que habría pasado si se hubieran encontrado? Teodoro Herzl, hubiera dicho: 'Tuve el sueño de un Estado judío.' A lo cual Freud le habría contestado: 'Dígame, Sr. Herzl, ¿durante cuánto tiempo ha estado soñando este sueño? Acuéstese en el diván que lo analizaré'. Herzl se hubiera curado de sus sueños y, hoy, no habría estado judío". Afortunadamente, el pueblo judío nunca se ha curado de sus sueños.

El segundo principio es que los líderes interpretan los sueños de los demás. Articulan lo incipiente. Encuentran la manera de expresar las esperanzas y los temores de una generación. En su discurso "Tengo un sueño", Martin Luther King Jr. trató de tomar las esperanzas de los afroamericanos y darles alas. No fueron los sueños de Iosef los que lo transformaron en líder; fueron los del Faraón. Nuestros sueños nos dan una dirección, son los de los demás los que nos confieren la oportunidad.

El tercer principio es: encontrar la forma de llevar a cabo los sueños. Primero, ver el problema, luego encontrar la solución. El Kotzker Rebe en una ocasión llamó la atención sobre una dificultad en un escrito de Rashi. Rashi (Éxodo 18:1) dijo que a Itró se le dio el nombre de Ieter (que significa "él agregó") porque "él agregó un pasaje de la Torá comenzando (con las palabras) "Elige de entre el pueblo..." (Éxodo 18:21). Esto ocurrió cuando Itró vio a Moshé liderando en soledad y le dijo que eso no era bueno, que iban a quedar exhaustos tanto él como el pueblo. O sea que debía elegir a buenas personas y delegar gran parte del peso del liderazgo en ellos.

El Kotzker señaló que el pasaje que Itró agregó a la Torá no comenzó con "Elige de entre la gente." Comenzó varios versículos antes cuando dijo "Lo que estás haciendo no está bien" (Éxodo 18:17). La respuesta del Kotzker fue muy simple. Decir que "lo que estás haciendo no está bien" no es un agregado a la Torá – es meramente señalar el problema. El agregado consistió en la solución: delegar.

Los buenos líderes resuelven ellos mismos los problemas o se rodean de personas que los solucionen. Es fácil ver cuando las cosas salen mal. Lo que hace a un líder es tener la capacidad de encontrar la manera de que salgan bien. El genio de Iosef no fue el de predecir los siete años de plenitud seguidos por siete años de hambruna, sino de diseñar un sistema de almacenaje que asegurara la disponibilidad de los alimentos en los años de carencia y de hambre.

Sueñen sueños; comprendan y articulen los sueños de los otros y encuentren las maneras de convertir los sueños en realidad – esos son los tres dones del liderazgo, a la manera de Iosef.

CB

*Vaigash*
# El líder inesperado

Yo estuve presente cuando a Bernard Lewis, el gran historiador del Islam, le pidieron que predijera cuál iba a ser el curso de los acontecimientos en el Medio Oriente. Contestó: "soy historiador, por lo que solo hago predicciones sobre el pasado. Es más. Soy un historiador *jubilado*, así que incluso mi pasado es *passé*." Las predicciones son imposibles en temas de seres vivientes, porque somos libres y no hay forma de saber de antemano cómo reaccionará un individuo ante los grandes desafíos de la vida.

Si alguna cosa parece haber quedado clara en el último tercio de Génesis, es que Iosef surgirá como el arquetipo de líder. Es el personaje central de la historia, y sus sueños y las circunstancias apuntan en esa dirección. El candidato menos probable como líder es Judá, el que propuso vender a Iosef como esclavo (Génesis 37:26–27) a quien luego vemos separado de sus hermanos, viviendo con los cananitas, casándose con sus mujeres, perdiendo a dos de sus hijos debido a su pecado, y teniendo relaciones sexuales con una mujer que supone es prostituta. El capítulo en el que se describe esto comienza con la frase, "En ese tiempo

# Bereshit

Judá *bajó* de entre sus hermanos" (Génesis 38:1). Los estudiosos toman esa frase como una declinación moral.

Sin embargo, la historia fue diferente. Los descendientes de Iosef, las tribus de Efraim y Menashé, desaparecieron de las páginas de la historia luego de la conquista de los asirios en el año 722 a.e.c., mientras que los descendientes de Judá, comenzando por David, fueron reyes. La tribu de Judá sobrevivió a la conquista babilónica, y es por Judá que llevamos nuestro nombre como pueblo. Somos los *iehudim*, "judíos". *Vaigash*, la parashá de esta semana, nos explica el por qué.

En la parashá de la semana pasada ya pudimos ver las cualidades de liderazgo de Judá. La familia había llegado a una situación crítica. Necesitaba alimentos desesperadamente, pero sabía que el virrey egipcio había insistido en que llevaran a su hermano Benjamín con ellos, y Yaakov se negaba a dar su aprobación. Ya había perdido al hijo primogénito de su amada esposa Rajel (Iosef), y no estaba dispuesto a que su otro hijo, Benjamín, fuera llevado a un viaje tan riesgoso. Rubén, fiel a su personalidad inestable, propuso una idea absurda: "Maten a mis dos hijos si no traigo de vuelta a Benjamín sano y salvo" (Génesis 42:37). Finalmente, fue Judá, con su silenciosa autoridad –"Yo mismo garantizo su seguridad; pueden declararme personalmente responsable por él" (Génesis 43:9)– el que convenció a Yaakov de que permitiera que llevaran a Benjamín.

Ahora, cuando los hermanos intentan volver de Egipto, se desarrolla una escena de pesadilla. A Benjamín le encuentran, entre sus pertenencias, el cáliz de plata del virrey. El oficial a cargo emite su veredicto: Benjamín debe quedar detenido como esclavo. Los demás hermanos pueden quedar libres. En ese momento Judá da un paso al frente y pronuncia un discurso que cambiará la historia. Habla elocuentemente del dolor de su padre por la pérdida de uno de los hijos de Rajel: Si pierde a este otro, morirá de pena. "Yo garanticé personalmente su retorno". Y concluye: "Ahora, pues, permita que su servidor permanezca aquí como esclavo de mi señor en lugar del muchacho, y autorice a que él vuelva con sus hermanos. ¿Cómo podré enfrentar a mi padre si el niño no está conmigo? ¡No! Qué no vea la desgracia que esto le ocasionaría a mi padre" (Génesis 44:33–34).

Apenas enuncia esas palabras, Iosef, embargado por la emoción, revela su identidad, y todo el drama llega a su fin. ¿Qué está pasando aquí y cómo se relaciona esto con el liderazgo?

Los sabios articularon un principio: "Ante los penitentes, ni los más virtuosos pueden resistir". (Berajot 34b). El Talmud trae un texto de Isaías: "Paz, paz para los que están lejos y para los que están cerca" (Isaías 57:19), poniendo a los lejanos (pecadores penitentes) antes que a los cercanos (los totalmente virtuosos). Sin embargo, casi con certeza, la verdadera historia detrás de todo esto es la de Iosef y Judá. Iosef es conocido en la tradición como *ha-tzadik*, el virtuoso[1]. Judá, como veremos, es un penitente, un arrepentido. Iosef se transformó en "el segundo después del rey". Judá, en cambio, fue antecesor de reyes. Por eso, donde se plantan los arrepentidos, ni los más virtuosos pueden hacerlo.

Judá es la primera persona en la Torá en lograr el arrepentimiento perfecto *(teshuvá guemurá)*, definido por los sabios como cuando uno se encuentra en una situación en la que es posible que se tiente por un pecado anterior, pero es capaz de resistir, por ser ahora una persona que ha cambiado[2].

Muchos años antes Judá fue el responsable de vender a Iosef como esclavo:

> Judá dijo a sus hermanos: "¿qué ganaremos con matar a nuestro hermano y tapar su sangre? Vengan, vendámoslo a los ismaelitas y no pongamos nuestras manos sobre él; después de todo, es nuestro hermano, de nuestra carne y de nuestra sangre." Sus hermanos consintieron (Génesis 37:26–27).

Ahora, enfrentado a la situación similar de dejar a Benjamín como esclavo, tiene una respuesta muy diferente. Dice: "Déjeme quedar aquí como esclavo y que Benjamín quede libre" (44:33). Ese es un arrepentimiento perfecto y es lo que impulsa a Iosef a revelar su identidad y perdonar a sus hermanos.

La Torá ya había insinuado algo sobre el cambio de carácter de Judá en un capítulo anterior. Habiendo acusado a su nuera Tamar de quedar embarazada por una relación sexual prohibida, ella lo enfrenta

---

1. Ver Tanjuma (Buber), Noaj, 4, s.v, eleh, de acuerdo con Amós 2:6, "Vendieron al justo por plata".
2. Mishné Torá, Hiljot Teshuvá 2:1

con la prueba de que él mismo es el padre del niño y su respuesta es una inmediata afirmación: "Ella es más virtuosa que yo" (Génesis 28:26). Esta es la primera vez en la Torá que vemos que un personaje admite que se equivocó. Si Judá fue el primer arrepentido, fue Tamar –madre de Peretz de quien descendió el rey David– la principal responsable.

Quizás el futuro de Judá ya estaba implícito en su nombre, aunque el verbo *le-hodot*, del cual deriva la palabra "agradecer" (Leah llamó a su cuarto hijo Yehudá (Judá) diciendo "Está vez agradeceré al Señor," (Génesis 29:35), también está relacionado con el verbo *le-hitvadot* que significa admitir o "confesar" – y la confesión, según Rambam, es el núcleo del precepto del arrepentimiento.

Los líderes cometen errores. Es un riesgo inherente al rol. Los gerentes siguen las reglas, pero los líderes se encuentran en situaciones en las cuales las reglas no existen. ¿Declaras la guerra en la que las personas morirán o la evitas corriendo el riesgo de que el enemigo se fortalezca y como resultado morirán muchos más? Ese fue el dilema que enfrentó Chamberlain en 1939 y, solo un tiempo más tarde, quedó claro que fue él quien estaba equivocado y no Churchill.

Los líderes también son seres humanos, y sus errores no tienen que ver con el liderazgo, pero sí con la debilidad humana y la tentación. La conducta sexual de John Kennedy, Bill Clinton y muchos otros, ha sido, indudablemente, menos que perfecta. ¿Esto afecta nuestro juicio como líderes o no? El judaísmo sugiere que sí. El profeta Natán fue implacable con el Rey David por su acoso a la esposa de otro hombre. Pero el judaísmo también toma nota de lo que pasó después.

Lo que importa, sugiere la Torá, es que te arrepientas – que reconozcas y admitas tus falencias, y que como resultado de eso, cambies. Como puntualizó el Rab Soloveitchik, tanto Saúl como David, los dos primeros reyes, pecaron. Ambos fueron reprendidos por un profeta. Ambos dijeron *jatati*, "he pecado[3]". Pero sus destinos fueron radicalmente distintos. Saúl perdió el trono, David no. La razón, según el Rab,

---

3. I Samuel y II Samuel 12:13

fue que David se confesó inmediatamente. Saúl dio rodeos y excusas antes de admitir su pecado[4].

Las historias de Judá y de su descendiente David nos cuentan que lo que hace a un líder no es necesariamente la perfecta rectitud. Es la capacidad de cometer errores, de aprender de ellos, y de crecer como consecuencia de los mismos. El Judá que vemos al comienzo de la historia no es el mismo que el del final; así como el Moshé que vemos ante la zarza ardiente –tartamudo e indeciso– no es el héroe poderoso que vemos al final, "su visión intacta, su energía natural sin disminución". Un líder es el que puede tropezar, caer y levantarse más honesto, humilde y valiente que antes.

CB

---

4. Joseph Soloveitchik, *Kol Dodi Dofek: Listen- My Beloved Knocks* (Jersey City, N.J.: Ktav, 2006).

*Vayejí*
# Avanzando

El libro de Bereshit concluye con una sublime nota de reconciliación de los hijos de Yaakov. Los hermanos de Iosef temían que él realmente no los perdonara por haberlo vendido como esclavo. Sospecharon que estaba simplemente demorando la venganza a la espera de la muerte de su padre. Luego de la muerte de Yaakov le expresaron su preocupación. Pero Iosef insiste:

> "No teman. ¿Estoy yo en el lugar de Dios? Ustedes intentaron dañarme, pero Dios hizo todo para bien, para conseguir lo que se está haciendo ahora, la salvación de muchas vidas. Por lo tanto, no teman. Yo proveeré para ustedes y para vuestros hijos. Los tranquilizó, les habló amablemente" (Génesis 50:19–21).

Esta es la segunda vez que Iosef les dice algo así. Previamente, les había hablado de manera similar cuando reveló, por primera vez, que él (el hombre que pensaban que era el Virrey de Egipto llamado Tzofnat Paneaj), era en realidad su hermano Iosef:

"¡Yo soy vuestro hermano Iosef, el que vendieron a Egipto! Y ahora, no estén preocupados y enojados con vosotros mismos por haberme vendido aquí, pues fue para salvar vidas que Dios me envió antes de ustedes. Por dos años ha habido hambruna en la tierra y por los próximos cinco no habrá siembra ni cosecha. Pero Dios me envió antes de ustedes para preservar un remanente de tierra para salvar sus vidas con gran entrega. Por lo tanto, no fueron ustedes los que me enviaron aquí, sino Dios" (Génesis 45:3–8).

Este es un momento crucial en la historia de la fe. Marca el nacimiento del perdón, el primer registro en el cual una persona perdona a otra por el mal que le había causado. Pero también establece un importante principio: la idea de la Providencia Divina. La historia no es, como sugiere Joseph Heller, "una bolsa de desperdicios con coincidencias puestas al azar por el viento."[1] Tiene un propósito, un objetivo, una trama. Dios está operando detrás de la escena.

"Existe una Divinidad que modela nuestros fines," dice Hamlet, "por más que nosotros nos esforcemos en estropearlos."[2]

La grandeza de Iosef es qué él percibió todo esto. Vio el cuadro total. Supo que nada de lo que le pasó en su vida fue por azar. El plan para matarlo, su venta como esclavo, las acusaciones falsas de la esposa de Potifar, su estadía en prisión y su decepción ante la esperanza de que el jefe de los mayordomos lo recordara y facilitara su liberación. Todos esos eventos que lo podrían haber arrojado a un pozo de desesperación, en retrospectiva terminaron siendo los pasos necesarios para la travesía en la que terminó siendo el segundo al mando en Egipto, y la persona que salvaría a todo el país –como así también a su propia familia– de morir de hambre en los tiempos de hambruna.

Iosef tenía, en doble medida, uno de los dones necesarios para ser líder: la capacidad para avanzar a pesar de la oposición, la envidia, las acusaciones infundadas y sucesivos obstáculos. Todo líder que defiende sus ideales tendrá oposición. Puede deberse a un auténtico conflicto de

---

1. Joseph Heller, *Good as Gold* (New York: Simon & Schuster, 1979), 74.
2. *Hamlet,* Acto 5, escena 2.

intereses. El líder elegido para hacer que una sociedad sea más equitativa, tendrá, con certeza, el apoyo de los pobres y el antagonismo de los ricos. El elegido para disminuir la carga impositiva hará lo contrario. Es inevitable. La política sin conflicto es una contradicción en sí misma.

Cualquier líder elegido para cualquier cosa, que sea más querido o más talentoso que otros, se enfrentará con la envidia. Los rivales se preguntarán: "¿Por qué no fui yo?" Eso es lo que pensó Koraj sobre Moshé y Aarón. Es lo que los hermanos de Iosef pensaron cuando vieron la preferencia de su padre. Es lo que Antonio Salieri pensó sobre el más talentoso Mozart, en la obra *Amadeus* de Peter Schaffer.

En cuanto a las falsas acusaciones, han ocurrido frecuentemente en la historia. Juana de Arco fue acusada de herejía y quemada en la hoguera. Un cuarto de siglo más tarde fue declarada inocente *post mortem* por un tribunal oficial de la corte. Más de veinte personas fueron ajusticiadas en el Juicio de las Brujas de Salem en 1692–3. Años más tarde, como su inocencia comenzaba a percibirse, un sacerdote presente en el juicio, John Hale, admitió: "Tal fue la oscuridad de ese día, que caminamos sobre las nubes, sin poder divisar nuestro camino."[3] La falsa acusación más famosa de los tiempos modernos fue la del juicio a Alfred Dreyfus, oficial francés de origen judío, que fue acusado de espiar a favor de los alemanes. El caso Dreyfus estremeció a Francia entre los años 1894 y 1906, hasta que fue finalmente absuelto.

Los contratiempos suelen ser parte de la vida de los más exitosos. La primera novela de *Harry Potter* de J. K. Rowlings fue rechazada por las primeras doce editoriales que la recibieron. Otro autor de libros infantiles recibió veintiún rechazos. El libro se llamaba *El señor de las moscas*, y su autor, William Golding recibió, finalmente, el premio Nobel de literatura.

En su famoso discurso de apertura en la Universidad de Stanford, el difunto Steve Jobs cuenta la historia de los tres golpes del destino que moldearon su vida: haber dejado la universidad; haber sido despedido de Apple, la compañía que él fundó y haber sido diagnosticado con

---

[3]. Citado en Robert A. Divine et al., *America Past and Present*, vol. I (Pearson, 2001), 94.

cáncer de páncreas. En lugar de ser derrotado por ellos, los transformó en algo creativo.

Durante veintidós años, viví cerca de Abbey Road al norte de Londres, donde un famoso conjunto grabó sus discos. En la primera audición, el dueño de la discográfica les dijo que las bandas con guitarra "eran algo del pasado." El veredicto de su *performance* (en enero de 1962) fue: "Los Beatles no tienen futuro en el mundo del espectáculo."

Todo esto explica la gran frase de Winston Churchill que "el éxito consiste en la capacidad de ir de fracaso en fracaso, sin perder el entusiasmo."

Es posible que lo que sostiene a las personas a través de reiterados contratiempos sea la confianza en sí mismos, la tenacidad particular o la falta de alternativas. Lo que sostuvo a Iosef, sin embargo, fue su percepción de la Providencia Divina. Se estaba desarrollando un plan cuyo final apenas pudo discernir, pero que en algún momento de su evolución parece haberse dado cuenta de que él era solo uno de los personajes de un drama mucho mayor, y que todas las cosas negativas que le habían ocurrido eran necesarias para llegar al final. Como le dijo a sus hermanos: "No fueron ustedes los que me enviaron aquí, fue Dios."

Esta aceptación de dejar que los eventos sucedan de acuerdo a la providencia, esta comprensión de que somos, en el mejor de los casos, nada más que coautores de nuestras vidas, le permitió a Iosef sobrevivir el pasado sin resentimientos y sin angustia frente al futuro. Su confianza en Dios le dio una fuerza inmensa, que es lo que todos necesitamos para hacer grandes cosas. Cualquier maldad que los demás hagan contra los líderes (y cuanto más exitosos son, mayor es la maldad) si ellos dicen "Tú intentaste dañarme, pero Dios lo quiso para bien," sobrevivirán, con su fortaleza intacta y su energía sin disminución.

CB

# Shemot
שמות

*Shemot*

# Mujeres líderes

La parashá de esta semana podría titularse "El nacimiento de un líder." Vemos a Moshé, adoptado por la hija del Faraón, creciendo como príncipe de Egipto. Lo vemos como hombre joven, dándose cuenta por primera vez de lo que significa su verdadera identidad. Él es, y lo sabe, miembro de un pueblo esclavizado y sufriente: "Al crecer, fue hacia donde estaba su gente y los observó en su dura labor. Y vio que un egipcio castigaba a un hebreo, a uno de su propio pueblo" (Éxodo 2:10).

Interviene – actúa: es la marca del verdadero líder. Lo vemos intervenir tres veces, dos veces en Egipto y una en Midián, para rescatar a víctimas de violencia. Después somos testigos de la escena de la zarza ardiente en la que Dios lo convoca a liderar a su pueblo para conquistar la libertad. Moshé vacila cuatro veces hasta que Dios se enoja y Moshé se da cuenta de que no tiene opción. Este es un ejemplo clásico de la génesis de un héroe.

Pero este es solo el lado superficial del relato. La Torá es un libro profundo y sutil, y no siempre manifiesta su mensaje en la superficie. Por debajo hay otra historia mucho más impactante, pero no de un héroe sino de seis heroínas, seis mujeres valientes sin las cuales Moshé no habría existido.

Primero está Iojeved, la mujer de Amram, y madre de las tres personas que luego se convertirían en grandes líderes de los israelitas: Miriam, Aarón y el propio Moshé. Fue Iojeved la que, en el apogeo de la persecución egipcia, tuvo el coraje de tener un hijo, esconderlo durante tres meses y después elaborar un plan para darle la posibilidad de ser rescatado. Sabemos muy poco acerca de Iojeved. En su primera aparición en la Torá no aparece su nombre. Pero, continuando con la narrativa, no deja lugar a duda acerca de su valentía y de sus recursos. No es casualidad que sus tres hijos fueran líderes.

La segunda fue Miriam, la hija de Iojeved y hermana mayor de Moshé. Fue ella la que cuidó al niño mientras flotaba dentro del pequeño arca río abajo, y fue ella la que se acercó a la hija del Faraón para sugerirle que fuera criado junto a su pueblo. El texto bíblico describe a la joven Miriam dotada de una personalidad inusualmente intrépida y atenta a la situación. La tradición rabínica va más allá. En un impactante Midrash, leemos cómo, al escuchar el decreto por el cual todo recién nacido varón debía ser ahogado en el río, Amram propuso a los israelitas divorciar a sus mujeres para que no nacieran más niños. Tenía cierta lógica. ¿Sería correcto traer al mundo hijos si hubiera un cincuenta por ciento de probabilidad de que fueran ultimados al nacer? Pero su joven hija Miriam, según la tradición, discutió con él y lo convenció de que cambiara de parecer. "Tu decreto" dijo ella, "es peor que el del Faraón. El suyo afecta sólo a los niños varones. El tuyo castiga a todos. El de él priva a los niños de este mundo, el tuyo también los priva del Mundo por Venir." Amram lo reconsideró, y como resultado nació Moshé.[1] La implicancia es clara: Miriam tenía más fe que su padre.

La tercera y cuarta son las dos parteras, Shifrá y Puá, quienes frustraron el primer intento genocida del Faraón. Al recibir la orden de matar a todos los varones israelitas al nacer, ellas "temieron a Dios, no hicieron lo que les ordenó el rey de Egipto, y permitieron vivir a los niños" (Éxodo 1:17). Cuando las convocaron y acusaron de desobediencia, evitaron el castigo con un relato ingenioso: "Las mujeres hebreas"

---

[1]. Shemot Rabá 1:13.

*Shemot : Mujeres líderes*

dijeron, "son muy vigorosas, y dan a luz antes de que podamos arribar". Con ese ardid salvaron muchas vidas.

Lo significativo de esta historia es que es la primera instancia de una de las contribuciones más grandes del judaísmo a la civilización: el concepto de que existen límites morales al poder. Hay órdenes que no deben ser obedecidas. Hay crímenes contra la humanidad que no pueden excusarse con la idea de que "yo sólo obedecía órdenes." Este concepto, conocido generalmente como "desobediencia civil," es atribuido habitualmente al escritor norteamericano del siglo XIX Henry David Thoreau, y penetró en la conciencia internacional después del Holocausto y los tribunales de Núremberg. Su verdadero origen, sin embargo, estuvo miles de años antes en las acciones de dos mujeres, Shifrá y Puá. Por su casi desapercibida valentía se ganaron un lugar entre las heroínas morales de la historia, enseñándonos la primacía de la conciencia sobre el conformismo, la ley de la justicia por sobre la ley de la tierra.[2]

La quinta es Tzipora, la esposa de Moshé. Aun siendo la hija de un sacerdote midianita, estuvo decidida a acompañar a Moshé en su misión a Egipto, pese a que no tenía razón alguna para arriesgar su vida en tamaña odisea. En un pasaje profundamente enigmático, vemos que fue ella la que salvó la vida de Moshé al circuncidar a su hijo (Éxodo 4:24–26). La impresión que nos transmite es de un personaje con una capacidad de decisión monumental que, en un momento crucial, tuvo más presencia que el mismo Moshé ante el requerimiento de Dios.

Dejé para el final a la más intrigante de todas: la hija del Faraón. Fue ella la que tuvo el coraje de rescatar al niño israelita y criarlo como propio en el mismo palacio en el que su padre pergeñaba la destrucción del pueblo hebreo. ¿Sería concebible que la hija de Hitler, Eichmann o Stalin hiciera algo parecido? Hay algo a la vez heroico y gentil en este personaje, apenas delineado, de la mujer que le dio a Moshé su nombre.

¿Quién era ella? La Torá no menciona su nombre. Sin embargo, el primer libro de Crónicas (4:18) hace referencia a una de las hijas del Faraón, llamada Bitya, que es la mujer a la que identifican los Sabios

---

2. Existe, por supuesto, una tradición del Midrash que dice que Shifrá y Puá eran otros nombres de Iojeved y Miriam (Sotá 11b). Al verlas como mujeres diferentes, sigo la interpretación de Abarbanel y Luzzato.

como la salvadora de Moshé. El nombre Bitya (a veces llamada Batia) significa "la hija de Dios". Y de ahí, los sabios derivaron una de sus lecciones más notables:

El Santo Bendito Sea, le dijo a ella: "Moshé no era tu hijo, pero tú lo llamaste tu hijo. Tú no eres Mi hija, pero Yo te llamaré Mi hija."[3]

Agregaron que ella fue una de las pocas personas (la tradición cita a nueve) que fueron tan virtuosas que entraron al paraíso en vida.[4]

Entonces, superficialmente la parashá de Shemot trata sobre la iniciación en el liderazgo de un destacado personaje, pero bajo esa superficie encontramos la contra narrativa de seis mujeres extraordinarias sin las cuales Moshé no habría existido. Pertenecen a una larga tradición de mujeres fuertes de la historia judía, desde Débora, Jana, Ruth y Esther en la Biblia, hasta las religiosas más actuales como Sara Shenirer y Nejama Leibowitz y las seculares Anna Frank, Jana Senesh y Golda Meir.

Si las mujeres emergen con tanta fuerza como líderes, ¿cómo es que fueron excluidas de la ley judía en determinados roles de liderazgo? Si lo analizamos cuidadosamente, veremos que la exclusión se operó en dos sectores determinados. Uno fue la "corona del sacerdocio" destinada a Aarón y sus hijos. La otra fue la "corona del reinado", destinada a David y sus hijos. Estos dos roles fueron construidos sobre la base de la sucesión dinástica. Pero de la tercera corona —la "corona de la Torá"— las mujeres no fueron excluidas. Están las profetisas, no solo los profetas. Los sabios enumeraron a siete (Meguilá 14a). Siempre hubo grandes mujeres estudiosas de la Torá, desde la época mishnaica (Bruriah, Ima Shalom), hasta la actualidad.

Está en juego una diferenciación más general. El Rabino Eliahu Bakshi-Doron en su Responsa *Binian Av*, hace la distinción entre la autoridad formal u oficial *(samjut)* y el liderazgo real *(hanhagah)*.[5] Existen personajes que ocupan posiciones de autoridad —primeros ministros, presidentes, CEOs— que pueden no ser líderes en absoluto. Pueden tener el poder de hacer que la gente haga lo que ellos quieren, pero no tienen seguidores. No generan admiración. No inspiran deseos de emulación.

3. Vayikrá Rabá 1:3.
4. Derej Eretz Suta 1.
5. Rabino Eliahu Bakshi-Doron, *Responsa Binian Av*, segunda edición, no. 65.

A la vez pueden existir líderes que no tienen ninguna posición oficial y sin embargo son requeridos por su consejo o como modelo de función. No tienen poder pero ejercen una gran influencia. Los profetas de Israel entran en esta categoría, como así también lo fueron con frecuencia los *guedolei Israel*, los sabios de cada generación. Tanto Rashi como Rambam no tenían cargos oficiales (algunos estudiosos afirman que Rambam era el Gran Rabino de Egipto, pero muchos lo niegan, aunque sus descendientes sí lo fueron). Cuando el liderazgo depende de las cualidades personales –lo que Max Weber llamó la "autoridad carismática"– y no del título o el cargo, no existe diferencia alguna entre hombres y mujeres.

Iojeved, Miriam, Shifrá, Puá, Tzipora y Batia fueron líderes, no por la posición que ocuparan (en el caso de Batia, fue líder *a pesar* de su título oficial de princesa de Egipto). Fueron líderes porque tuvieron coraje y conciencia. Se negaron a ser intimidadas por el poder o derrotadas por las circunstancias. Fueron las verdaderas heroínas del éxodo. Su coraje es aún fuente de inspiración en nuestro tiempo.

CB

*Vaerá*
# Superando escollos

Al comienzo, la misión de Moshé parecía exitosa. Él temía que el pueblo no le creyera, pero Dios le había dado señales para demostrar, y también a Aarón para que hablara por él. Moshé "desplegó portentos ante el pueblo, y le creyeron. Y cuando escucharon que el Señor estaba preocupado por ellos y que había visto su padecimiento, se inclinaron y Lo veneraron" (Éxodo 4:30-31).

Pero la situación empieza a deteriorarse, sigue empeorando. La primera presentación de Moshé ante el Faraón resulta desastrosa. El Faraón se niega a reconocer a Dios. Rechaza la propuesta de Moshé de permitir que el pueblo saliera al desierto. Hace que la vida de los israelitas sea aún peor. Deben cumplir con la cuota de fabricación de ladrillos, pero además ahora están obligados a buscar su propia paja. El pueblo se vuelve en contra de Moshé y Aarón: "¡Que el Señor te mire y te juzgue! Has hecho que el Faraón y sus oficiales nos detesten, y has puesto una espada en sus manos para que nos maten" (Éxodo 5:21).

Moshé y Aarón vuelven a presentarse ante el Faraón para reiterar la propuesta. Como señal, transforman una vara en serpiente, pero al Faraón no le causa mayor impacto. Sus propios magos pueden hacer lo mismo. Después provocan la primera plaga, pero nuevamente el Faraón no se inmuta. No dejará salir a los israelitas. Y así se reitera nueve veces. Moshé hace todo lo que puede pero nada cambia. Los israelitas siguen siendo esclavos.

Percibimos la presión a la que está sometido Moshé. Después del primer obstáculo, al final de la parashá de la semana anterior, se torna a Dios y se queja amargamente: "¿Por qué, Señor, has causado problemas a este pueblo? ¿Para esto me has enviado? Desde que me presenté ante el Faraón para hablar en Tu nombre, él ha causado problemas a este pueblo y Tú no has salvado a Tu pueblo en absoluto" (Éxodo 5:22-23).

En la parashá Vaerá de esta semana, aunque Dios le ha asegurado que oportunamente salvará a Su pueblo, Moshé dice: "Si los israelitas no me hacen caso, ¿por qué lo habría de hacer el Faraón, siendo que yo hablo con labios vacilantes?" (Éxodo 6:12).

Aquí hay un mensaje perdurable. El liderazgo, aún el del más alto nivel, frecuentemente está signado por el fracaso. Los primeros pintores impresionistas tuvieron que organizar sus propias exhibiciones porque sus obras eran rechazadas por las galerías de París. La primera presentación de *La consagración de la Primavera* de Stravinski generó una batahola, con expresiones de rechazo de los asistentes durante toda la función. Van Gogh vendió una sola de sus obras en vida, pese a que su hermano Teo era marchante.

Es así con los líderes. Abraham Lincoln enfrentó numerosos escollos durante la Guerra Civil. Fue un personaje muy cuestionado, odiado por muchos a lo largo de toda su vida. Gandhi fracasó en su intento de unir en una nación a musulmanes e hindúes. Nelson Mandela estuvo preso durante veinte años acusado de traidor y agitador violento. Winston Churchill fue considerado en la década de 1930 como político acabado, y aún después de su heroico liderazgo en la Segunda Guerra Mundial, perdió la primera elección general después del final de dicha guerra. Solo retrospectivamente los héroes aparecen como heroicos, y muchos de los inconvenientes superados resultaron ser etapas en el camino a la victoria.

En nuestra discusión de la parashá Vayetzé vimos que en cada ámbito –bajo o alto, sagrado o secular– los líderes eran definidos no por sus éxitos sino por sus fracasos.

A veces es fácil ser exitoso. Las condiciones pueden ser muy favorables. El momento económico, político o personal puede ser bueno. Cuando hay bienestar económico la mayoría de los negocios florecen. En los primeros meses posteriores a una elección general, el líder exitoso trae consigo el carisma de la victoria. En el primer año, la mayoría de los matrimonios es feliz. No se necesitan grandes atributos para ser exitoso en los buenos tiempos.

Pero después el clima cambia. A la larga siempre ocurre. Es ahí donde muchos negocios, políticos y matrimonios fracasan. Hay momentos en los cuales aún los más grandes trastabillan. Es en esas instancias en que se pone a prueba el carácter. Los grandes hombres o mujeres no son los que nunca fracasan. Son quienes sobreviven a ese escollo, y siguen adelante, se niegan a ser derrotados, nunca se dan por vencidos. Siguen probando. Aprenden de cada error que cometen. Tratan al fracaso como una experiencia de aprendizaje. Y de cada derrota superada se tornan más fuertes, más sabios y más decididos. Esa es la historia de la vida de Moshé tanto en la parashá Shemot como en la de Vaerá.

Jim Collins, uno de los grandes autores sobre liderazgo, lo expresa así:

> El sello de los hombres verdaderamente grandes comparados con los meramente exitosos no se debe a la ausencia de dificultades, sino a la capacidad de retornar, luego de contratiempos –aún catástrofes cataclísmicas– más fuertes que antes... El camino de salida de la oscuridad comienza con esos individuos exasperantemente persistentes que tienen, en su constitución personal, la incapacidad de capitular. Una cosa es sufrir una derrota rotunda... otra es ceder valores y aspiraciones que hacen que la lucha persistente tenga sentido. El fracaso no es tanto un estado físico como un estado mental; el éxito consiste en caerse y levantarse una y otra vez, sin fin.[1]

---

1. Jim Collins, *How the Mighty Fall: And Why Some Companies Never Give In* (New York, Harper Collins, 2009), 123.

## Shemot

El Rabino Yitzjak Hutner escribió en una ocasión una poderosa carta a un discípulo que estaba desanimado por sus repetidos fracasos en el aprendizaje del Talmud:

> Una falla que muchos de nosotros sufrimos es cuando nos enfocamos en los logros supremos de grandes personas, discutimos cómo son tan completos en esta o esta otra área, sin considerar las grandes luchas internas que han sufrido. Se podría tener la impresión de que estos individuos surgieron de la mano de su Creador en un estado de perfección...
>
> El resultado de esta impresión es que cuando un joven ambicioso con espíritu y entusiasmo se encuentra con obstáculos, tropieza y cae, se imagina no tener el valor de ser "plantado en la casa de Dios" (Salmos 92:13)...
>
> Sin embargo debes saber, mi querido amigo, que tu alma no está enraizada en la tranquilidad de la buena inclinación sino en la batalla de la buena inclinación... La expresión inglesa "Pierde una batalla pero gana la guerra," es aplicable. Con certeza has trastabillado y lo harás una vez más, y en muchas batallas caerás herido. Pero te prometo que después de perder en esas campañas emergerás de la guerra con los laureles de la victoria sobre tu cabeza... Los hombres más sabios dijeron, "Un hombre virtuoso cae siete veces, pero se levanta nuevamente" (Proverbios 24:16). Los simples creen que la intención de este versículo es enseñarnos que el hombre virtuoso cae siete veces y, a pesar de ello, se levanta. Pero los sabios son conscientes que la razón por la que el hombre virtuoso se levanta nuevamente es debido a sus siete caídas.[2]

El punto que señala Rabí Hutner es que *la grandeza no se puede alcanzar sin fracasos*. Hay alturas a las que no es posible llegar sin haber caído previamente.

---

2. Rabino Ytzjak Hutner, Sefer Pajad Ytzjak: *Igrot u Ketavim* (Gur Arie, 1981), no. 128, 217–18.

## Vaerá: Superando escollos

Durante años tuve sobre mi escritorio un lema de Calvin Coolidge, enviado por un amigo que sabía lo fácil que es desanimarse. Decía:

"Nada en este mundo puede reemplazar a la persistencia. No es así con el talento: no hay nada más común que ver personas talentosas no exitosas. Tampoco lo es con el genio; los genios no premiados son casi un proverbio. En cuanto a la educación, el mundo está repleto de personas educadas pobres. Solo la persistencia y la determinación son omnipotentes."

Yo sólo agregaría, "Y *siata diShmaia,* con la ayuda del Cielo." Dios nunca pierde la fe en nosotros aun cuando a veces perdemos la fe en nosotros mismos.

El modelo ideal es el de Moshé, quien a pesar de todos los obstáculos descritos en las parashiot de esta semana y la anterior, con el tiempo se transformó en el hombre de quien se dijo que "tenía ciento veinte años cuando murió, sus ojos sin merma, su energía intacta" (Deuteronomio 34:7).

Las derrotas, las demoras y las decepciones, duelen. Le dolieron incluso a Moshé. Por lo tanto, si en alguna ocasión nos sentimos desmoralizados y desanimados, es importante recordar que hasta los más grandes personajes fracasaron. Lo que los hizo grandes fue que persistieron. El camino al éxito pasa por muchos valles de fracaso. No hay otra vía posible.

CB

*Bo*
# El horizonte lejano

Para poder vislumbrar la particular lección sobre liderazgo de la parashá de esta semana, con frecuencia pido a la audiencia que participe en un experimento. Imagina que eres el líder de un pueblo esclavizado y oprimido que ha sufrido el exilio durante más de dos siglos. Ahora, después de una serie de milagros, está por ser liberado. Los reúnes y te diriges a ellos. Están esperando ansiosamente tus palabras. Este es el momento definitorio que ellos nunca olvidarán. ¿De qué hablarás?

La mayoría de las personas dicen: de la libertad. Esa fue la decisión de Abraham Lincoln en su discurso de Gettysburg en el que invocó la memoria de "una nueva nación, concebida en libertad", y anhelar un "nuevo nacimiento de la libertad."[1] Algunos sugieren que inspiraría al pueblo describiendo la tierra de destino "en la que mana leche y miel." Pero otros dijeron que advertiría al pueblo sobre los peligros y desafíos

---

1. Abraham Lincoln, "El discurso de Gettysburg" (Cementerio Militar Nacional en Gettysburg, Pensilvania, 19 de Noviembre de 1863).

que encontraría, o lo que Nelson Mandela llamó "la larga caminata hacia la libertad."[2]

Cualquiera de estos temas podría haber sido el gran discurso de un gran líder. Guiado por Dios, Moshé no enunció nada de eso. Y eso fue lo que lo convirtió en un gran líder. Examinando el texto de la parashá Bo verán que en tres ocasiones se refirió al mismo tema: los niños, la educación y el futuro distante.

> Y cuando tus hijos te pregunten "¿Qué significa este ritual?" les responderás: "Es el ritual de Pesaj de sacrificio para el Señor, porque Él salteó las casas de los israelitas en Egipto cuando golpeó a los egipcios, pero salvó nuestras casas" (Éxodo 12:26–27).

> Y le explicarás a tu hijo en ese día: "Es por lo que el Señor hizo por mí cuando me liberó de Egipto" (Éxodo 13:8).

> Y cuando, en el tiempo en que eso ocurra, tu hijo te pregunte "¿Qué significa esto?" le dirás: "Fue con mano fuerte que el Señor nos sacó de Egipto, de la casa de la esclavitud" (Éxodo 13:14).

Es uno de los actos más inesperados de la historia del liderazgo. Moshé no habló de hoy o de mañana. Habló del futuro distante y del deber de los padres de educar a sus hijos. Hasta insinuó –así lo entendió la tradición judía– que debemos incentivar a los niños a hacer preguntas, de tal manera que el manejo de la herencia judía no sea un aprendizaje de memoria sino que resulte del diálogo activo entre padres e hijos.

Por todo esto, el judío fue el único pueblo de la historia que predicó su supervivencia en base a la educación. El deber más sagrado de los padres era enseñar a sus hijos. Pesaj se transformó en un seminario continuo en el traspaso de la memoria. El judaísmo se transformó en la religión en la que sus héroes eran maestros y cuya pasión era el estudio y la vida de la mente. Los habitantes de la mesopotamia erigieron

---

2. Nelson Mandela, *El largo camino a la libertad: la autobiografía de Nelson Mandela* (Back Bay Books, 1995).

los zigurats. Los egipcios, las pirámides. Los griegos, el Partenón. Los romanos, el Coliseo. Los judíos construyeron escuelas. Es por eso que solo ellos, de todas las civilizaciones del mundo antiguo, aún perduran; vivos y fuertes, continuando con la vocación de sus ancestros, su herencia intacta y sin disminución.

La introspección de Moshé fue profunda. Sabía que no se puede cambiar el mundo solamente mediante lo externo, como la arquitectura monumental, los ejércitos o los imperios, o el uso de la fuerza o del poder. ¿Cuántos imperios han nacido y han desaparecido, mientras que la condición humana permanece sin transformación ni redención?

Hay una sola manera de cambiar el mundo, y es mediante la educación. Es necesario enseñar a los niños la importancia de la justicia, la rectitud, la bondad y la compasión. Debes enseñarles que la libertad solo puede sustentarse por las leyes y la práctica de autocontención. Es necesario recordarles constantemente las lecciones de la historia: "Fuimos esclavos del Faraón en Egipto" porque los que olvidan la amargura de la esclavitud podrán perder el compromiso y el coraje de luchar por la libertad. Y debes estimular a los hijos para que pregunten, desafíen y discutan. Debes respetarlos para que ellos sepan respetar los valores que quieres inculcarles.

Esta es una lección que la mayoría de las culturas no ha aprendido después de más de tres mil años. Las revoluciones, protestas y guerras civiles todavía se llevan a cabo, alentando al pueblo a pensar que con remover a un tirano o tener una elección democrática se terminará la corrupción, habrá libertad, y eso conducirá a la justicia y al imperio de la ley – y todavía la gente se sorprende y se decepciona cuando eso no se produce. Lo único que ocurre es un cambio de rostros en los pasillos del poder.

En uno de los grandes discursos del siglo XX, un distinguido juez norteamericano, Learned Hand, dijo:

> A veces me pregunto si no basamos nuestras esperanzas excesivamente en las constituciones, las leyes y las cortes. Son falsas esperanzas; créanme, esas son falsas esperanzas. La libertad yace en el corazón de los hombres y las mujeres; cuando ahí muere, no hay constitución, ley ni corte que la salve; ninguna

constitución, ley, ni corte puede hacer nada, ni aún para salvarla.³

Lo que Dios le enseñó a Moshé fue que el verdadero desafío no está en lograr la libertad; está en sostenerla, manteniendo vivo el espíritu de libertad en el corazón de las sucesivas generaciones. Esto solo puede lograrse mediante un permanente proceso de educación. Tampoco es algo que pueda delegarse en los maestros, en las escuelas. Una parte debe formularse en la familia, en el hogar, y con la sagrada obligación que proviene del deber religioso. Nadie vio esto con mayor claridad que Moshé, y solo debido a sus enseñanzas es que los judíos y el judaísmo han sobrevivido.

Lo que hace a la grandeza de los líderes es que piensan en el más allá, preocupándose no por el mañana ni el año que viene ni la década siguiente sino en la próxima generación. En uno de sus mejores discursos, Robert Kennedy habló sobre el poder de los líderes para transformar al mundo cuando tienen una visión clara del futuro posible:

> "Algunos piensan que no hay nada que un hombre o una mujer pueda hacer frente a la enormidad de los males que afectan al mundo – la miseria, la ignorancia, la injusticia y la violencia. Pero muchos de los grandes movimientos del mundo del pensamiento y la acción han partido de la iniciativa de un solo hombre. Un joven monje inició la reforma Protestante; un joven general extendió un imperio desde Macedonia hasta los confines de la tierra; y una joven mujer recuperó el territorio de Francia. Fue un joven explorador italiano el que descubrió el Nuevo Mundo, y Thomas Jefferson, a los 32 años, proclamó que todos los hombres fueron creados iguales. 'Denme un punto fijo para pararme', dijo Arquímedes, 'y moveré el mundo.' Estos hombres movieron al mundo, y nosotros también podemos hacerlo."⁴

3. Learned Hand, "El espíritu de la libertad" – Discurso en la ceremonia "Día de yo soy Americano", Central Park, Nueva York (1 de mayo de 1944).
4. *The Poynter Institute, The Kennedys: America's Front Page Family* (Kansas City, Mo., Andrews McMeel, 2010), 112.

## Bo: El horizonte lejano

El liderazgo visionario constituye el texto y la textura del judaísmo. En el libro de Proverbios se dice que "Sin una visión (*jazón*) la gente muere" (Proverbios 29:18). Esa visión en la mente de los profetas correspondía siempre al futuro a largo plazo. Dios le dijo a Ezequiel que un profeta es un centinela, que asciende al punto de mayor altura para vislumbrar el peligro a la distancia, antes de cualquiera que esté a nivel de la tierra (Ezequiel 33:1–6). Los sabios preguntaron "¿Quién es el sabio? El que ve las consecuencias a largo plazo (*ha-nolad*)."[5] Dos de los grandes líderes del siglo XX, Churchill y Ben Gurion, también fueron distinguidos historiadores. Conociendo el pasado, podían anticipar el futuro. Eran como los grandes maestros de ajedrez quienes, por haber estudiado miles de partidas, advierten casi de inmediato los peligros y las posibilidades según la posición de las piezas en el tablero. Saben lo que ocurrirá si hacen una movida u otra.

Si quieres ser un gran líder en cualquier disciplina, desde primer ministro hasta padre o madre, es esencial pensar a largo plazo. Nunca elijas la opción más fácil por ser simple o rápida o por dar una satisfacción inmediata. Al final pagarás un precio muy alto.

Moshé fue el líder más grande porque pensó más allá que cualquier otro. Sabía que el verdadero cambio del comportamiento humano requiere del esfuerzo de muchas generaciones. Por eso debemos darle la máxima prioridad a educar a nuestros hijos para que compartan nuestros ideales, y para que lo que nosotros comencemos, ellos lo puedan continuar hasta que el mundo cambie porque nosotros hemos cambiado. Él sabía que si quieres planificar para un año, planta arroz. Para una década, planta un árbol. Si lo quieres para la posteridad, educa a un niño.[6] La lección de Moshé, treinta y tres siglos más tarde, sigue vigente.

CB

---

5. Tamid 32a.
6. Frase atribuida a Confucio.

*Beshalaj*
# Mirando hacia arriba

Los israelitas habían cruzado el Mar Rojo. Lo imposible había ocurrido. El ejército más poderoso del mundo antiguo – el egipcio, con sus elementos bélicos de última generación, los carruajes tirados por caballos – habían sido derrotados y ahogados. Los hijos de Israel ahora eran libres. Pero su calma fue de corta duración. Casi instantáneamente se enfrentaron a un ataque de los amalecitas y tuvieron que librar una batalla, esta vez sin milagros aparentes de Dios. Lo hicieron y vencieron. Fue un punto de inflexión decisivo de la historia, no solo de los israelitas sino también de Moshé y su liderazgo del pueblo.

El contraste entre el antes y el después del Mar Rojo no puede ser más absoluto. Antes, al aproximarse los egipcios, Moshé le dijo al pueblo: "Quédense quietos y verán la salvación que les traerá el Señor en este día… El Señor luchará por ustedes; solo deben permanecer en silencio" (Éxodo 14:13). En otras palabras: no hagan nada. Dios lo hará por ustedes. Y así Lo hizo.

Con respecto a los amalecitas, sin embargo, Moshé le dijo a Josué: "Elige los hombres para nosotros y prepáralos para luchar contra Amalek" (Éxodo 17:9). Josué así lo hizo y el pueblo libró la batalla. Esta fue la gran transición. Los israelitas pasaron de una situación en la que el líder (con la ayuda de Dios) hacía todo por el pueblo, a una en la que el líder impulsa al pueblo a actuar por sí mismo.

Durante la batalla, la Torá enfoca nuestra atención en un detalle. Moshé asciende a la cima de un monte desde el cual divisa el campo de batalla, con su vara en la mano:

> Mientras Moshé mantenía las manos en alto, los israelitas prevalecían, pero cuando las bajaba, prevalecían los amalecitas. Cuando las manos de Moshé se cansaron, buscaron una piedra y la colocaron debajo de él para que pudiera estar sentado. Entonces Aarón y Hur tomaron sus manos, una de cada lado, y sus manos quedaron quietas hasta el atardecer (Éxodo 17:11-12).

¿Qué está pasando aquí? Este pasaje puede leerse de dos maneras: la vara en la mano alzada de Moshé –la misma que usó para hacer los milagros en Egipto y en el Mar Rojo– podría ser una señal para indicar que la victoria de los israelitas era milagrosa. O bien, podría ser un simple recordatorio para los israelitas de que Dios estaba con ellos, dándoles fuerza.

De manera muy inusual –ya que por lo general es un libro sobre leyes más que sobre comentarios bíblicos– la Mishná resuelve la cuestión:

> ¿Las manos de Moshé, provocaron o detuvieron (el curso de) la guerra? Más bien, el texto da a entender que cuando los israelitas miraron hacia arriba y pusieron sus corazones en su Padre en el cielo, prevalecieron. Caso contrario, caían derrotados.[1]

Lo de la Mishná está claro. Ni la vara ni las manos alzadas de Moshé estaban provocando milagro alguno. Simplemente eran un recordatorio a los israelitas de que miraran al cielo, y percibieran que Dios estaba con ellos. La fe les dio la confianza y el coraje para vencer.

Acá se está enseñando un principio fundamental de liderazgo. Un líder debe estimular al equipo. No puede hacer siempre el trabajo del

---

1. Mishná Rosh Hashaná 3:8.

grupo, a veces deben hacerlo ellos mismos. Pero un líder debe simultáneamente darles a ellos la confianza absoluta de que lo pueden hacer, y con éxito. El líder es responsable del humor y del estado de ánimo de su gente. En una batalla el capitán no debe mostrar ninguna señal de debilidad, duda o temor. Esto no siempre es sencillo, como hemos visto en el episodio de esta semana. Las manos levantadas de Moshé "se volvieron pesadas". Todo líder tiene sus momentos de cansancio y en esa instancia necesita colaboración – hasta Moshé necesitó la ayuda de Aarón y Hur, para poder mantener la posición. Al final, sin embargo, las manos levantadas fueron la señal que necesitaban los israelitas de que Dios les estaba dando la fortaleza para prevalecer, y así fue.

En terminología actual, un líder necesita tener inteligencia emocional. Daniel Goleman, el más conocido por su trabajo en este campo, argumentó que una de las tareas más importantes de un líder es moldear y levantar el ánimo de su equipo:

> Los grandes líderes nos movilizan. Enciendan nuestra pasión y extraen lo mejor de nosotros. Cuando tratamos de explicar por qué son tan eficaces, hablamos de estrategia, visión o ideas geniales. Pero la realidad es más elemental: el gran liderazgo opera a través de las emociones.[2]

Los grupos poseen una temperatura emocional. A nivel individual pueden estar contentos o tristes, agitados o tranquilos, temerosos o confiados. Pero cuando componen un grupo, se da un proceso de sintonización –"contagio emocional"– y comienzan a compartir el mismo sentimiento. Los científicos han demostrado experimentalmente de qué manera, a los quince minutos de iniciada una conversación entre dos personas, comienzan a converger sus marcadores fisiológicos de estado de ánimo, como la frecuencia cardíaca. "Cuando tres desconocidos están sentados de frente en silencio por uno o dos minutos, el que es más expresivo emocionalmente transmite su estado de ánimo a los

---

2. Daniel Goleman, *Primal Leadership*, (Boston: Harvard Business Review Press), 2002, 3.

otros dos – sin haber emitido una sola palabra."[3] La base fisiológica de este proceso que se conoce como *efecto espejo*, ha sido muy estudiado en años recientes y ha sido observado incluso en primates. Es la base de la empatía, a través de la cual nos conectamos y compartimos los sentimientos de otras personas.

Este es el fundamento de uno de los roles más importantes de un líder. Es la persona que más que nadie, define el estado de ánimo del grupo. Goleman relata varios experimentos científicos que muestran cómo un líder tiene un rol clave para determinar las emociones compartidas del grupo.

> Los líderes normalmente hablaban más que los demás, y lo que decían era escuchado con más atención... Pero el impacto en las emociones va más allá de lo que diga el líder. En estos estudios, aun cuando los líderes no hablaban, eran observados con más atención que a los demás integrantes del grupo. Cuando alguno hacía una pregunta dirigida a todo el equipo, sus ojos se fijaban en el líder para detectar su respuesta. Efectivamente, los miembros del grupo ven la reacción emocional del líder como la respuesta más válida y por lo tanto modelan la propia en relación a ella – especialmente si es una situación ambigua en la cual varios miembros pueden reaccionar de manera distinta. En algún sentido, el líder establece el modelo emocional.[4]

En cuanto al liderazgo, las señales no verbales son importantes. Los líderes, por lo menos en público, deben proyectar confianza aunque interiormente estén llenos de dudas. Si delatan sus temores personales en palabras o gestos, corren el riesgo de desmoralizar al grupo.

No hay ejemplo más contundente de todo esto que el episodio en el cual Absalón, el hijo del rey David, lidera un golpe de estado contra su padre, declarándose rey. Las tropas del rey sofocan la rebelión en curso cuando el cabello de Absalón queda enredado en un árbol y es acuchillado mortalmente por Joab, el comandante en jefe del rey.

3. Ibid. 7.
4. Ibid. 8.

## Beshalaj: Mirando hacia arriba

Cuando David se entera de la noticia queda desconsolado. Su hijo puede haberse rebelado contra él pero sigue siendo su hijo, y su muerte es devastadora. David cubre su rostro gritando "¡Oh, mi hijo Absalón! ¡Oh Absalón, mi hijo, mi hijo!" La noticia del dolor de David se difunde rápidamente por todo el ejército y también ellos –a través del contagio emocional– están sumidos en el duelo. Joab considera que esto es desastroso. El ejército asumió grandes riesgos para luchar por David en contra de su hijo. No puede ahora lamentar la victoria sin crear confusión y minar fatalmente el ánimo de la tropa.

> "Entonces Joab entró en la casa del rey y dijo: Hoy has humillado a todos tus hombres que han salvado tu vida, la de tus hijos e hijas, esposas y concubinas. Amas a los que te odian y odias a los que te aman. Has dejado hoy en claro que los comandantes y sus hombres no significan nada para ti. Veo que serías feliz si Absalón estuviera vivo y todos nosotros muertos. Ahora, sal y anima a tus hombres. Juro por el Señor que si no lo haces, no quedará hombre contigo cuando llegue el atardecer. Esta será para ti peor que todas las calamidades que has enfrentado desde tu juventud hasta ahora" (II Samuel 19:6–8).

El rey David hizo lo que dijo Joab. Acepta que hay un tiempo y un lugar para el duelo, pero no aquí, no ahora y sobre todo, no en público. Ahora es el momento de agradecer al ejército por el coraje de defender a su rey.

Un líder debe a veces silenciar sus emociones privadas para proteger el ánimo de los liderados. En el caso de la batalla contra Amalek, la primera de las que los israelitas debían librar por sí mismos, Moshé tuvo que asumir un rol vital. Tuvo que darle al pueblo la confianza, y lograr que mirara hacia arriba.

En 1875 un arqueólogo amateur, Marcelino de Sautuola, comenzó a excavar la tierra en la gruta de Altamira, cerca de la costa norte española. Al principio no parecía muy interesante, pero su curiosidad fue incrementada por la visita a la exhibición de París de 1878 donde se mostraba una colección de instrumentos y objetos artísticos de la Edad de Hielo. Con la expectativa de ver si podía encontrar reliquias semejantes, retornó a la cueva en 1879.

*Shemot*

Un día llevó a su hija María de nueve años consigo. Mientras él buscaba entre los escombros, ella se adentró más en la cueva, y ante su asombro, vio que había algo en la pared muy arriba de ella. "Mira, papá, hay bueyes" dijo. Eran, efectivamente, bisontes. Había hecho uno de los descubrimientos más importantes del arte rupestre de todos los tiempos. Las magníficas inscripciones de la cueva de Altamira que datan de 25 y 35 mil años de antigüedad fueron un hallazgo tan sin precedentes que llevó veintidós años aceptar su autenticidad. Durante cuatro años Sautuola había estado a metros de hallar un tesoro monumental, pero lo habría perdido por un solo motivo: se olvidó de mirar hacia arriba.

Ese es uno de los temas más constantes del Tanaj: la importancia de mirar hacia arriba. "Eleva tus ojos a lo alto y ve quién ha creado estas cosas," dice Isaías (40:26). "Yo elevo mis ojos hacia las montañas. Desde allí vendrá mi ayuda" dice el rey David en el Salmo 121. En Deuteronomio, Moshé les dice a los israelitas que la Tierra Prometida no será como ese llano del delta del Nilo donde el agua es abundante y siempre disponible. Será una tierra de montes y valles, totalmente dependiente de la lluvia que es impredecible (Deuteronomio 11:10–11). Será un terreno que forzará a sus habitantes a mirar hacia arriba. Eso fue lo que hizo Moshé para el pueblo en su primera batalla. Les enseñó a mirar hacia arriba.

Ningún logro político, social o moral es posible sin vencer obstáculos formidables. Están los intereses particulares a enfrentar, las actitudes que se deben cambiar, las resistencias a vencer. Los problemas son inmediatos, el objetivo es con frecuencia frustrantemente lejano. Cada emprendimiento colectivo es como liderar una nación a través del desierto hacia un destino que siempre está más distante de lo que figura en el mapa.

Contempla las dificultades y puedes sumirte en la desesperación. La única forma de reunir energías, tanto individuales como colectivas, es tornar la mirada hacia el horizonte lejano de la esperanza. El filósofo Ludwig Wittgenstein dijo una vez que el objetivo de su filosofía era "mostrarle a la mosca la salida de la botella". La mosca está atrapada en la botella. Busca la salida. Golpea repetidamente su cabeza contra el vidrio hasta que muere exhausta. Pero durante todo ese tiempo la botella ha estado abierta. Lo único que olvidó la mosca fue mirar hacia arriba. Nosotros, a veces, también.

*La tarea del líder es estimular, pero también su tarea es la de inspirar.* Eso es lo que hizo Moshé cuando, en lo alto del monte, a plena vista del pueblo, alzó sus manos y su vara hacia el cielo. Cuando lo vio, el pueblo supo que podía prevalecer. "No por mi fuerza ni por mi poder, sino por mi espíritu" dice el Profeta Zacarías (Zacarías 4:6). La historia judía es una variación sostenida sobre este tema.

Un pequeño pueblo, que frente a la dificultad, continúa mirando hacia arriba, obtendrá grandes victorias y logrará grandes cosas.

CB

*Itró*
# Una nación de líderes

La parashá de esta semana consta de dos episodios que parecieran ser un estudio de contrastes. El primero está en el capítulo 18. Itró, suegro de Moshé y sacerdote midianita, le da a Moshé su primera lección de liderazgo. En el segundo episodio, el principal gestor es Dios mismo que, en el Monte Sinaí, hace un pacto con los israelitas en una epifanía que no tuvo repetición ni precedentes. Por primera y única vez en la historia, Dios aparece ante todo un pueblo haciendo un pacto y otorgándole el código reducido de ética más famoso del mundo: los Diez Mandamientos.

¿Qué puede haber en común entre el consejo práctico de un midianita y las palabras atemporales de la Revelación? Hay aquí un contraste intencional, y es importante. Las formas y estructuras de gobierno no son específicamente judías. Son parte de la *jojmá,* la sabiduría universal de la humanidad. Los judíos han conocido muchas formas de liderazgo: los profetas, ancianos, jueces y reyes; el Nasí en Israel bajo el dominio romano y el Resh Galuta en Babilonia; los concejos vecinales (*shiva tuvei ha-ir*), varias formas de oligarquía y otras estructuras, hasta llegar al democráticamente elegido Kneset. *Las formas de gobierno no*

*Shemot*

*son verdades eternas, ni son exclusivas de Israel*. De hecho, la Torá habla mucho de la monarquía y dice que llegará el tiempo en que el pueblo dirá "Pongamos a un rey que nos gobierne, *como todas las naciones que nos rodean,*" – el único caso en toda la Torá en que a Israel le es ordenado (o permitido) imitar a otras naciones. No hay nada específicamente judío en las estructuras políticas.

Sin embargo, lo que sí es específicamente judío es el principio del pacto en Sinaí: que Israel es el pueblo elegido, la única nación cuyo definitivo y único rey y legislador es Dios mismo. "Él reveló su palabra a Yaakov, Sus leyes y decretos a Israel. Él no ha hecho esto por ninguna otra nación; ellos no conocen Sus leyes, Aleluya" (Salmos 147:19–20). Lo que estableció por primera vez el pacto en Sinaí fue el *límite moral del poder*[1]. Toda autoridad humana es una autoridad delegada, sujeta a los imperativos abarcadores de la Torá misma. De este lado del cielo no hay un poder absoluto. Eso es lo que siempre ha diferenciado al judaísmo de los imperios del mundo antiguo y de los nacionalismos seculares de Occidente. Por lo tanto, Israel puede aprender de los midianitas la política práctica, pero solo puede aprender de Dios mismo sobre los límites de la política.

Sin embargo, a pesar de este contraste, existe un tema en común en los dos episodios, el de Itró y el de la revelación en Sinaí: la *delegación, distribución y democratización* del liderazgo. Solamente Dios puede gobernar solo.

El tema es introducido por Itró. Él visita a su yerno y lo ve liderando en soledad. Le dice "Lo que tú estás haciendo no está bien" (Éxodo 18:17). Esta es una de las dos únicas instancias en toda la Torá en que aparecen las palabras *lo tov*, "no está bien". La otra es en Génesis (2:18) donde Dios dice "No es bueno (*lo tov*) que el hombre esté solo". No podemos liderar en soledad. No podemos vivir solos. Estar solo no es bueno.

Itró propone delegar:

"Tú debes ser el representante del pueblo ante Dios y llevarle las disputas a Él. Enséñales a los hombres Sus decretos e

---

1. Para la ilustración original de esta idea, por favor vea el comentario del Rabino Sacks sobre Shifrá y Puá en "Las mujeres como líderes" (Shemot 5781).

instrucciones, muéstrales la forma en que deben conducir sus vidas y cómo deben comportarse. Pero elige hombres capaces de entre todo el pueblo –hombres que teman a Dios, personas confiables que aborrezcan la ganancia deshonesta– y nómbralos oficiales responsables de miles, de centenares, de medio centenar y de decenas. Que actúen como jueces para el pueblo en todo momento y que te traigan a ti los casos difíciles; los simples los pueden resolver ellos mismos. Esto te aliviará la carga, porque ellos la compartirán contigo" (Éxodo 18:19-22).

Esta es una observación significativa. Implica que de cada mil israelitas hay 131 líderes, (uno por cada mil, diez por cada cien, veinte por cada cincuenta y cien por cada diez). Uno de cada ocho israelitas estaba destinado a asumir una posición de liderazgo.

En el capítulo siguiente, antes de la revelación en el Monte Sinaí, Dios le ordena a Moshé proponer un pacto con los israelitas. En el transcurso de la propuesta, Dios articula lo que de hecho es la misión del pueblo judío:

"Ustedes mismos han visto lo que Yo hice en Egipto, cómo los llevé en alas de águilas y los traje a Mí. Ahora, si Me obedecen totalmente y cumplen con Mi pacto, entonces de entre todas las naciones ustedes serán Mi posesión atesorada. Aunque toda la tierra es Mía, ustedes serán para Mí un reino de sacerdotes y una nación santa" (Éxodo 19:4-6).

Esta es una declaración muy impactante. Cada nación tenía sus sacerdotes. En el libro de Génesis lo encontramos a Malkizedek, contemporáneo de Abraham, descrito como "un sacerdote del Dios más elevado" (Génesis 14:18). La historia de Iosef menciona sacerdotes egipcios, cuya tierra no sería nacionalizada (Génesis 47:22). Itró era un sacerdote midianita. En el mundo antiguo no había nada distintivo del sacerdocio. Cada nación tenía sacerdotes y hombres santos. Lo característico de Israel era que se transformaría en *una nación en la que cada integrante sería un sacerdote; y cada uno de sus ciudadanos estaría llamado a ser santo.*

*Shemot*

Recuerdo vívidamente haber estado de pie junto al Rabino Adin Steinsaltz en la Asamblea General de las Naciones Unidas en agosto de 2000 en un encuentro único de dos mil líderes religiosos, que representaban a las principales religiones del mundo. Señalé que aun ante ese conjunto tan prestigioso, nosotros éramos diferentes. Éramos casi los únicos que vestíamos trajes, todos los demás llevaban puesto sus mantos de oficiantes. Es un fenómeno casi universal que los sacerdotes y hombres santos vistan ropajes distintivos que los diferencien (que es el significado de la palabra *kadosh*, "consagrado"). En el judaísmo post bíblico no había ropa de oficiante, porque se suponía que todos debían ser sagrados.[2] Teofrasto, discípulo de Aristóteles, llamo a los judíos "una nación de filósofos," para reflejar una idea similar.[3]

¿Pero en qué sentido fueron, alguna vez, los judíos, un reino de sacerdotes? Los *cohanim* eran una élite en la nación, miembros de la tribu de Levi, descendientes de Aarón, el primer Sumo Sacerdote. Nunca hubo una democratización plena de la *keter quehuná*, la corona del sacerdocio.

Ante este problema, los estudiosos ofrecieron dos soluciones. La palabra *cohanim* 'sacerdotes" puede también significar "príncipes" o "líderes" (Rashi, Rasham). O también "servidores" (Ibn Ezra, Rambam). Pero aquí está precisamente el punto. Los israelitas fueron llamados a ser *una nación de servidores-líderes*. Fue el pueblo convocado, por obra del pacto, a aceptar la responsabilidad no solo en nombre propio y de sus familias, sino por el estado moral-espiritual de la nación en su conjunto. Este es el principio que, más tarde, sería conocido como el concepto de *kol Israel arevin ze ba-ze* "Todo israelita es responsable el uno por el otro" (Shevuot 39a). El pueblo judío no dejó el liderazgo en manos de un solo individuo, por más sagrado o exaltado que fuera, o de una élite. En cambio, se esperaba que cada uno fuera tanto príncipe como servidor, es decir, cada uno estaba llamado a ser un líder. Nunca antes estuvo el liderazgo más profundamente democratizado.

---

2. Esta idea reaparece en el cristianismo protestante en la frase "el sacerdocio de los creyentes". Durante la época de los puritanos, los cristianos eran quienes tomaron más en serio los principios de lo que llamaban el Viejo Testamento.
3. Ver Josefo, *Contra Apión* 1:22

*Itró: Una nación de líderes*

Eso es lo que hizo que los judíos fueran históricamente difíciles de liderar. Como dice la frase célebre de Jaim Weitzmann, el primer Presidente de Israel, "soy el conductor de un millón de presidentes".

El Señor puede ser nuestro pastor, pero el judío nunca fue una oveja. De la misma forma, esto fue lo que hizo que los judíos tuvieran un impacto en el mundo fuera de toda proporción numérica. Los judíos constituyen un fragmento ínfimo (un quinto del uno por ciento de la población mundial), pero constituyen una proporción extraordinariamente alta de líderes en cualquier ámbito de la actividad humana.

Ser judío es estar llamado a liderar[4].

CB

---

4. En el próximo capítulo de la parashá Kedoshim, profundizaremos más sobre el rol del seguidor en el judaísmo.

*Mishpatim*
# Visión y detalles

Nuestra parashá nos conduce a través de una transición sorprendente. Hasta ahora, el libro de Shemot nos transportó a lo largo del drama de la narrativa: la esclavitud de los israelitas, su esperanza de liberación, las plagas, la obstinación del Faraón, la huida hacia el desierto, el cruce del Mar Rojo, la travesía hacia el Monte Sinaí y el gran pacto con Dios.

Súbitamente, nos encontramos con un tipo de literatura totalmente diferente, un código legal que abarca una sorprendente cantidad de temas, la responsabilidad por daños, la protección de la propiedad, las leyes de justicia, de Shabat y de las festividades. ¿Por qué aquí? ¿Por qué no continuar con la narración que conduce al siguiente gran drama, el del becerro de oro? ¿Por qué interrumpir el flujo de la historia? ¿Y qué tiene esto que ver con el liderazgo?

La respuesta es la siguiente: grandes líderes, sean directores de empresa o simplemente padres, tienen la capacidad de conectar una gran visión con detalles específicos. Sin esa visión los detalles son meramente molestos. Hay una historia bien conocida de tres obreros, empleados para cortar bloques de piedra. Cuando les preguntaron qué estaban haciendo, uno contestó: "Cortando piedras", el segundo dijo "Ganándome el sustento", y el tercero, "Construyendo un palacio." Los que tienen una visión grande de las cosas tienen mayor orgullo en su labor, trabajan más y mejor. Los grandes líderes comunican la visión.

Pero también son meticulosos, hasta perfeccionistas cuando tiene que ver con los detalles. Es famoso lo que dijo Tomas Edison, "la genialidad es uno por ciento inspiración y noventa y nueve por ciento transpiración." Es la atención a los detalles lo que distingue a los grandes artistas, poetas, compositores, cineastas, políticos y responsables de las corporaciones, de todos los demás. Cualquiera que haya leído la biografía de Steve Jobs escrita por Walter Isaacson sabe que tenía una propensión a los detalles que bordeaba lo obsesivo. Insistió, por ejemplo, que todos los locales de venta de Apple tuvieran escaleras de cristal. Cuando le dijeron que no había cristal lo suficientemente fuerte para resistirlo, insistió en que se debía inventar. Así lo hizo, y él se quedó con la patente.

El genio de la Torá consiste en aplicar este principio a la sociedad en su totalidad. Los israelitas habían pasado por una serie de eventos de transformación. Moshé sabía que anteriormente no había habido nada semejante. También sabía, a través de Dios, que nada de eso era accidental ni incidental. Los israelitas habían experimentado la esclavitud para hacerlos valorar la libertad. Habían sufrido, por lo cual sabían lo que se sentía al estar del lado opuesto del poder tiránico. En el Monte Sinaí, Dios, por medio de Moshé, les dio una misión: transformarse en un "reino de sacerdotes y una nación santa", sólo bajo la soberanía de Dios. Debían crear una sociedad construida sobre los principios de justicia, dignidad humana y respeto por la vida.

Pero ni los hechos históricos ni los ideales abstractos –ni siquiera los principios generales de los Diez Mandamientos– son suficientes para sostener una sociedad a largo plazo. De ahí el llamativo proyecto de la Torá: transcribir la experiencia histórica en legislación detallada, para que los israelitas pudieran experimentar lo que habían aprendido en el día a día, incorporándolo en la textura de su vida social. En la parashá de Mishpatim la visión se convierte en detalle, y la narrativa en ley.

Entonces, por ejemplo, "si compras un esclavo hebreo, deberá servirte por seis años. Pero en el séptimo quedará libre, sin tener que pagar nada" (Éxodo 21:2–3). En un solo trazo, esta ley transforma la esclavitud

## Mishpatim: Visión y detalles

de condición de nacimiento en circunstancia temporal – de lo que eres a lo que, por un tiempo, haces. La esclavitud, la amarga experiencia de los israelitas en Egipto, no podría ser abolida de la noche a la mañana. Ni siquiera fue abolida en Estados Unidos hasta 1860 y aun así, no sin haber sufrido una guerra civil devastadora. Pero esta ley inicial de nuestra parashá es el comienzo de esa larga travesía.

De igual manera, la ley de que "Cualquiera que castigue a un esclavo o esclava con una vara, si muriera como consecuencia directa del castigo debe ser castigado" (Éxodo 21:29). Un esclavo no es una mera propiedad. Tienen derecho a la vida.

También la ley de Shabat establece: "Seis días trabajarás, pero en el séptimo no lo harás, para que tu buey y tu asno puedan descansar, y para que el esclavo nacido en tu casa y el extranjero que vive en tu medio puedan reponerse" (Éxodo 23:12). Un día de los siete, el esclavo podía respirar el aire de la libertad. Las tres leyes prepararon el camino para la abolición de la esclavitud, aunque ello ocurriera más de tres mil años más tarde.

Existen dos leyes que tienen que ver con la experiencia de los israelitas como minoría oprimida: "No maltrates ni oprimas al extranjero, pues tú has sido extranjero en Egipto" (Éxodo 22:21) y "No oprimas al extranjero pues tú sabes lo que se siente, porque has sido extranjero en Egipto" (Éxodo 23:9).

Y también hay leyes que evocan otros aspectos de lo vivido por el pueblo en Egipto, como "No te aproveches de la viuda o del huérfano. Si lo haces y ellos Me llaman, seguramente oiré su ruego" (Éxodo 22:21-22). Esto recuerda el episodio del comienzo de Éxodo: "Los israelitas clamaron durante su esclavitud y llamaron, y su pedido de ayuda por la causa de su esclavitud llegó hasta Dios. Dios oyó su llanto y recordó Su pacto con Abraham, Yitzjak y Yaakov. Entonces Dios observó a los israelitas y se preocupó por ellos" (Éxodo 2:23-25).

En un famoso artículo escrito en los años 80, el profesor de derecho de Yale, Robert Cover, escribió acerca de "*Nomos* y Narrativa."[1] Con

---

1. Robert Cover, "Nomos and Narrative," Preámbulo al periodo de la Corte Suprema de 1982, Yale Faculty Scholarship Series, Paper 2705, 1983. El paper se puede consultar en http://digitalcommons.law.yale.edu/fss_papers/2705.

esto quiso transmitir que bajo las leyes de cualquier sociedad hay un *nomos*, o sea, una visión de un orden ideal social que la ley intenta crear. Y bajo cada *nomos* está la narrativa, o sea, la historia de los formadores y visionarios de la sociedad o del grupo que llegó a tener esa visión específica del orden ideal que intentaron construir.

Los ejemplos de Cover fueron mayormente extraídos de la Torá, y la verdad es que su análisis resulta menos una descripción de la ley como tal, que la del fenómeno único conocido como *Torá*. La palabra "Torá" no es traducible porque significa varias cosas distintas que solo aparecen en el libro que lleva ese nombre.

Torá significa "ley". Pero también es "enseñanza, instrucción, guía", o más ampliamente, "dirección". También es el nombre genérico de los cinco libros, de Génesis a Deuteronomio, que componen tanto la narrativa como la ley.

En general, ley y narrativa son géneros literarios distintos y tienen muy poca superposición. La mayoría de los libros sobre la ley no contienen narrativa, y los libros sobre narrativa no contienen leyes. Además, como señala Cover mismo, incluso si los habitantes de Inglaterra o Estados Unidos de hoy conocen la historia de una determinada ley, no hay texto canónico que una a las dos. De cualquier manera, la mayoría de las sociedades tienen muchas maneras de narrar la historia. Además de lo cual, muchas leyes se imponen sin una declaración de origen, por qué fueron establecidas, qué era lo que deseaban lograr ni cuál fue la experiencia histórica que derivó en su sanción.

Por lo tanto, la Torá es una combinación única de *nomos* y narrativa, historia y ley, las experiencias formativas de una nación, y la forma en que esa nación buscó vivir su vida colectiva para no olvidar nunca las lecciones aprendidas a lo largo del camino. Unifica la visión y el detalle de una manera nunca superada.

Esa es la manera en que debemos liderar si queremos que el pueblo nos acompañe, dando lo mejor de sí. Debe haber una visión que nos inspire, diciéndonos qué debemos hacer y lo que se requiere que hagamos. Debe haber una narrativa: esto es lo que ocurrió, esto es lo que somos nosotros y por este motivo es tan importante nuestra visión. Luego debe haber una ley, un código, con una atención desmesurada al detalle, que nos permita transformar la visión en realidad y el dolor del

## Mishpatim: Visión y detalles

pasado en bendiciones para el futuro. Esa extraordinaria combinación, no encontrada en casi ningún otro código legal, es lo que le da a la Torá su poder imperecedero. Es un modelo para todo el que busque conducir a un pueblo a un destino de grandeza.

CB

*Terumá*
# El hogar que construimos juntos

La secuencia de estas parashiot que comienza con *Terumá* y continúa con *Tetzavé, Ki Tisá, Vaiakhel y Pekudé*, es desconcertante en varios aspectos. Primero, describe con exhaustivo y agotador detalle la construcción del Tabernáculo (Mishkán), la casa de veneración portátil que los israelitas construyeron y transportaron a lo largo del desierto. La narrativa ocupa casi todo el último tercio del libro de Éxodo. ¿Por qué tan extenso? ¿Por qué con tanto detalle? El Tabernáculo era, después de todo, sólo un hogar temporario para la Presencia Divina, más tarde reemplazado por el Templo de Jerusalén.

Además, ¿cuál sería la razón por la que figure la descripción de la construcción del Mishkán en el libro de Éxodo? Lo natural sería que aparezca en el libro de Vayikrá (Levítico), dedicado fundamentalmente al detalle del servicio en el Mishkán y a los sacrificios allí realizados. Por el contrario, el libro de Éxodo podría subtitularse "El nacimiento de una nación". Trata sobre la transición de los israelitas de una familia a un pueblo, y sobre la travesía de la esclavitud a la libertad. Llega al punto culminante con el pacto entre Dios y el pueblo en el Monte Sinaí. ¿Qué tiene que ver el Tabernáculo con todo esto? Parece una manera extraña de terminar el libro.

La respuesta, a mi parecer, es profunda. Primero, recordemos la historia de los israelitas hasta este momento. Habían protagonizado una larga secuencia de protestas. Se quejaron cuando Moshé, en su primera intervención, hizo que la situación resultara peor para ellos. Después, en el Mar Rojo, cuando le preguntaron: "¿Fue porque no había tumbas en Egipto que nos trajiste para morir aquí en el desierto? ¿Qué nos has hecho al sacarnos de Egipto? ¿No te dijimos allí 'déjanos tranquilos para servir a los egipcios'? ¡Hubiera sido mejor para nosotros servir a los egipcios que morir en el desierto!" (Éxodo 14:11-12).

Después de cruzar el mar siguieron las quejas, primero por la falta de agua, después porque el agua era amarga, luego por la falta de comida y luego, nuevamente, por falta de agua. Entonces, en las semanas posteriores a la revelación del Sinaí –la única vez en la historia en que Dios apareció frente a toda una nación– construyeron el becerro de oro. ¿Si una secuencia de milagros sin precedente no puede producir una respuesta madura por parte del pueblo, qué lo podría ocasionar?

Fue entonces que Dios dijo: *Que ellos construyan algo juntos*. Esta simple orden transformó a los israelitas. Durante toda la construcción del Tabernáculo no hubo quejas. Todo el pueblo contribuyó, algunos con oro, plata o bronce, otros trajeron pieles y cortinas, y otros su trabajo y su habilidad. Contribuyeron tanto que Moshé les tuvo que ordenar que no siguieran. Aquí se enmarca una notable propuesta: *Lo que nos transforma no es lo que Dios hace por nosotros. Es lo que hacemos nosotros por Dios*.

Mientras cada crisis era resuelta por Moshé y los milagros, los israelitas permanecieron en un estado de dependencia. Su respuesta inmediata fue la queja. Para poder llegar a la adultez y a la responsabilidad, tenía que producirse una transición: de ser receptores pasivos de las bendiciones de Dios, a creadores activos. El pueblo tenía que convertirse en "el socio de Dios en la tarea de la creación" (Shabat 10a). Eso, considero, es lo que los sabios quisieron decir cuando afirmaron "No los llames 'tus hijos' sino 'tus constructores'" (Berajot 64a). Las personas deben convertirse en constructoras si quieren pasar de la niñez a la adultez.

El judaísmo es la convocatoria de Dios a la responsabilidad. Él no quiere que estemos pendientes de milagros. Él no quiere que dependamos de otros. Quiere que seamos sus socios. Al reconocer que lo que tenemos, lo tenemos por Él, pero lo que hacemos depende de nosotros, de nuestras elecciones y de nuestro esfuerzo. No es fácil lograr ese equilibrio. Es fácil vivir una vida de dependencia. Es igualmente sencillo caer en el error opuesto al decir: "Mi poder, y la fuerza de mis manos han producido esta riqueza para mí" (Deuteronomio 8:17). La visión judía de la condición humana es que todo lo que logramos se debe a nuestro propio esfuerzo, pero de igual manera y esencialmente, como resultado de la bendición de Dios.

La construcción del Tabernáculo fue el primer gran proyecto que los israelitas emprendieron juntos. Requirió su generosidad y habilidad. Les dio la oportunidad de devolver a Dios algo de lo que Él les había dado. Les confirió la dignidad de la labor y un emprendimiento creativo. Concluyó su nacimiento como nación y simbolizó el desafío del futuro. La sociedad que fueron convocados a crear en la tierra de Israel sería una en la que todos formarían parte. Era lo que sería –es la frase que elegí como título para uno de mis libros– "la casa que construimos juntos"[1].

De aquí vemos que uno de los desafíos más grandes del liderazgo es darle al pueblo la oportunidad de dar, contribuir, participar. Esto requiere auto restricción, *tzimtzum,* por parte del líder, al crear el espacio para que otros lideren. Como expresa el dicho: "Un líder es bueno cuando la gente apenas sabe que existe. Cuando el trabajo está hecho y el objetivo cumplido, dirán: 'esto lo hicimos nosotros'"[2].

Esto nos lleva a la distinción fundamental en política entre Estado y sociedad. El Estado representa lo que es hecho *para nosotros* por la maquinaria del gobierno, instrumentada por medio de leyes, cortes judiciales, impuestos y gasto público. La sociedad es lo que hacemos *el uno por el otro* por medio de comunidades, asociación de voluntarios, y organizaciones solidarias y de caridad. Creo que el judaísmo tiene una clara preferencia por la sociedad, más que por el estado, precisamente

---

1. Jonathan Sacks, *The Home We Build Together. Recreating Society,* (Bloomsbury Academic, 2009).
2. Atribuido a Lao-Tsu.

porque reconoce –y este es el tema central del libro de Éxodo– que lo que hacemos por los otros, y no lo que otros o Dios hacen por nosotros, es lo que nos transforma. Considero que la fórmula judía es: estado pequeño, sociedad grande.

La persona que tuvo la percepción más profunda de la naturaleza de la sociedad democrática fue Alexis de Tocqueville. Cuando visitó Estados Unidos en 1830, vio que su fortaleza radicaba en lo que él llamó "el arte de la asociación", la tendencia de los norteamericanos a reunirse en comunidades y grupos voluntarios de ayuda, en lugar de dejar la tarea en manos del gobierno central. Si alguna vez fuera de otra forma, en la que los individuos dependieran solamente del Estado, la libertad democrática correría peligro.

En uno de los pasajes más cautivantes de su obra maestra, *Democracy in America*, afirma que las democracias corren riesgo por una nueva forma de opresión de la cual no hay precedentes. Ocurrirá, dice, que cuando el pueblo exista solamente por y para él mismo, terminará dejando que el bien común quede en manos del gobierno. En ese caso la vida sería así:

> Por sobre esta raza de hombres se ejerce un poder inmenso y tutelar, que toma sobre sí la tarea de asegurar sus gratificaciones y vigilar su destino. Ese poder es absoluto, minucioso, regular, providente y apacible. Podría ser como la autoridad de un padre, si tuviera el objetivo de preparar al hijo para la adultez; pero por lo contrario, busca mantenerlo en una niñez perpetua. Está bien que el pueblo se regocije, siempre que no piense en nada más que en eso. Por esa felicidad ese gobierno trabaja activamente; les da seguridad, prevé sus necesidades, facilita sus placeres, maneja sus preocupaciones principales, dirige su industria, regula la disminución de la propiedad y subdivide sus herencias: ¿qué queda, más que evitarles la tarea de pensar y todo el problema que significa vivir?[3]

---

3. Alexis De Tocqueville, *Democracy in America*, abridged and with an introduction by Thomas Bender (The Modern Library, New York, 1981), 584.

## Terumá: El hogar que construimos juntos

Tocqueville escribió esto hace casi 200 años, y existe el riesgo de que esto pase en algunas de las sociedades europeas actuales: todo del estado, nada de la sociedad; todo gobierno, poco o nada de comunidad[4]. Tocqueville no era un escritor religioso. No hace referencia alguna a la Biblia hebrea. Pero el temor que él expresa es precisamente lo que documenta el libro de Éxodo. Cuando el poder central –aunque sea el de Dios mismo– hace todo en beneficio del pueblo, este último permanece en un estado de desarrollo en suspenso. Se queja en lugar de actuar. Entra con facilidad en la desesperanza. Cuando un líder, en este caso Moshé, no está presente, cometen actos tontos, pero ninguno mayor que el de construir el becerro de oro.

Existe una sola solución: hacer que el pueblo sea co-arquitecto de su propio destino, lograr que construyan algo juntos, modelarlos en equipo y mostrarles que no son inútiles, que son responsables y capaces de una acción conjunta. Génesis comienza con Dios creando el universo como hogar para los seres humanos. Éxodo finaliza con los humanos creando el Mishkán, como 'hogar' para Dios.

De ahí surge el principio básico del judaísmo: que hemos sido llamados a ser co-creadores junto con Dios. Y también, el corolario: que los líderes no hacen el trabajo del pueblo. Les enseñan a ellos a hacerlo. No es lo que Dios hace por nosotros, sino lo que nosotros hacemos por Dios, lo que nos permite alcanzar la dignidad y la responsabilidad.

CB

---

4. Esto no implica que los gobiernos no tengan ningún papel; que todo debería dejarse a las asociaciones voluntarias. Ni mucho menos. Hay cosas, desde el estado de derecho hasta la defensa del reino, la aplicación de normas éticas y la creación de una distribución equitativa de los bienes necesarios para una existencia digna, que solo los gobiernos pueden lograr. El problema es el equilibrio.

*Tetzavé*

# El contrapunto del liderazgo

Una de las contribuciones judías más importantes para la comprensión del liderazgo es lo que Montesquieu en el siglo XVIII llamó "la división de poderes"[1]. Ninguna autoridad o poder debía concentrarse en un solo individuo o departamento. En cambio, el liderazgo debía estar dividido según el tipo de función.

Una de las divisiones clave –anticipando en un milenio la "separación de la Iglesia y el Estado"– era entre el rey, la cabeza del Estado por una parte, y el sumo sacerdote, la máxima autoridad religiosa, por el otro.

Esto fue revolucionario. Los reyes de las ciudades-estado de la Mesopotamia y el Faraón de Egipto eran considerados semidioses o principales intermediarios de los dioses. Oficiaban en las máximas festividades religiosas. Eran considerados como representantes del Cielo en la Tierra.

---

1. Charles-Louis Montesquieu, *The Spirit of Laws* (Encyclopaedia Britannica, 1952).

En el judaísmo, en marcado contraste, la monarquía tenía poca o ninguna función religiosa (salvo el recitado cada siete años del libro del Pacto por parte del Rey en el ritual conocido como *hakhel*). Efectivamente, la objeción principal de los sabios con respecto a los reyes asmoneos fue que quebraron esa antigua regla, declarándose también (algunos de ellos) sumo sacerdote. El Talmud recoge esta objeción: "Que la corona del reino te resulte suficiente. Deja la corona del sacerdocio en manos de los hijos de Aarón" (Kidushin 66a). El resultado de este principio fue *secularizar el poder*.[2]

No menos fundamental fue la división del liderazgo religioso en dos funciones distintas: la del profeta y la del sacerdote. Eso está resaltado en la parashá de esta semana, que se concentra en el rol del sacerdote y en la exclusión del rol del profeta. Tetzavé es la primera parashá desde el comienzo del libro de Éxodo, en que no aparece el nombre de Moshé. Es una parashá fuertemente sacerdotal, contrapuesta a la profética.

Los sacerdotes y los profetas tenían roles muy diferentes, pese a que algunos profetas, notoriamente Ezequiel, también ejercían el sacerdocio. Las diferencias principales fueron:

1. El rol del sacerdote era dinástico, el del profeta, carismático. Los Sacerdotes eran los hijos de Aarón, nacidos para ese rol. El parentesco no cumplía ninguna función en el caso de los profetas. Los propios hijos de Moshé no eran profetas.
2. El sacerdote vestía la indumentaria de oficio. Eso no ocurría en el caso de un profeta.
3. El sacerdocio era exclusivamente masculino, no así la profecía. El Talmud cuenta sobre siete mujeres que eran profetisas: Sara, Miriam, Débora, Jana, Abigail, Huldá y Ester (Meguilá 14a).
4. El rol del sacerdote no cambió a lo largo del tiempo. Existía un programa anual de sacrificios que no variaba año tras año. Por lo contrario, el profeta no tenía cómo saber cuál iba a ser su misión hasta que Dios se lo revelara. La profecía nunca fue tema de rutina.

---

2. En el judaísmo, el poder, excepto el ejercido por Dios, no es santo.

5. Como consecuencia, el profeta y el sacerdote tenían una percepción diferente del tiempo. El tiempo para el sacerdote era lo que para Platón: "la imagen móvil de la eternidad,"[3] un tema de permanente recurrencia y retorno. El profeta vivía en el tiempo histórico. Su hoy no era el mismo que su ayer y su mañana sería nuevamente diferente. Una forma de expresarlo es que el sacerdote oía la palabra de Dios para todo tiempo. El profeta oía la palabra de Dios para este tiempo.

6. El sacerdote era "sagrado", y por lo tanto estaba separado del pueblo. Debía ingerir su comida en estado de pureza y evitar contacto con los muertos. El profeta, en cambio, vivía frecuentemente en medio del pueblo y hablaba un lenguaje que el pueblo comprendía. Los profetas podían provenir de cualquier estrato social.

7. Las palabras clave para el sacerdote eran *tahor, tamé, kodesh* y *jol*: "puro", "impuro", "sagrado" y "secular". Las palabras clave de los profetas eran: *tzedek, mishpat, jesed* y *rajamim*: "virtud", "justicia", "amor" y "compasión". No es que a los profetas les concernía la moralidad y a los sacerdotes no. Algunos de los imperativos morales clave, como "Amarás a tu prójimo como a ti mismo", provienen de los párrafos sacerdotales de la Torá. Los sacerdotes pensaban más bien en términos de un orden moral inserto en la estructura de la realidad, llamado algunas veces "ontología sagrada".[4] Los profetas tendían a no pensar en cosas o actos en sí, sino en términos de las relaciones entre personas o clases sociales.

8. La tarea del sacerdote es la de mantener el límite. Las palabras sacerdotales clave son *le-havdil* y *le-horot*, para distinguir una cosa de la otra y aplicar las reglas apropiadas. Los sacerdotes planteaban reglas. Los profetas, alertas.

---

3. Platón, Timaeus 37d.
4. Acerca de esta idea, ver Philip Rieff, *My Life Among the Deathworks* (Charlottesville, Va.: University of Virginia Press, 2006). Rieff fue un crítico inusual y perspicaz de la modernidad. Para una introducción a su trabajo ver Antonius A.W. Zondervan, *Sociology and the Sacred: An Introduction to Philip Rieff's Theory of Culture* (Toronto, Ontario: University of Toronto Press, 2005).

9. No había nada personal con respecto al rol sacerdotal. Si alguno – aun el sumo sacerdote – no pudiera oficiar en un determinado servicio, podía ser sustituido. La profecía era esencialmente personal. Los sabios afirmaban que "no hay dos profetas que tengan el mismo estilo de profecía" (Sanedrín 89a). Oseas no era Amós, Isaías no era Jeremías. Cada profeta tenía una voz distintiva.
10. Los sacerdotes constituían el establishment religioso. Los profetas, por lo menos aquellos cuyos mensajes han sido eternizados en el Tanaj, no tenían establishment sino que por el contrario, eran anti-establishment, críticos de los poderes existentes.

Los roles del sacerdote y del profeta variaron a lo largo del tiempo. Los sacerdotes siempre oficiaron en los servicios sacrificiales del Templo. Pero también eran jueces. La Torá indica que si hubiera un caso demasiado difícil para ser juzgado en la corte local debían ir a "los sacerdotes, los levitas y al juez responsable en ese momento. Debes consultarlos y ellos te brindarán su veredicto" (Deuteronomio 17:9). Moshé bendice a la tribu de Levi diciendo que "Ellos enseñarán Tus preceptos a Yaakov y Tu Torá a Israel" (Deuteronomio 33:10), sugiriendo que también tenían un rol educativo.

Malají, profeta de la época del Segundo Templo, dice: "Pues los labios del sacerdote deben preservar el conocimiento, porque es un mensajero del Señor Todopoderoso y el pueblo busca el conocimiento de su boca" (Malají 2:7). El sacerdote era el guardián del orden social de Israel. Pero a través del Tanaj queda claro que el sacerdocio podía caer en la corrupción. Hubo tiempos en que los sacerdotes recibían sobornos, y otros en que comprometían la fe de Israel realizando prácticas paganas. A veces quedaban envueltos en política. Otros se comportaban como una élite apartada, con una actitud despreciativa hacia el pueblo.

En esos tiempos el profeta asumió la voz de Dios y de la conciencia de la sociedad, recordándole al pueblo su vocación espiritual y moral, llamándolos a la reconsideración y al arrepentimiento, recordando al pueblo sus deberes para con Dios y sus semejantes y alertándolo sobre las consecuencias de no escuchar sus advertencias.

El sacerdocio se corrompió y se politizó masivamente durante la era helenística, especialmente bajo los Seléucidas en el siglo II a.e.c. Los sumos sacerdotes helenizados como Jasón y Menelao introdujeron prácticas idolátricas, hasta llegar a colocar una estatua de Zeus en el Templo. Eso provocó una revuelta interna que condujo a los eventos que celebramos en Janucá.

Pero pese a que el gestor de la revuelta, Matitiahu, era él mismo un Sacerdote virtuoso, la corrupción retornó en la época de los reyes Asmoneos. La secta de Qumrán que conocemos por los rollos del Mar Muerto, fue especialmente crítica del sacerdocio de Jerusalén. Es impactante que los sabios trazan su ascendencia espiritual a los profetas y no a los sacerdotes (Avot 1:1).

Los cohanim eran esenciales para el antiguo Israel. Dieron a la vida religiosa su estructura y continuidad, sus rituales y rutinas, festivales y celebraciones. Su tarea era asegurar que Israel siguiera siendo un pueblo santo, con Dios en su seno. Pero eran un equipo de poder, y como todo *establishment*, en el mejor de los casos eran los guardianes de los más elevados valores; pero en el peor, resultaron corruptos, utilizando su posición para ejercer el poder y actuar políticamente en beneficio propio. Ese es el destino de todo *establishment*, especialmente aquellos donde la pertenencia es una cuestión de nacimiento.

Por eso los profetas eran esenciales. Fueron los primeros críticos sociales del mundo, enviados por Dios para transmitir la verdad al poder. Aún hoy, para bien o para mal, las organizaciones religiosas se asemejan al sacerdocio de Israel. Pero, ¿quiénes son los profetas de Israel en la actualidad?

La lección fundamental de la Torá es que el liderazgo nunca puede ser confinado a una clase o a un rol. Siempre debe ser distribuido y dividido. En el Israel antiguo, los reyes se ocupaban del poder, los sacerdotes de lo sagrado y los profetas de la integridad y fidelidad de la sociedad. En el judaísmo, el liderazgo es menos una *función* que un *campo de tensiones* entre los diferentes roles, cada una con su perspectiva y su voz.

El liderazgo en el judaísmo es un *contrapunto*, una forma musical definida como "la técnica de combinar dos o más líneas melódicas de manera de establecer una relación armónica, reteniendo su linealidad individual."[5] Es esta complejidad interna la que le da al liderazgo judío su vigor, salvándola de la entropía, la pérdida de energía a través del tiempo.

Yo creo que el liderazgo siempre debe ser así. Cada equipo debe estar formado por personas con distintos roles, fortalezas, temperamentos y perspectivas. Deben estar siempre abiertos a las críticas y estar alerta en contra del pensamiento de grupo. La gloria del judaísmo es su insistencia en que solo en el cielo hay una Voz de mando. Aquí en la tierra ningún individuo puede asumir el monopolio del liderazgo.

De este choque de perspectivas –rey, profeta, sacerdote– proviene algo más grande que lo que cualquier individuo pueda lograr.

CB

---

5. *American Heritage Dictionary*, 5ta ed., s.v. "Counterpoint" (Boston: Houghton Mifflin, 2011).

*Ki Tisá*

# Cómo fracasan los líderes

Como ya hemos visto, tanto en Vayetzé como en Vaerá, el liderazgo está marcado por el fracaso. Es en la recuperación donde se define la verdadera grandeza de un líder. Los líderes pueden fracasar por dos tipos de razones. La primera es externa. El momento puede no ser el apropiado. Las condiciones pueden ser desfavorables. Puede que no haya nadie del otro lado con quien dialogar. Maquiavelo llamó a esto *Fortuna*: el poder de la mala suerte que puede derrotar hasta al más grande de los hombres. Algunas veces, a pesar de nuestros esfuerzos, fracasamos. Así es la vida.

El segundo tipo de fracaso es interno. Un líder puede simplemente carecer del coraje necesario para liderar. En algunas instancias los líderes deben enfrentar a la multitud. Deben decir que no cuando todos gritan que sí. Eso puede ser aterrador. La muchedumbre tiene un deseo y una inercia que le son propias. Decir que no, puede significar poner en peligro la carrera o incluso la vida. Es ahí donde se necesita coraje, y no mostrarlo puede significar una falla moral de la peor clase.

El ejemplo clásico es el del rey Saúl, que falló en llevar a cabo las precisas instrucciones de Samuel en la batalla contra los amalecitas.

*Shemot*

A Saúl le ordenaron que no perdonara nada ni a nadie. Esto es lo que ocurrió:

> Cuando Samuel lo alcanzó, Saúl le dijo: "¡Que Dios te bendiga! He llevado a cabo las instrucciones de Dios".
> Pero Samuel dijo: "Entonces ¿qué son esos balidos de oveja en mis oídos? ¿Qué es ese sonido de ganado que estoy oyendo"?
> Saúl le contestó: "Los soldados me los trajeron de los amalequitas; salvaron lo mejor de las ovejas para sacrificar al Señor tu Dios, pero hemos destruido totalmente a las demás".
> "¡Suficiente!" le dijo Samuel a Saúl, "Déjame contarte lo que me dijo el Señor anoche".

"Dime", respondió Saúl.

> Samuel le contó: "Aunque puedas ser pequeño ante tus ojos, ¿no eres tú la cabeza de las tribus de Israel? El Señor te ungió rey sobre todo Israel. Y Él te envió a una misión, diciendo: 'Ve y destruye completamente a ese pueblo malvado, los amalequitas; declara la guerra contra ellos hasta que los hayas exterminado'. ¿Por qué no has obedecido al Señor? ¿Por qué te has lanzado sobre el botín y haz hecho lo malo ante los ojos del Señor?"
> "Pero yo sí obedecí al Señor" dijo Saúl. "Fui a la misión que me encomendó. Destruí completamente a los amalecitas, traje a Agag, su rey. Los soldados tomaron las ovejas y el ganado del botín; lo mejor ha de ser destinado a Dios para sacrificarlos ante el Señor tu Dios en Gilgal" (I Samuel 15:13–21).

Saúl presenta excusas. El fracaso no fue de él; fue de sus soldados. Además, tanto él como ellos tenían la mejor intención. Las ovejas y el ganado serían dedicadas a los sacrificios. Saúl no mató al rey Agag, pero lo trajo de vuelta como prisionero. Samuel no se conmueve. Le dice: "Porque has rechazado la palabra del Señor, Él te rechaza a ti como Rey" (I Samuel 15:23). Solo entonces admite Saúl: "He pecado" (15:24). Pero

## Ki Tisá: Cómo fracasan los líderes

a esta altura ya es demasiado tarde. Ha demostrado no ser merecedor de comenzar el linaje de los reyes de Israel.

Hay una cita apócrifa atribuida a varios políticos: "Por supuesto que sigo los lineamientos del partido, después de todo, soy su líder"[1]. Estos son los que siguen en lugar de liderar. El rabino Israel Salanter los comparó con un perro que es llevado a pasear por su dueño. El perro se adelanta, pero se da vuelta continuamente para comprobar que está yendo en la dirección correcta. El perro puede pensar que lidera, pero en realidad sigue a su dueño.

Ese, como la lectura simple del texto, fue el destino de Aarón en la parashá de esta semana. Moshé había estado en la montaña durante cuarenta días. El pueblo estaba asustado. ¿Habría muerto? ¿Dónde estaba? Sin Moshé se sentían perdidos. Él era su contacto con Dios. Él hacía milagros, dividió el mar, les dio agua para beber y comida para alimentarse. La Torá describe los ocurrido de esta manera:

> Cuando el pueblo vio que Moshé tardaba tanto en bajar de la montaña, rodeó a Aarón y le dijo: "Ven, haznos un dios que vaya delante de nosotros. En cuanto a este hombre, Moshé, que nos sacó de Egipto, no sabemos qué le ha pasado". Aarón les contestó: "Saquen los zarcillos de oro que están usando vuestras mujeres, vuestros hijos y vuestras hijas, y tráiganlos". Entonces todo el pueblo se sacó las alhajas y se las llevó a Aarón. Él tomó lo que le habían dado, lo moldeó con una herramienta y construyó un becerro de oro. Entonces dijeron: "Este es vuestro dios, Israel, el que te sacó de Egipto" (Éxodo 32:1–4).

Dios se enoja. Moshé ruega que perdone al pueblo. Desciende de la montaña, ve lo que ha ocurrido, destruye las Tablas de la Ley que había traído consigo, quema al ídolo, lo reduce a polvo, lo mezcla con agua y obliga a los israelitas a beberlo. Después se torna hacia su hermano Aarón y le dice "¿Qué es esto que has hecho?"

---

1. Esta frase se la atribuye a Benjamin Disraeli, Stanley Baldwin y a Alexandre Auguste Ledru-Rollin.

"No te enojes, señor mío," contesta Aarón. "Tú sabes cuán cercano al mal es este pueblo. Ellos me dijeron: 'Haz un dios que vaya delante de nosotros. En cuanto a este hombre, Moshé, que nos sacó de Egipto, no sabemos qué le ha pasado'. Entonces les dije: 'El que tenga alhajas de oro, sáquenlas'. ¡Ellos me dieron el oro, yo lo tiré al fuego, y de ahí salió este becerro!" (Éxodo 32:22–24).

Aarón culpa al pueblo. Fue él el que hizo el pedido ilegítimo. Niega su responsabilidad por hacer el becerro. Ocurrió solo. "¡Yo lo tiré al fuego y de ahí salió el becerro!" Es la misma forma de negar la responsabilidad que recordamos en la historia de Adán y Eva. El hombre dice, "Fue la mujer". La mujer dice "Fue la serpiente". Ocurrió. Yo no fui. Yo fui la víctima, no el causante. Para cualquiera, esa evasión sería un fracaso moral; para un líder como Saúl, rey de Israel y para Aarón, sumo sacerdote, más aún.

Lo raro del hecho es que Aarón no fue inmediatamente castigado. Según la Torá, fue condenado por otro pecado totalmente distinto cuando, años más tarde, él y Moshé hablaron con enojo al pueblo que se quejaba por la falta de agua. "Aarón se reunirá con su gente. No entrará a la tierra que Yo he prometido dar a los israelitas, porque ambos se han rebelado contra Mi orden en las aguas de Meribá" (Números 20:24).

Fue solo más tarde, en los últimos meses de vida de Moshé, que él le dijo algo al pueblo que hasta ese entonces había mantenido en reserva: "Yo temí por la furia y la ira del Señor porque Él estaba lo suficientemente enojado como para destruirlos. Pero nuevamente el Señor me escuchó. Y el Señor estaba igualmente enojado con Aarón como para destruirlo, pero esa vez también rogué por Aarón" (Deuteronomio 9:19–20). Según Moshé, Dios estaba enojado con Aarón por el pecado del becerro de oro y estaba dispuesto a matarlo, cosa que habría hecho si no hubiera sido por el rezo de Moshé.

Es fácil criticar a las personas que fracasan ante la prueba de liderazgo cuando se trata de oponerse a la multitud, desafiar el consenso, bloquear el camino que desea tomar la mayoría. La verdad es que es difícil oponerse a la muchedumbre. Pueden ignorarte, desplazarte, e incluso asesinarte. Cuando una multitud pierde el control no hay soluciones elegantes. Hasta Moshé fue incapaz de enfrentar las demandas del pueblo durante el episodio posterior de los espías (Números 14:5).

Tampoco le fue fácil a Moshé restablecer el orden. Ahora debía tomar la decisión más dramática: destruir las Tablas de la Ley y transformar el becerro en polvo. Entonces pide apoyo y sus compañeros levitas se lo otorgan. Ese mismo día toman represalias contra la multitud, matando a tres mil personas. La historia juzga a Moshé como héroe, pero bien podría haber sido visto por sus contemporáneos como un autócrata brutal. Nosotros, gracias a la Torá, sabemos lo que pasó entre Dios y Moshé en ese tiempo. Los israelitas, al pie de la montaña, nunca supieron cuán cerca estuvieron de ser destruidos por completo.

La tradición fue benévola con Aarón. Fue retratado como un hombre de paz. Quizás por eso fue nombrado sumo sacerdote. Existe más de un tipo de liderazgo, y el sacerdocio implica seguir reglas, no adoptar posturas y hacer vibrar a las multitudes. El hecho de que Aarón no fuera un líder del mismo tipo que Moshé no significa que fue un fracaso. Quiere decir que estaba destinado a un rol distinto. Hay momentos en los que se necesita alguien con el coraje de plantarse frente a la multitud, y otros en los que se necesita un pacificador. Moshé y Aarón eran diferentes. Aarón fracasó cuando fue llamado a actuar como Moshé, pero resultó ser un gran líder por su propia y diferente capacidad. Y como dos líderes que trabajan en forma conjunta, Aarón y Moshé se complementaron. Ninguna persona puede hacerlo todo.

La verdad es que cuando una multitud pierde el control, no hay respuesta fácil. Es por eso que todo el judaísmo es un seminario extendido de responsabilidad individual y colectiva. Los judíos no forman, o no deberían formar muchedumbres. Cuando lo hacen, se puede necesitar un Moshé para poner orden. Pero otras veces, puede requerir un Aarón para mantener la paz.

CB

*Vayakhel*

# Armando equipos

¿Cómo haces para volver a motivar a un pueblo desmoralizado? ¿Cómo haces para recomponer las piezas rotas de una nación desmembrada? Este es el desafío que enfrenta Moshé en *Parashat Vayakhel*.

La palabra clave aquí es *"Vayakhel"*, y 'reunió'. *Kehilá* significa en hebreo 'comunidad'. Una *kehilá* o un *kahal* son un grupo de personas reunidas con un determinado propósito, sea este positivo o negativo, constructivo o destructivo. La misma palabra que aparece al principio de esta *parashá* como el comienzo de una solución, lo hizo al final de la pasada como el inicio de un problema.

"Cuando el pueblo vio que Moshé tardaba tanto en descender de la montaña, se congregó (*vaykahel*) alrededor de Aarón y le dijeron: Levántate, haznos un dios que vaya delante de nosotros, porque, Moshé, el hombre que nos sacó de la tierra de Egipto, no sabemos qué le ha ocurrido" (Éxodo 32:1).

La diferencia entre ambos tipos de *kehilá* es que una conduce al orden y la otra deviene en caos. Al descender de la montaña y ver el becerro de oro, leemos que "Moshé vio al pueblo que estaba *insubordinado* y que Aarón les había permitido *salirse de control* convirtiéndose

## Shemot

en el hazmerreír de sus enemigos" (Éxodo 32:25). La expresión hebrea para 'insubordinado', (P-R-A), significa 'suelto', 'desenfrenado', 'sin restricciones'.

Hay reuniones que son ordenadas, que están dirigidas a realizar algo y resultan plenas de propósito, al tiempo que hay otras que resultan ser una multitud, que poseen una voluntad propia, en las que las personas y las muchedumbres pierden el sentido del autocontrol. Estas se ven arrastradas por una ola de emociones. Se elude el proceso normal de pensamiento deliberativo por causa de los sentimientos más primitivos del grupo. En un caso así, sucede lo que los neurocientíficos llaman un "secuestro de la amígdala". Las pasiones se ven desbordadas. Ha habido estudios famosos sobre esta cuestión: el de Charles Mackay, *Delirios populares extraordinarios y La locura de las multitudes* (1841), *La multitud: un estudio de la mente popular* (1895), de Gustave Le Bon, y *Los instintos del rebaño en la guerra y en la paz* (1914) de Wilfred Trotter.

Una de las obras más inquietantes sobre este tema es *Multitudes y Poder* del autor judío Elías Canetti, quien fuera laureado con el premio Nobel (1960; versión en Inglés publicada en 1962).

*Vayakhel* es la respuesta de Moshé al salvaje desacato de la multitud que se reunió alrededor de Aarón e hizo el becerro de oro. Moshé llevó a cabo algo fascinante. Él no se opuso al pueblo, como lo había hecho inicialmente cuando se encontró con la elaboración de la estatua del ídolo. En lugar de ello, usó la misma motivación que los había arrastrado inicialmente. Ellos querían crear algo que fuera una señal de que Dios se encontraba en medio de ellos, no en las alturas de una montaña sino en medio del campamento. Moshé apeló al mismo sentido de generosidad que anteriormente los había llevado a ofrecer sus adornos de oro. La diferencia es que ahora estaban actuando según el mandato de Dios, y no de acuerdo con sus propios sentimientos espontáneos.

Moshé les pidió a los hijos de Israel que realizaran contribuciones voluntarias en aras de la construcción del Tabernáculo, el Santuario, el Mishkán. Ellos lo hicieron con tanta generosidad que Moshé tuvo que ordenarles que se detuvieran. Si tú quieres unir a las personas de modo tal que actúen por un bien común, ponlas a construir algo juntas. Pídeles que emprendan una tarea que solo se pueda lograr colectivamente, una empresa que nadie pueda concluir solo.

## Vayakhel: Armando equipos

El poder de este principio quedó demostrado en un famoso ejercicio de investigación de ciencia social llevado a cabo en 1954 por Muzafer Sherif y otros investigadores de la Universidad de Oklahoma, conocido como el experimento de la "Cueva de los Ladrones". Sherif quería entender la dinámica del conflicto grupal y de los prejuicios. Para hacerlo, él y sus colegas seleccionaron un grupo de veintidós niños blancos de once años que nunca se habían visto. Fueron llevados a un lejano campamento de verano en Robbers Cave State Park, Oklahoma. Una vez allí, fueron divididos al azar en dos grupos diferentes.

Inicialmente, ninguno de los grupos sabía de la existencia del otro. Ellos se alojaban en cabañas muy distantes una de la otra. La primera semana estuvo dedicada a la conformación del equipo. Los niños caminaron y nadaron juntos. Cada grupo eligió para sí un nombre – se convirtieron en 'las Águilas' y 'las Serpientes de Cascabel'. Estamparon estos nombres en sus camisetas y en sus banderas.

Luego, en una segunda fase, durante cuatro días ambos grupos fueron presentados el uno al otro a través de una serie de competiciones. Hubo trofeos, medallas, y premios para los ganadores y absolutamente nada para los perdedores. Casi de inmediato se generaron tensiones entre ellos: insultos, burlas y canciones despectivas. Ello empeoró. Cada uno quemó la bandera del otro grupo y asaltó su cabaña. Se negaron a comer en un mismo comedor junto a los miembros del grupo contrario.

La tercera etapa se denominó "la fase de la integración". Se organizaron encuentros. Los dos grupos vieron películas juntos. Encendieron los fuegos artificiales del 4 de julio. En esta etapa se esperaba que los encuentros cara a cara minimicen las tensiones y condujeran a la reconciliación. Pero no fue así. Varios de estos encuentros terminaron con los niños arrojándose comida unos a otros.

En la cuarta etapa, los investigadores generaron situaciones en las que surgía un problema que amenazaba simultáneamente a ambos grupos. La primera situación fue una obstrucción en el suministro de agua potable al campamento. Los dos grupos identificaron el desperfecto por separado y se reunieron en el punto donde la obstrucción se había producido. Trabajaron juntos para subsanarla, y al lograrlo, lo celebraron juntos. En otra circunstancia, los dos grupos votaron para ver algunas películas. Los investigadores les explicaron que alquilarlas costaría dinero

## Shemot

y que los fondos del campamento resultaban insuficientes para hacerlo. Ambos equipos acordaron aportar partes iguales para el costo. En una tercera situación, el carro en el que viajaban se detuvo y los muchachos tuvieron que bajarse y trabajar juntos para empujarlo. Para el momento en que las pruebas habían terminado, los chicos habían dejado de tener imágenes negativas sobre el otro grupo. En el viaje final en autobús a casa, los miembros de uno de los equipos usaron el dinero del premio que habían obtenido para comprar bebidas para todos.

Otros estudios arrojaron resultados similares. La conclusión que surge es revolucionaria. Puedes transformar a facciones hostiles en un solo equipo cohesionado siempre y cuando enfrenten un desafío compartido en el que todos pueden vencer únicamente si actúan juntos, pero nadie puede lograrlo haciéndolo por sí solo.

El rabino Norman Lamm, expresidente de la Yeshiva University, comentó una vez que solo conocía un chiste en toda la Mishná, la afirmación de que "los estudiosos de la Torá incrementan la paz en el mundo" (Berajot 64a). Los rabinos son conocidos por sus discusiones. Entonces, ¿cómo se puede decir que incrementan la paz en el mundo?

Yo sugiero que el pasaje no se trata de una broma sino de una verdad precisamente calibrada. Para entenderla, debemos leer la continuación de ese pasaje: "Los estudiosos incrementan la paz en el mundo, tal como fue dicho: 'Todos tus hijos aprenderán del Señor y grande será la paz de tus hijos' (Isaías 54:13). No leas 'tus hijos', sino 'tus constructores'". Cuando los eruditos se convierten en constructores, crean la paz. Si buscas formar una comunidad sobre la base de personas marcadamente individualistas, debes convertirlas en constructoras. Eso es lo que hizo Moshé en *Parashat Vayakhel*.

El armado de equipos, incluso después de un desastre tal como el becerro de oro, no se trata ni de un misterio ni de un milagro. Es algo que se logra asignando al colectivo una tarea que le hable a sus miembros de sus propias pasiones y que ninguna subdivisión grupal pueda lograr realizarla por sí sola. La tarea debe ser de índole constructiva. Cada miembro del grupo debe ser capaz de hacer una contribución única y singular y luego sentir que ha sido valorado a raíz de ella. Cada uno debe poder decir con orgullo: he ayudado a lograr esto.

Eso es lo que Moshé entendió e hizo. Él sabía: si quieres formar un equipo, crea un equipo que construya.

ID

*Pekudé*
# Celebrar

Si los líderes de hoy quisieran sacar lo mejor de sus liderados, deberían darles la oportunidad de mostrarles que son capaces de lograr grandes cosas y luego *celebrar sus logros*. Eso es lo que ocurrió en un momento clave sobre el final de nuestra parashá, el que lleva al libro de Éxodo a una conclusión sublime después de todo lo ocurrido.

Los israelitas finalmente han terminado la construcción del Tabernáculo. Leemos entonces:

> "Por lo tanto todo el trabajo del Tabernáculo, la Tienda de Reunión, fue completado. Los israelitas hicieron todo lo que Dios le había ordenado a Moshé… Moshé inspeccionó el trabajo y vio que habían hecho todo según lo ordenado por Dios. Entonces Moshé los bendijo" (Éxodo 39:32,43).

El pasaje parece simple, pero para el oído aguzado recuerda otro texto bíblico sobre el final de la narrativa de la Creación en Génesis:

"Los cielos y la tierra fueron completados en todo su vasto esplendor. El séptimo día, Dios concluyó el trabajo que Él había hecho; entonces en el séptimo día Él descansó de todo Su trabajo. Entonces Dios bendijo el séptimo día y lo hizo sagrado, porque en ese día descansó por todo el trabajo de creación que Él había hecho" (Génesis 2: 1-3).

Las tres palabras claves aparecen en ambos pasajes: "trabajo", "completado" y "bendecido". Los ecos verbales no son casuales. Es la forma en que la Torá señala la intertextualidad, sugiriendo que una ley o una historia deben ser leídas en el contexto de otra. En este caso, la Torá hace énfasis en que Éxodo concluye como comienza Génesis, con un trabajo de creación. Observen la diferencia, así como la semejanza. Génesis comienza con un acto de creación *Divina*. Éxodo concluye con un acto de creación *humana*.

Cuanto más minuciosamente examinamos ambos textos, más confirmamos cuán intrínseco es el paralelismo de la construcción. La descripción de la Creación en Génesis está ligada rigurosamente a series de siete. Son siete los días de la Creación. La palabra "bueno" aparece siete veces. La palabra "Dios", treinta y cinco y la palabra "tierra", veintiún veces. El comienzo del versículo de Génesis contiene siete palabras, el segundo, catorce, y los tres versículos de la conclusión, 35 palabras. Siempre múltiplos de siete. El texto completo tiene 469 (7×67) palabras.

La descripción de la construcción del Tabernáculo en Vayakhel-Pekudé también está construida alrededor del número siete. La palabra "corazón" aparece siete veces en Éxodo 35:5-29, al especificar Moshé los materiales a ser utilizados en la construcción, y nuevamente siete veces en 35:34 - 36:8, en la descripción de cómo los artesanos Bezalel y Oholiav llevaron a cabo su tarea. La palabra *terumá*, "contribución", aparece siete veces en esta sección. En el capítulo 39 que describe la confección de las vestimentas sacerdotales, la frase "como Dios le ordenó a Moshé" se repite siete veces. Y, nuevamente, otras siete más en el capítulo 40.

Se desarrolla un paralelo notable entre la creación del universo por parte de Dios y la creación del Santuario por los israelitas. Ahora comprendemos lo que representa el Santuario. Era un microcosmos, un universo en miniatura, construido con la misma precisión y "sabiduría" como el universo mismo, un espacio de orden contra la vasta falta de forma del desierto y contra el continuo caos amenazador del corazón del ser humano. El Santuario era un recordatorio visible de la presencia de Dios en el campamento, en sí una metáfora de la presencia de Dios en el Universo en su totalidad.

Una gran y trascendental idea está tomando forma. A los israelitas –que han sido retratados a lo largo de una buena parte del libro Éxodo como desagradecidos y tibios– se les ha dado ahora la oportunidad, después del pecado del becerro de oro, de mostrar que no son irredimibles, y ellos abrazaron esa oportunidad. Han probado ser capaces de grandes cosas. Han mostrado que pueden ser creativos. Han utilizado su generosidad y su habilidad para construir un mini universo. Mediante este acto simbólico han demostrado ser capaces de transformarse, utilizando la frase rabínica, "socios de Dios en la tarea de la creación".

Esto fue fundamental para la vuelta a la moralización y para su autoimagen como pueblo del pacto con Dios. El judaísmo no tiene una visión limitada de la posibilidad humana. No creemos estar mancillados por el pecado original. No somos incapaces de alcanzar grandeza moral. Por el contrario, el mero hecho de que fuimos creados a imagen del Creador significa que los humanos –a diferencia de otros seres vivientes– tenemos la capacidad de ser creativos. Al llegar a su culminación del primer logro creativo de Israel, Moshé los bendijo, diciendo, según los sabios, "Que sea la voluntad de Dios que Su presencia esté presente en la labor de vuestras manos[1]". Nuestra grandeza potencial reside en que podemos crear estructuras, relaciones y vidas que constituyen hogares para la Presencia Divina.

Al bendecirlos y celebrar sus logros, Moshé les mostró lo que podían llegar a ser. Esa es una experiencia potencialmente transformadora de vida. Acá tenemos un ejemplo contemporáneo:

En el año 2001, poco después del 11 de septiembre, recibí en Londres una carta de una mujer cuyo nombre no reconocí de inmediato. Me contó que en la mañana del ataque a las Torres Gemelas, yo estaba dando una conferencia sobre las formas de elevar el nivel de la profesión educativa, y que ella había leído un informe al respecto en los medios.

---

1. Sifri, Bamidbar, Pinjás, 143.

Eso la impulsó a escribir para recordarme el encuentro que habíamos tenido ocho años atrás.

En ese entonces, en el año 1993, ella era la directora de una escuela que estaba en franca decadencia. Escuchó algunas de mis charlas radiales, sintió una identificación con lo que yo pensaba y decía, y consideró que podía ser una solución a su problema. La invité a ella y a dos de sus colaboradoras a mi casa. La historia que me contó fue la siguiente: El ánimo en la escuela, tanto de los maestros, como de los alumnos y los padres, estaba en su nivel más bajo. Los padres estaban retirando a sus hijos. La cantidad de alumnos inscriptos había bajado de 1000 a 500. Los resultados de los exámenes eran malos: sólo el 8 por ciento sacó buenas notas. Estaba claro que si no se producía un cambio dramático la escuela debía cerrar.

Hablamos durante más o menos una hora sobre temas generales: la escuela como comunidad, cómo crear una ética, etc. De repente, me di cuenta que estábamos yendo por un camino equivocado. El problema que ella enfrentaba era práctico, no filosófico. Dije: "Debes adoptar una palabra: *celebrar*". Me miró y me dijo suspirando, "Usted no entiende, no tenemos *nada* para celebrar. En la escuela todo anda mal". "En tal caso", repliqué, "*busca* algo para celebrar. Si a un solo alumno le va mejor esta semana que la anterior, celebra. Si hay un cumpleaños, celébralo. Si es martes, celébralo". No parecía estar muy convencida, pero decidió intentarlo.

Ahora, ocho años más tarde, me escribió para contarme lo que ocurrió desde ese entonces. Los resultados de los exámenes exitosos pasaron del 8 al 65 por ciento. La cantidad de alumnos aumentó de 500 a 1000. Y dejando la mejor noticia para el final, me informó que la habían honrado con el título de Dama del Imperio Británico (uno de los mayores honores que otorga la Reina) por su contribución a la educación. Finalizó diciendo cómo una sola palabra había cambiado su escuela y su vida.

Era una educadora magnífica, y seguramente no necesitaba mi consejo. Podría, de cualquier manera, haber encontrado esa respuesta por su cuenta. Pero yo nunca dudé de que la estrategia tuviera éxito ya que todos crecemos para cumplir con las expectativas que otros tienen sobre nosotros. Si son bajas, permanecemos pequeños. Si son altas, caminaremos erguidos.

## Pekudé: Celebrar

La idea de que cada uno de nosotros tiene un nivel determinado de inteligencia, virtud, capacidad académica, motivación y potencia, es absurda. No todos podemos pintar como Monet o componer como Mozart. Pero cada uno de nosotros tiene sus dones, sus capacidades, que pueden permanecer adormecidas hasta que alguien las despierta. Podemos arribar a alturas que nunca pensábamos que serían posibles. *Todo lo que se requiere es encontrar a alguien que crea en nosotros, que nos desafíe, y que una vez que hemos respondido a ese desafío, bendiga y celebre nuestros logros.* Eso fue lo que hizo Moshé por los israelitas después del pecado del becerro de oro. En primer lugar los hizo crear, y luego los bendijo, junto con su creación, mediante una de las bendiciones más sencillas y movilizantes: que la Shejiná viva en el trabajo de sus manos.

La celebración es una parte esencial de la motivación. Dio vuelta a una escuela. En una era más antigua y en un contexto más sagrado, dio vuelta a los israelitas. Por lo tanto, celebremos.

Cuando celebramos los logros de otros, cambiamos vidas.

CB

# Vayikrá
# ויקרא

*Vayikrá*
# Los pecados de un líder

Como hemos comentado ya tantas veces en el transcurso de este año, los líderes se equivocan. Es inevitable. Así, sorprendentemente, lo expresa Vayikrá, la parashá de esta semana. El tema central es la respuesta de los líderes a sus errores.

El tema está tratado en la Torá de manera muy sutil. Nuestra parashá trata sobre las ofrendas por los pecados, que las personas debían realizar cuando se equivocaban. El término técnico es *shegagá*, que significa causar un mal por error (Levítico 4:1–35). Hiciste algo sin saber que estaba prohibido ya sea por olvido, por ignorancia de la ley o porque no conocías algunos detalles. Pudiste, por ejemplo, cargar algo en un lugar público en Shabat, quizás porque no sabías que estaba prohibido o te olvidaste de que estaba en tu bolsillo, o porque no te diste cuenta de que era Shabat.

La Torá prescribe distintas ofrendas de pecado dependiendo de quién lo cometió. Enumera cuatro categorías: La primera es la del sumo sacerdote; la segunda es la de "toda la comunidad" (entendiendo que incluye el Gran Sanedrín, la Suprema Corte); la tercera es el líder (*nasí*) y la cuarta es la del individuo común.

En tres de estos cuatro casos la ley se introduce por la palabra *im*, "si": *si* tal persona comete un pecado. En el caso del líder, sin embargo, la ley está precedida por la palabra *asher*, "cuando" (Lev. 4: 22). Es *posible* que un sumo sacerdote, la Suprema Corte o un individuo puedan errar. Pero en el caso del líder, es probable, incluso es casi una certeza de que lo hará. Los líderes se equivocan. Es inevitable; una consecuencia de la naturaleza del rol. Hablando del pecado de un *nasí*, la Torá utiliza la palabra "cuando," no "si".

*Nasí* es la palabra genérica que se utiliza para denominar al líder, ya sea gobernante, rey, juez, anciano o príncipe. Generalmente, se trata de quien ostenta el poder político. En épocas Mishnaicas, los *nasí*, los más famosos líderes, eran los de la familia de Hilel, los cuales tenían un rol cuasi gubernamental como representantes del pueblo judío ante el gobierno romano. El Rabino Moisés Sofer (Bratislava, 1762–1839) en una de sus responsas[1] examina la cuestión de por qué, cuando las posiciones de liderazgo en la Torá nunca son dinásticas (nunca pasaban de padre a hijo), el rol del *nasí* era una excepción. Muchas veces, efectivamente, pasaba de padre a hijo. Su respuesta, que es históricamente profunda, es que con el declive de la monarquía en el periodo del Segundo Templo y posteriormente, el *nasí* asumió las responsabilidades de un rey. Su rol, interna y externamente, era tanto político y diplomático como religioso. Ese es el significado general que se le da a la palabra *nasí*.

¿Por qué considera la Torá que este tipo de liderazgo está particularmente sujeto a error? Los estudiosos ofrecen tres posibles explicaciones. R. Ovadia Sforno (a Levítico 4:21–22) cita la frase "Pero Yeshurún engordó y pateó" (Deuteronomio 32:15). Aquellos que ostentan ventajas sobre otros, ya sea en riqueza o poder, pueden perder su sentido moral. Rabenu Bejaié concuerda, y sugiere que los líderes tienden a ser arrogantes y altaneros. Implícita en estos comentarios –es, de hecho, un tema principal en todo el Tanaj– está la idea expresada por Lord Acton en su aforismo: "El poder tiende a corromper, y el poder absoluto, a corromper en forma absoluta[2]".

---

1. *Responsa Jatam Sofer, Oraj Jaim*, 12.
2. Esta famosa frase proviene de una carta escrita por el Lord Acton en el año 1887. Ver Martin H. Manser; y Rosalind Fergusson, *The Facts on File Dictionary of Proverbs*,

## Vayikrá: Los pecados de un líder

R. Elie Munk, citando al Zohar, ofrece una segunda explicación. El sumo sacerdote y el Sanedrín estaban en permanente contacto con lo sagrado. Vivían en un mundo de ideales. El rey o el gobernante político, por el contrario, estaba involucrado en temas seculares: la guerra y la paz, la administración del gobierno, las relaciones internacionales. Era más probable que pecaran porque sus labores diarias tenían que ver con lo pragmático y no con lo religioso[3].

R. Meir Simja ha-Cohen de Dvinsk[4] señala que el rey era especialmente vulnerable a perder el rumbo por el sentimiento popular. Ni el sumo sacerdote ni el Sanedrín debían rendir cuentas al pueblo. El rey, sin embargo, dependía del apoyo del pueblo. Sin eso, podía ser destronado. Pero eso mismo está colmado de riesgos. Hacer lo que el pueblo quiere no siempre es lo que quiere Dios. Eso, afirma R. Meir Simja, es lo que llevó a David a ordenar un censo (II Sam. 24) y a Zedekiah a ignorar el consejo de Jeremías y rebelarse contra el rey de Babilonia (II Crón. 36). Por eso, y por una larga serie de motivos, un líder político está más expuesto a la tentación y al error que un sacerdote o un juez.

Hay otras razones más[5]. Una, es que la política es un ámbito de conflictos. Trata con ciertos temas –específicamente con la riqueza y el poder– que son materia a corto plazo, episodios que tienden a juego de suma cero. "Cuanto más tengo yo, menos tienes tú. Buscar incrementar mis beneficios y los de mi grupo entra en conflicto con otros que buscan lo mismo". La política de las sociedades libres está siempre ligada a los conflictos. Las únicas sociedades que carecen de tales conflictos son las tiránicas y totalitarias, en las cuales las voces disidentes son reprimidas, y el judaísmo es una protesta permanente contra la tiranía. Por lo tanto, en una sociedad libre, cualquiera sea el camino que elija un político, agradará a algunos y enojará a otros. De esto, no hay escapatoria.

La política implica tomar decisiones difíciles. Un líder debe equilibrar las demandas competitivas y a veces se equivocará. Un ejemplo

Nueva York en el Archivo, 2002, 225.
3. Elie Munk, *The Call of the Torah, Vayikra*, Nueva York, Mesorah Publications, 1992, 33.
4. *Meshej Jojmah* a Lev. 4:21–22.
5. Esto, de más está decir, no es el sentido llano del texto. Los pecados por los cuales los líderes llevaban una ofrenda eran ofensas espirituales, no errores de juicio político.

*Vayikrá*

(uno de los más dramáticos de la historia judía) ocurrió después de la muerte del rey Salomón. El pueblo acudió a su hijo y sucesor, Rejavam, protestando porque el rey Salomón había impuesto cargas intolerables sobre la población, especialmente durante la construcción del Templo. Liderados por Jeroboam, pidieron al nuevo rey que redujera el impuesto. Rejavam consultó a los asesores de su padre. Ellos le dijeron que accediera al pedido del pueblo. Sírvelos, le dijeron, y ellos te servirán a ti. Rejavam luego se dirigió a sus amigos que le aconsejaron lo contrario. Rechaza su pedido. Muéstrales que eres un rey poderoso que no está sujeto a intimidaciones (I Reyes 12:1–15).

Fue un consejo desastroso, que tuvo una consecuencia trágica. El reino se dividió en dos; las diez tribus del norte siguieron a Jeroboam, dejando sólo las tribus del sur, conocidas como las de "Judá," leales al rey. Para Israel, como pueblo en su propia tierra, fue el principio del fin. Un pueblo pequeño, rodeado de imperios grandes y poderosos, necesita siempre unidad, moralidad elevada y un fuerte sentido del destino para poder sobrevivir. Divididos, era solo una cuestión de tiempo antes de que ambas naciones, la de Israel del norte y la de Judá del sur, cayeran ante otras potencias.

El motivo por el cual los líderes (a diferencia de jueces y sacerdotes) no pueden evitar cometer errores es que no hay un manual que enseñe infaliblemente cómo liderar. Los jueces y sacerdotes tienen leyes. Pero para el liderazgo no hay leyes porque cada ser humano es único. Como mencionó Isaías Berlín en su ensayo *Juicio Político*[6]: En el ámbito de la acción política hay pocas leyes, y lo que se requiere es capacidad para leer la situación. Los estadistas exitosos "captan la particular combinación de las características que componen una determinada situación – esto y no otra cosa". Berlín compara esto con el don de grandes novelistas como Tolstoi y Proust[7]. Aplicar reglas inflexibles a un panorama en constante movimiento, destruye las sociedades. Así

---

6. Isaiah Berlin, *The Sense of Reality*, Chatto and Windus, 1996, 40–53.
7. Por cierto, esto responde al punto planteado por el filósofo político Michael Walzer en el libro sobre la política de la Biblia, *In God's Shadow*. Es innegable que tiene razón al señalar que la teoría política, tan importante en la antigua Grecia, está casi completamente ausente en la Biblia hebrea. Yo diría, y seguramente también Isaías Berlín, que hay una razón para esto. En la política, hay pocas leyes generales, y la

## Vayikrá: Los pecados de un líder

ocurrió con el comunismo. En las sociedades libres, las personas cambian, la cultura cambia, el mundo más allá de los límites de la nación permanece inmóvil. Por lo tanto, el político verá que lo que funcionó hace una década o un siglo, ya no sirve. En cuestiones de política es fácil equivocarse, y difícil acertar.

Existe una razón más por la cual el liderazgo es tan desafiante. Fue aludido por el sabio Mishnaico R. Nehemías en su comentario sobre el versículo "Hijo mío, si has salido fiador de tu prójimo, si has estrechado la mano en prenda por otro" (Proverbios 6:1).

En la medida en la que el hombre sea un asociado (o sea, se preocupe solamente por su propia religiosidad) no es necesario que se preocupe por la comunidad, ni será castigado por ella. Pero una vez que asuma la dirección y se haya investido con el manto del oficio, no podrá decir: "Debo preocuparme por mi bienestar, no me interesa la comunidad". En realidad, todo el peso de los temas comunitarios recaerá sobre él. Si ve a un hombre actuando con violencia contra su semejante, o cometiendo una transgresión y no intenta prevenirlo, será castigado por su culpa... es responsable por él. Ha entrado en la arena de los gladiadores, y el que lo hace, conquista o es conquistado[8].

Una persona privada es responsable solamente por sus propios pecados. Un líder asume la responsabilidad por los pecados de las personas que lidera; por lo menos de aquellos que podían ser evitados[9]. El poder trae responsabilidad: cuanto mayor el poder, mayor la responsabilidad.

No hay reglas universales, no hay textos infalibles para el liderazgo. Cada situación es diferente y cada era tiene sus propios desafíos. Un gobernante, a veces en función de los mejores intereses del pueblo, puede tomar decisiones que un individuo consciente no tomaría para su vida privada. Puede decidir declarar una guerra, sabiendo que algunos

---

Biblia hebrea se interesa por las leyes. Pero cuando se trata de asuntos políticos (por ejemplo, sobre los reyes de Israel) no nos da leyes, sino que nos cuenta historias.
8. Éxodo Rabá, 27:9
9. "Cualquiera que pueda evitar que los miembros de su casa pequen y no lo haga, será preso por los pecados de su casa. Si puede prevenir a sus conciudadanos y no lo hace, será capturado por los pecados de ellos. Si puede evitar que el mundo entero peque, y no lo hace, será preso por los pecados del mundo entero" (Shabat 54b).

morirán. Puede tener que aplicar impuestos, sabiendo que algunos empobrecerán. Sólo después de los hechos sabrá el líder si su decisión estuvo justificada, y eso puede depender de factores que están fuera de su control.

Por lo tanto, el enfoque del liderazgo del judaísmo es esa inusual combinación de realismo e idealismo. Realismo en el sentido del reconocimiento de que los líderes inevitablemente cometerán errores, e idealismo en la constante subordinación de la política a la ética, el poder a la responsabilidad, el pragmatismo a los requerimientos de la conciencia. Lo que importa no es que los líderes nunca se equivoquen (lo cual es inevitable dada la naturaleza del liderazgo) sino que estén siempre expuestos a la crítica profética y que estudien la Torá en forma constante para recordarles los niveles estándares trascendentes y los objetivos finales. El factor más importante, desde la perspectiva de la Torá, es que el líder sea lo suficientemente honesto como para reconocer sus errores. De ahí, la importancia de las ofrendas de pecado.

Rabán Iojanán ben Zakai lo resumió todo con un brillante doble significado de la palabra *asher*, qué significa "cuando" en la frase "cuando el líder comete un pecado". Y lo relaciona con la palabra *ashrei*, "felicidad," y dice: Feliz es la generación en la que el líder está dispuesto a llevar una ofrenda de pecado por sus errores[10].

El liderazgo exige dos tipos de coraje: la fortaleza para correr riesgos y la humildad para reconocer cuando se fracasa.

CB

---

10. Tosefta Baba Kama, 7:5.

## *Tzav*
# El coraje de las crisis de identidad

Los buenos líderes conocen sus límites. No tratan de hacerlo todo por sí solos. Arman equipos. Crean un espacio para las personas que son fuertes donde ellos son débiles. Saben de la importancia de los controles y balances y de la división de poderes. Se rodean de personas que son diferentes de ellos mismos. Saben del peligro de concentrar todo el poder en un solo individuo. Pero conocer tus límites, saber que hay cosas que tú no puedes hacer –y cosas que no puedes *ser*– puede resultar una experiencia dolorosa. Algunas veces deviene en crisis emocionales.

La Torá contiene cuatro relatos fascinantes de tales momentos. Lo que los une no son las palabras sino la música. Desde las épocas más tempranas de la historia judía, la Torá era cantada, no solo leída. Moshé, al final de su vida llama a la Torá un canto[1]. Diferentes tradiciones se desarrollaron en Israel y Babilonia, y desde alrededor del siglo X en adelante el canto comenzó a sistematizarse mediante notaciones musicales

---

1. Deuteronomio 31:19.

## Vayikrá

conocidas como *taamei ha-mikrá*, signos de cantilación, creados por los masoretas tiberianos (guardianes de los textos sagrados del judaísmo). Una nota muy rara, conocida como *shalshelet* (cadena), aparece solamente cuatro veces en la Torá. En cada uno de los casos señala una crisis existencial. Tres de ellos están en el libro de Génesis. El cuarto, en nuestra parashá. Como veremos, el cuarto trata sobre el liderazgo. En términos generales, los otros tres también.

La primera instancia ocurre en la historia de Lot. Después de separarse de su tío Abraham, se asentó en Sodoma. Ahí se asimiló a la población local. Sus hijas se casaron con hombres del lugar. Él mismo se ubicó a la entrada de la ciudad, señal de que había sido nombrado juez. Entonces dos personas se le aparecen para avisarle que deje la ciudad porque Dios estaba por destruirla. Pero Lot vacila, y por encima de la palabra "vacila" –*vaytmama*– hay un *shalshelet* (Génesis 19:16). Lot está desgarrado, conflictuado. Percibe que los que lo alertaron tienen razón. La ciudad, efectivamente, está por ser destruida. Pero él ha invertido todo su futuro en la identidad que ha desarrollado para sí y para sus hijas. Los ángeles lo arrastraron fuera de la ciudad por la fuerza – de no haberlo hecho, habría demorado hasta ser demasiado tarde.

El segundo *shalshelet* aparece cuando Abraham le pide a su servidor –tradicionalmente identificado como Eliezer– que consiga una esposa para su hijo Yitzjak. Los comentaristas sugieren que Eliezer tenía una profunda ambivalencia por esta misión. Si Yitzjak no se casara y no tuviera descendencia, el patrimonio de Abraham podría pasar a Eliezer y a sus hijos. Abraham ya lo había dicho antes del nacimiento de Yitzjak: "Soberano Señor, ¿qué puedes darme, ya que carezco de descendencia y el que heredará mi patrimonio será Eliezer de Damasco?" (Génesis 15:2). Si Eliezer tuviese éxito en la misión de traer una esposa para Yitzjak, y si la pareja tuviera hijos, la posibilidad de que algún día pudiera adquirir la fortuna de Abraham se disiparía completamente. Dos instintos estaban en conflicto en su interior: la lealtad para con Abraham y su ambición personal. El versículo expresa: "Y él dijo: Señor, Dios de Abraham, envíame… con rapidez en este día, y muestra bondad hacia mi amo Abraham" (Génesis 24:12). Venció la lealtad a Abraham, pero no sin una intensa puja. De ahí el *shalshelet* (Génesis 24:12).

## Tzav: El coraje de las crisis de identidad

El tercer *shalshelet* nos trae a Egipto y a la vida de Iosef. Vendido como esclavo por sus hermanos, está ahora trabajando en la casa de un egipcio importante, Potifar. Estando solo en la casa con la esposa de su amo, se halla en la situación de ser objeto de deseo. Él es hermoso. Ella quiere acostarse con él. Él se niega. Hacer tal cosa, dice, sería traicionar a mi amo, su esposo. Sería un pecado contra Dios. Pero por encima de "se negó" hay un *shalshelet* (Génesis 39:8) indicando –como sugieren algunas fuentes rabínicas y comentaristas medievales– que lo hizo, pero con un considerable esfuerzo[2]. Casi sucumbió. En este caso, era más que el habitual conflicto entre el pecado y la tentación. Era un conflicto de identidad. Recordemos que Iosef estaba viviendo en una tierra nueva y desconocida. Sus hermanos lo habían rechazado. Habían dejado bien en claro que no querían que fuera parte de la familia. ¿Por qué no hacer en Egipto lo que hacen los egipcios? ¿Por qué no ceder al deseo de la esposa de Potifar si era eso lo que ella quería? La cuestión para Iosef no era solamente "¿Está bien esto?" sino también "¿Yo soy un judío o un egipcio?"

Los tres episodios tratan de conflictos internos, y los tres sobre la identidad. Hay momentos en los que cada uno de nosotros debe decidir, no solo "¿Qué debo hacer?" sino "¿Qué clase de persona seré?" Eso es especialmente determinante en el caso de un líder, lo que nos lleva al cuarto episodio, en este caso con Moshé ocupando el rol central.

Después del pecado del becerro de oro, Moshé, siguiendo las instrucciones de Dios, había ordenado a los israelitas construir un Santuario que sería, en efecto, un hogar simbólico para Dios en el seno del pueblo. En ese entonces ya se había completado el trabajo y sólo le quedaba a Moshé iniciar a Aarón y sus hijos en el oficio. Moshé viste a Aarón con el ropaje especial del sumo sacerdote, lo unge con aceite y realiza varios sacrificios para la ocasión. Sobre la palabra *vayishjat* "y él sacrificó (el carnero sacrificatorio )" (Levítico 8:23) aparece un *shalshelet*. Ahora ya sabemos que se trata de una lucha interna en la mente de Moshé. Pero ¿qué era? No existe la más mínima señal en el texto que indique que estaba en crisis.

Pero una breve reflexión deja bien claro de qué se trataba la lucha interna de Moshé. Hasta ahora había sido el líder del pueblo judío.

---

2. Tanjuma, *Vaieshev* 8; citado por Rashi en su comentario a Génesis 39:8.

Aarón lo había asistido, acompañándolo en las misiones con el Faraón actuando como vocero y asistente. Sin embargo, ahora Aarón estaba por emprender un nuevo rol de liderazgo por mérito propio. Ya no iba a estar un paso por detrás de Moshé. Hará lo que el mismo Moshé no puede hacer. Presidirá la ejecución de los sacrificios en el Tabernáculo. Intervendrá en la *avodá*, el servicio sagrado de los israelitas a Dios. Una vez al año, en Iom Kipur, liderará el servicio que asegura el perdón del pueblo por sus pecados. Al dejar de ser la sombra de Moshé, Aarón estaba por convertirse en el líder que Moshé no estaba destinado a ser: el sumo sacerdote.

El Talmud agrega una nueva dimensión de lo significativo de este momento. En la zarza ardiente, Moshé se resistió repetidas veces al llamado de Dios para liderar al pueblo. Al final Dios le dijo que Aarón lo acompañaría, ayudándolo a hablar (Éxodo 4:14–16). El Talmud dice que ese fue el momento en que Moshé perdió la posibilidad de ser sacerdote: "Originariamente (dijo Dios) Yo tenía la intención de que tú fueras el sacerdote y tu hermano Aarón, levita. Ahora él será sacerdote, y tú un levita."[3]

Esa fue la lucha interna de Moshé, indicada por un *shalshelet*. Está por nombrar a su hermano para un cargo que él nunca podrá ejercer. Las cosas podrían haber sido distintas – pero la vida no se vive en el mundo del "podría haber sido." Seguramente siente alegría por su hermano, pero le resulta inevitable tener una sensación de pérdida. Quizás ya sienta lo que descubrirá más tarde, que aunque fue profeta y libertador, Aarón tendría un privilegio negado a Moshé: ver a sus hijos y descendientes heredar su rol. El hijo de un sacerdote es sacerdote. El hijo de un profeta, raras veces lo es.

Lo que estas cuatro historias nos dicen es que llega un momento en el que debemos tomar una decisión acerca de qué somos. Es un momento de verdad existencial. Lot es un hebreo, no un ciudadano de Sodoma. Eliezer es el servidor de Abraham, no su heredero. Iosef es el hijo de Yaakov, no un egipcio de moralidad dudosa. Moshé es profeta, no sacerdote. Para decir que sí a lo que somos, debemos tener el coraje de decir que no a lo que no somos. El dolor y la lucha siempre acompañan

---

3. Zevajim 102a.

a este tipo de conflictos. Ese es el sentido del *shalshelet*. Pero emergemos menos conflictuados que antes.

Esto es aplicable especialmente a los líderes, que es el motivo por el cual el caso de Moshé en nuestra parashá es tan importante. Había cosas a las cuales Moshé no estaba destinado. Nunca sería sacerdote. Esa tarea le correspondió a Aarón. Nunca lideraría al pueblo a través del Jordán. Ese sería el rol de Josué. Moshé tuvo que aceptar ambos hechos con gracia para ser honesto consigo mismo. Y los grandes líderes deben ser honestos consigo mismos, si tienen que ser honestos con aquellos a los que lideren.

Un líder nunca debe intentar ser todo para la gente. Debe estar satisfecho con lo que es. Los líderes deben tener la fortaleza de saber lo que no pueden ser si realmente tienen el coraje de ser leales a sí mismos.

CB

*Shemini*
# Reticencia vs. impetuosidad

Debería haber sido un día de júbilo. Los israelitas habían finalizado el Mishkán, el Santuario. Durante siete días Moshé había hecho los preparativos para su consagración[1]. El octavo día –el primero de Nisan (Éxodo 10:2) a un año del día en que los israelitas recibieron la orden, dos semanas antes del Éxodo– el servicio en el Santuario estaba por comenzar. Los sabios luego dirían que en el cielo fue el día más glorioso desde la Creación (Meguilá 19b).

Pero la tragedia ocurrió. Los dos hijos mayores de Aarón "ofrecieron un fuego extraño que no había sido ordenado" (Levítico 10:1) y un fuego proveniente del cielo destinado a consumir los sacrificios, los consumió también a ellos. Murieron. La alegría de Aarón se tornó en duelo. *Vayidom* Aarón. Y Aarón permaneció en silencio (10:3). El hombre que había sido vocero de Moshé no pudo hablar. Las palabras se transformaron en ceniza en su boca.

1. Como se describe en Éxodo 40.

Hay muchos aspectos de este episodio que son difíciles de entender, y mucho tiene que ver con el concepto de santidad y la energía potente liberada que, como la energía nuclear actual, puede ser muy peligrosa si no se usa adecuadamente. Pero hay también una historia más humana acerca de dos enfoques sobre el liderazgo que aún resuenan en la actualidad.

Primero está la historia de Aarón. Leemos cómo Moshé le dijo que comenzara su rol de sumo sacerdote. "Moshé (entonces) le dijo a Aarón: 'Acércate al altar y prepara tu ofrenda de pecado y la ofrenda de fuego como expiación para ti y para el pueblo… Luego prepara la ofrenda del pueblo como expiación de ellos, como lo ordenó Dios'" (Levítico 9:7).

Los sabios percibieron una sutileza en las palabras "Acércate al altar," como si Aarón estuviera a cierta distancia. Dijeron: "Al principio Aarón estaba avergonzado de acercarse. Moshé le dijo: 'No te avergüences. Es para esto que tú has sido elegido[2].' "

¿Por qué estaba avergonzado Aarón? La tradición propone dos explicaciones, las dos presentadas por Najmánides en su comentario sobre la Torá. La primera, es que Aarón simplemente estaba abrumado por estar tan cerca de la Presencia Divina. La segunda, es que al ver Aarón los "cuernos" sobre el altar, le recordó el episodio del becerro de oro, su gran pecado. ¿Cómo podía ser que él, que había tenido una participación clave en ese terrible evento, pudiera asumir el rol de expiar los pecados del pueblo? Eso requería una inocencia que ya no tenía. Moshé tuvo que recordarle que era precisamente para la expiación de los pecados del pueblo que fue hecho el altar; y el hecho de que había sido elegido como sumo sacerdote por Dios, era una señal inequívoca de que había sido perdonado.

Hay una tercera explicación, quizás menos espiritual. Hasta ahora Aarón había sido en todo aspecto el segundo de Moshé. Había estado a su lado en todo momento, ayudándolo a hablar y liderar. Pero hay una gran diferencia psicológica entre ser el asistente principal y ser un líder por mérito propio. Seguramente, todos conocemos ejemplos de personas

---

2. Rashi en Lev. 9:7, citando a Sifra.

que están cómodas en el rol de ser asistentes pero aterrorizadas de asumir el liderazgo por su cuenta.

Cualquiera sea la explicación correcta (y quizás todas lo son) Aarón se mostró reticente a asumir su nuevo rol, y Moshé tuvo que darle ánimo. "Es para esto que has sido elegido".

La otra historia es la trágica, la de los dos hijos de Aarón, Nadav y Avihu, que ofrecieron "un fuego extraño, que no había sido ordenado". Los sabios propusieron varias explicaciones de este episodio, todas basadas en una lectura detallada de varios tramos de la Torá en el que se hace referencia a la muerte. Algunos afirmaron que habían estado bebiendo alcohol[3]. Otros, que eran arrogantes, que se posicionaban por encima de la comunidad, y fue por eso que nunca se habían casado[4].

Algunos dicen que eran culpables de pronunciar un dictamen halájico sobre el uso del fuego hecho por el hombre, sin haberle preguntado a su maestro Moshé si estaba permitido (Eruvin 63a). Otros afirmaron que estaban inquietos por la presencia de Moshé y Aarón. Dijeron: ¿cuándo se morirán estos dos ancianos para que nosotros podamos liderar la congregación? (Sanedrín 52a).

Sin embargo, al leer el episodio, parece claro que estaban demasiado impacientes por ejercer el liderazgo. Llevados por el entusiasmo de cumplir un rol en la inauguración, hicieron algo que no se les había ordenado. Después de todo, ¿no había hecho Moshé algo enteramente por su cuenta al romper las tablas cuando bajó de la montaña y vio el Becerro de Oro? Si él pudo actuar espontáneamente, ¿por qué ellos no?

Olvidaron la diferencia entre sacerdote y profeta. Como hemos visto en ediciones anteriores de *Convenio y Conversación*, el profeta vive y actúa en el tiempo (en este momento que no es igual a ningún otro). El sacerdote actúa y vive en la eternidad, al seguir una serie de normas que son inmutables. Todo lo "santo" permanece en el ámbito del sacerdote, precisamente detallado con anterioridad. Lo santo es el lugar donde el que decide es Dios, no el hombre.

Nadav y Avihu no comprendieron que hay distintos tipos de liderazgo, y que no son intercambiables. Lo que es apropiado para

3. Vayikrá Rabá 12:1; Ramban en Lev. 10:9.
4. Vayikrá Rabá 20:10.

uno puede resultar radicalmente inapropiado para el otro. Un juez no es político. El rey no es primer ministro. Un líder religioso no es una persona famosa en busca de popularidad. Si se confunden estos roles no solo hará que falles, sino también afectarán el rol para el cual habías sido elegido.

Sin embargo, el verdadero contraste aquí es la diferencia entre Aarón y sus dos hijos. Parece que fueran opuestos. Aarón era demasiado cauteloso, y tuvo que ser persuadido por Moshé hasta para comenzar. Nadav y Avihu no eran lo suficientemente cautelosos. Fueron tan entusiastas que quisieron colocar su propio sello en el rol del sacerdocio, y eso precipitó su caída.

Estos son, desde siempre, los desafíos que los líderes deben superar. El primero es la reticencia a liderar. ¿Por qué yo? ¿Para qué involucrarme? ¿Por qué asumir la responsabilidad y todo lo que conlleva (un gran nivel de estrés, el importante volumen de trabajo y las interminables críticas que los líderes siempre tienen que enfrentar)? Además de que, seguramente, hay otras personas mejor calificadas que yo.

Aún los más grandes personajes eran reticentes a liderar. Moshé en la zarza ardiente planteó repetidas excusas para demostrar que no era la persona indicada para el rol... Tanto Isaías como Jeremías se sintieron inadecuados para sus roles. Convocado a liderar, Jonás huyó. El desafío es verdaderamente atemorizante, pero cuando uno siente que ha sido llamado para la tarea, y sabe que la misión es necesaria e importante, no hay otra respuesta posible que decir *Hineni*, "acá estoy" (Éxodo 3:4). En palabras del título de un famoso libro, hay que "sentir el temor y hacerlo de todas formas"[5].

El otro desafío es el polo opuesto. Hay algunas personas que se ven a sí mismas como líderes por derecho propio. Están convencidas de que pueden hacer todo mejor que cualquiera. Recordamos las célebres palabras del primer presidente de Israel, Jaim Weizmann, que era el Presidente de una nación de un millón de presidentes.

Desde afuera parece todo fácil. ¿No es obvio que el líder debe hacer X y no Y? El homo sapiens contiene muchos supuestos conductores que saben más que aquellos que tienen sus manos sobre el

---

5. Susan Jeffers, *Feel the Fear and Do it Anyway*, Ballantine Books, 2006.

volante. Ponerlos en una posición de liderazgo puede resultar en un gran daño. Al no haber estado nunca en ese puesto, no tienen ni idea de cuántas consideraciones hay que tomar en cuenta, cuántas voces de la oposición hay que superar, cuán difícil es lidiar con la presión de los sucesos sin perder de vista los objetivos e ideales a largo plazo. El fallecido John F. Kennedy mencionó que el shock más profundo que experimentó al ser elegido presidente fue "cuando llegué a la Casa Blanca y comprobé que las cosas estaban tan mal como habíamos estado diciendo que estaban". Nada te prepara para las presiones del liderazgo cuando hay mucho en juego.

Los líderes híper entusiastas, excesivamente confiados, pueden causar grandes daños. Antes de llegar al liderazgo comprenden los sucesos de acuerdo a su propia perspectiva. Lo que no entendieron es que el liderazgo significa tomar en cuenta muchas perspectivas, muchos grupos de interés y puntos de vista. Eso no significa que hay que satisfacer a todo el mundo. Los que así lo hacen terminan sin complacer a ninguno. Pero hay que consultar y persuadir. En algunas ocasiones, es necesario honrar los antecedentes y la tradición de una determinada institución. Debes saber exactamente cuándo comportarte como tus predecesores y cuándo no. Todo esto requiere un considerable nivel de juicio, no un entusiasmo exagerado debido a la excitación del momento.

Nadav y Avihu seguramente eran grandes personas. El problema fue que creyeron que eran grandes personajes. No eran como su padre Aarón, que tuvo que ser persuadido para acercarse al altar por su sensación de inseguridad[6].

Para hacer algo grande debemos tener en cuenta estas dos tentaciones. Una, es el temor a la grandeza: ¿Quién soy yo? La otra, es estar convencido de tu grandeza: ¿Quiénes son ellos? Yo lo puedo hacer mejor. Podemos hacer grandes cosas si a) la tarea importa más que la persona, b) si estamos dispuestos a brindar lo mejor de nosotros mismos sin sentirnos superiores a otros, y c) si estamos dispuestos a recibir consejos, lo que Nadav y Avihu no hicieron.

---

6. El compositor Berlioz una vez dijo sobre un joven músico: "Él sabe todo. Lo único que le falta es la inexperiencia".

*Vayikrá*

Las personas no se transforman en líderes por ser grandes, se convierten en grandes porque están dispuestas a servir como líderes. No importa sentirnos inadecuados. Moshé lo sintió. También Aarón. Lo que importa es la voluntad, cuando llega el desafío, de decir *Hineni*, "aquí estoy".

CB

*Tazria*

# El precio de la libertad de expresión

Hannah Smith era una alumna de catorce años del colegio secundario que vivía en la localidad de Lutterworth, Leicestershire, en el Reino Unido. Brillante y extrovertida, gozaba de una vida social activa y parecía tener por delante un futuro promisorio.

En la mañana del 2 de agosto del 2013 Hannah fue encontrada ahorcada en su dormitorio. Ella se había suicidado.

Buscando desentrañar lo que había ocurrido, su familia pronto descubrió que Hannah había sido objeto de publicaciones anónimas de carácter abusivo en una red social. Ella había sido víctima de la última variante de la más antigua de las prácticas que registran los anales de la humanidad: el uso de la palabra como arma por parte de quienes procuran causar dolor. La nueva versión de esta práctica se denomina en inglés cyberbullying.

La denominación judía para este tipo de comportamiento es *lashón hará*, mal hablar, decir algo sobre otras personas que resulta negativo y despectivo. Significa simplemente hablar mal de la gente, y

## Vayikrá

es una subcategoría de la prohibición bíblica de difundir chismes (Levítico 19:16).

Si bien en la Torá esta prohibición no destaca por sí misma, los sabios la consideran como uno de los peores pecados existentes. Dijeron, sorprendentemente, que es tan dañina como la combinación de los tres pecados más graves que existen: la idolatría, el asesinato y el incesto. Más significativamente, en el contexto de Hannah Smith, dijeron que el *lashón hará* mata a tres personas, a quien lo dice, a aquel de quien se dice y aquel que lo escucha.

La conexión con la Parashá de Tazria es directa. Las parashot de Tazria y *Metzorá* tratan sobre una dolencia llamada *tzaraat*, a veces traducida como lepra. Los comentaristas estaban desconcertados en cuanto a su naturaleza y por qué debería dársele tanta trascendencia en la Torá. Ellos llegaron a la conclusión de que esto es así precisamente por tratarse del castigo por el *lashón hará*, el habla despectiva. La historia de Miriam es evidencia de ello, pues habló con desdén sobre su hermano Moshé por "causa de la cushita, la mujer que había desposado" (Números 12:1). Dios mismo se sintió en la necesidad de defender a Moshé, y a modo de castigo, tornó leprosa a Miriam. Moshé oró para que Dios la sanara. Dios redujo el castigo a siete días, pero no lo anuló por completo. Claramente, no se trataba de un asunto menor, ya que Moshé lo destacó entre las enseñanzas que dio a la próxima generación: "Acuérdate lo que hizo el Señor tu Dios a Miriam en el camino al salir de Egipto" (Deuteronomio 24:9, véase Ibn Ezra allí).

Por extraño que parezca, según nuestros sabios, el propio Moshé, había sido culpable del mismo delito por un breve lapso. En la zarza ardiente, cuando Dios lo desafió a que condujera al pueblo de Israel, Moshé respondió: "No creerán en mí" (Éxodo 4:1). Entonces, Dios le dio a Moshé tres señales: que el agua se tornaría en sangre, que el bastón se convertiría en serpiente y que su mano se volvería leprosa por poco tiempo. Más adelante en el relato, encontramos referencias a agua que se vuelve sangre y a un bastón que se vuelve serpiente, pero ninguna de una mano que se torna leprosa. Los sabios, siempre atentos a los matices del texto, dicen que la mano que se había vuelto leprosa no era una señal sino un castigo por "generar dudas respecto de personas inocentes" al decir que los hijos de Israel no lo habrían de escuchar. Según el

## Tazria: El precio de la libertad de expresión

Talmud Dios dijo: "Ellos son creyentes hijos de creyentes, pero al final tú eres quien no habrá de creer" (Shabat 97a).

Lo peligroso que el *lashón hará* puede llegar a ser queda claramente ilustrado en la historia de Iosef y sus hermanos. La Torá dice que Iosef "trajo un mal reporte" a su padre respecto de algunos de sus hermanos (Génesis 37:2). Esta no fue la única provocación que llevó a estos a conspirar para matarlo y eventualmente venderlo como esclavo. Hubo muchos otros factores. Pero este chisme despectivo no le hizo ganar su cariño. No menos desastroso fue el "mal reporte" (*dibá*; la Torá emplea aquí la misma palabra que usa con Iosef) traído por los espías que regresaron de Canaán sobre el país y sus habitantes (Números 13:32). Incluso después de las plegarias de Moshé a Dios en procura de perdón para la nación, el mal informe postergó por cuarenta años el ingreso a la tierra prometida y condenó a toda una generación a morir en el desierto.

¿Por qué la Torá es tan severa en lo concerniente al *lashón hará*, marcándolo como uno de los peores pecados? En parte, esto tiene profundas raíces en la comprensión judía de Dios en relación con la condición humana. El judaísmo no es principalmente una religión de personas santas y lugares sagrados, sino que más bien prioriza a las palabras santas. Dios creó el universo empleando palabras: "Y dijo Dios: 'Hágase...' y así fue".

Dios se revela en las palabras. Él le habló a los patriarcas y a los profetas, y en el Monte Sinaí lo hizo a la totalidad del pueblo. Nuestra propia humanidad tiene que ver con nuestra capacidad de usar el lenguaje. La creación del Homo Sapiens se describe en la Torá de la siguiente manera: *"Entonces el Señor Dios creó al hombre del polvo de la tierra e insufló en su nariz un hálito de vida y fue el hombre un alma viviente"* (Génesis 2:7), lo cual, tal como lo vimos anteriormente, fue traducido por el *Targum* como "un alma que habla". El lenguaje es vida. Las palabras son creativas, pero pueden también ser destructivas. Si las buenas palabras son sagradas, entonces las malas son una profanación.

Una señal de cuánta seriedad le adjudica el judaísmo a esta cuestión la encontramos en la oración que recitamos al final de cada rezo de *Amidá*, al menos tres veces al día: "Dios mío, preserva mi lengua del mal y mis labios de pronunciar engaño. Que mi alma calle ante quienes me maldicen, y sea como el polvo para con todos". Tras haber dicho al principio del rezo "abre mis labios para que mi boca pronuncie Tu alabanza", al final de este, le pedimos que nos ayude a cerrar nuestros labios para que no hablemos mal de los demás ni reaccionemos cuando otros lo hagan sobre nosotros.

Sin embargo, a pesar de la prohibición de la Torá de chismear, a pesar de las historias de Iosef, Moshé, Miriam y los espías, a pesar de las estrictas limitaciones impuestas por los sabios al mal hablar, el *lashón hará* continuó siendo un problema a lo largo de la historia judía y aun lo es hoy. Todo líder debe lidiar con él. Los sabios dijeron que cuando Moshé salía de su tienda temprano en la mañana la gente decía: "Ves, él ha tenido una rencilla con su esposa". Si salía tarde decían: "Seguramente está tramando algo contra nosotros" (Rashi a Deuteronomio 1:12).

Cualquier persona que quiera liderar, desde el director general de una empresa hasta un padre de familia, tiene que enfrentarse a la cuestión del *lashón hará*. En primer lugar, es posible que él o ella tenga que asumirlo como el precio a pagar por todo tipo de logros. Algunas personas son envidiosas. Chismean. Se construyen a sí mismas por medio del menosprecio hacia otras personas. Si ocupas algún tipo de puesto de liderazgo, es posible que tengas que vivir con el hecho de que, a tus espaldas, o incluso delante tuyo, la gente sea crítica, maliciosa, despectiva, descalificadora, y en algunos casos, francamente deshonesta. Esto puede resultar duro de soportar. Tras haber conocido a muchos líderes en diferentes áreas del quehacer, puedo atestiguar de que no todas las personas que están expuestas a la mirada pública tienen la piel gruesa. Muchas de ellas son sumamente sensibles y pueden hallar a la crítica permanente e injustificada profundamente agotadora. Si alguna vez atraviesas esta situación, el mejor consejo te lo da el Rambam:

> Si una persona es de conducta escrupulosa,
> amable en su conversación,
> agradable para con sus semejantes, afable en sus modales,
> no respondiendo aun cuando es víctima de la afrenta,
> sino que por el contrario demuestra cortesía
> hacia todas las personas, incluso hacia aquellas
> que lo tratan despectivamente...
> este individuo ha santificado a Dios y sobre él dicen las

## Tazria: El precio de la libertad de expresión

escrituras: "Tú eres Mi siervo Israel, en quien Yo me veré glorificado" (Isaías 49:3).

Esto se refiere al *lashón hará* dirigido contra el líder. Sin embargo, en lo que respecta a la comunidad en su totalidad, debes practicar la tolerancia cero hacia el lashón hará. Permitir que las personas hablen mal las unas de las otras destruirá eventualmente la cohesión del grupo. El mal hablar genera energías negativas. Dentro del grupo siembra las semillas de la desconfianza y la envidia. Dirigida hacia el exterior del grupo puede conducir a la arrogancia, la autojustificación, el racismo y los prejuicios; todos los cuales resultan letales para la credibilidad moral de cualquier equipo. Sea o no usted el líder de semejante grupo, debe cortésmente aclarar que no tendrá nada que ver con ese tipo de discurso y que no le dará cabida en sus conversaciones.

El cyberbullying es la manifestación más reciente de *lashón hará*. Por lo general, internet es el difusor más efectivo de discursos alguna vez inventado.

No solo hace que la comunicación dirigida resulte fácil, sino que además elude el encuentro cara a cara que es aquel que a veces puede conducir a la vergüenza, a la sensibilidad y al autocontrol. La mitología griega contó la historia del anillo de Giges que poseía la propiedad mágica de tornar invisible a quien lo llevase puesto para que de ese modo pudiera salirse con la suya. Los medios de comunicación social que permiten a las personas postear anónimamente o adoptar identidades falsas son lo más cercano al anillo de Giges que se ha llegado a inventar. Esto es lo que los vuelve tan peligrosos.

La historia de Hanna Smith es un trágico recordatorio de lo acertados que estaban los sabios cuando rechazaron la idea de que "las palabras jamás podrían dañarme" e insistieron en que, por el contrario, el *lashón hará* puede matar. La libertad de expresión no es una expresión que no cuesta nada. Es un discurso que respeta la libertad y la dignidad de los demás. Si esto se olvida la libertad de expresión se vuelve realmente muy costosa.

Todo esto nos ayuda a comprender la idea bíblica del *tzaraat*. La característica singular de esta afección –ya sea una enfermedad de la piel, un desteñido de la ropa o simplemente moho en las paredes de la casa– es que inmediatamente se tornaba notoria y visible. La gente se involucra en *lashón hará* porque al igual que quien se colocaba el anillo de Giges, piensa que pueden salirse con la suya. "No fui yo. Nunca lo dije. Nunca tuve la intención de decirlo. Fui malentendido". La Torá nos está diciendo que el hablar malicioso pronunciado en privado debe ser estigmatizado en público, y que los que de él participan deben ser avergonzados abiertamente.

En pocas palabras: tal como nos comportamos con los demás, de igual manera Dios se conduce con nosotros. No pretendas que Dios sea bondadoso con aquellos que no lo son con sus semejantes. Los líderes detentan la responsabilidad de reflejar esos valores en su conducta, de reaccionar adecuadamente ante el *lashón hará* y crear entornos en los cuales el mal hablar no sea tolerado.

ID

*Metzorá*

# Cómo elogiar

Los sabios fueron muy elocuentes con respecto al *lashón hará*, la maledicencia, el pecado al que le atribuyeron ser la causante de la tzaraat (lepra). Pero existe un principio meta-halájico: "De lo negativo se puede inferir lo positivo"[1]. Así, por ejemplo, de la gravedad de la prohibición del *Jilul Hashem*, profanar el nombre de Dios, se puede inferir la importancia de lo opuesto, *Kidush Hashem*, la santificación del nombre de Dios.

Por lo tanto, paralelo al grave pecado de *lashón hará* debe existir el concepto del *lashón hatov*, el bien decir, y debería ser más que una mera negación de lo opuesto. La forma de evitar *lashón hará* es practicar el silencio, y, efectivamente, los sabios fueron muy elocuentes en cuanto a la importancia del silencio[2]. El silencio nos salva de la maledicencia, pero en sí no logra nada positivo. Entonces, ¿qué es el *lashón hatov*?

Una de las tareas más importantes de un líder, un padre o un amigo, es la del elogio direccionado. Debatimos acerca de esta idea en la parashá Vaieshev, en la que examinamos el texto clásico sobre el tema, la

---

1. Nedarim 11a.
2. Para ejemplos ver Mishná Avot 1:17; 3:13.

*Vayikrá*

Mishná en el tratado de Avot (2:11) en el que Rabán Iojanán ben Zakai enumera los elogios dedicados a sus cinco amados discípulos:

> Eliezer ben Hurcanus: un pozo blindado que nunca pierde una gota. Ieoshúa ben Janania: feliz la que le dio a luz. Iosé el sacerdote: hombre piadoso. Shimón ben Natanel: el hombre que teme al pecado. Eleazar ben Araj: un manantial que fluye eternamente.

Todos los rabinos tenían discípulos. El imperativo "Educa a muchos discípulos"[3] es una de las lecciones rabínicas más antiguas registrada. Lo que nos está diciendo la Mishná es *cómo* crear discípulos. No es difícil crear seguidores. Frecuentemente, un buen maestro se dará cuenta con el tiempo de que ha generado un gran número de seguidores, estudiantes que son devotos acríticos: pero, ¿cómo animar a estos seguidores a convertirse en intelectuales creativos por mérito propio? Es mucho más difícil crear líderes que seguidores.

Rabán Iojanán ben Zakai fue un gran maestro porque cinco de sus alumnos se convirtieron en gigantes por mérito propio. La Mishná nos revela cómo lo hizo: con el elogio direccionado. Le mostró a cada uno de sus alumnos en dónde se encontraba su fortaleza particular. Eliezer ben Hurcanus, el "pozo blindado que nunca pierde una gota," estuvo dotado de una excelente memoria (una capacidad importante en una época en la que los manuscritos eran escasos y que la Ley Oral aún no se había puesto por escrito). Shimón ben Natanel, el "hombre que teme al pecado," podía no tener la brillantez intelectual de los otros, pero su naturaleza reverencial era un recordatorio para los demás de que no eran solamente estudiosos sino también hombres santos dedicados a una tarea santa. Eleazar ben Araj, el "manantial que siempre fluye," tenía una mente creativa que daba, permanentemente, nuevas interpretaciones a los textos antiguos.

Yo descubrí el poder transformador del elogio direccionado por medio de una de las personas más notables que he conocido, la difunta Lena Rustin. Lena era psicoterapeuta, especializada en asistir a niños que luchaban contra su tartamudez. La conocí por un documental televisivo

---

3. Mishná Avot 1:1.

que yo estaba haciendo para la BBC, acerca del estado de la familia en Gran Bretaña. Lena llegó a la conclusión de que los pacientes pequeños que atendía (tenían, en promedio, cinco años) debían ser comprendidos en el contexto familiar. Las familias tienden a desarrollar un equilibrio. Si un niño tartamudea, toda la familia se adapta a ello. Por lo tanto, para que el niño pueda superar la tartamudez, todas las relaciones intrafamiliares deben ser restablecidas. No es solo el niño el que debe cambiar, sino también todos los demás.

En gran medida, tendemos a resistirnos al cambio. Nos adaptamos a ciertos patrones de conducta que se vuelven cada vez más y más cómodos, como un sillón muy usado o un par de zapatos gastados. ¿Cómo hacer para crear una atmósfera en una familia que estimule el cambio sin que resulte amenazante? La respuesta que descubrió Lena fue el elogio. Indicó a las familias que atendía, que diariamente debían identificar cada una de las acciones que estaban haciendo bien los otros y manifestarlo de manera específica, positiva y agradecida.

No se explayó en explicaciones profundas, y al verla trabajar, me di cuenta de lo que estaba haciendo. Estaba creando, en cada hogar, una atmósfera de percepción mutua y de apoyo positivo. Quería que los padres crearan un ámbito de autoestima y confianza, no solo para el niño tartamudo sino para todos los demás miembros de la familia, de manera que todo el ambiente del hogar fuera tal que cada uno de los integrantes estuviera dispuesto al cambio, y colaborara con los demás a ponerlo en práctica.

De pronto me di cuenta de que Lena había descubierto la solución, no solo a la tartamudez, sino para la dinámica de grupo en su totalidad. Mi intuición pronto se confirmó de una manera sorprendente. Había tensión entre los miembros del equipo televisivo con los que estaba trabajando. Varias cosas habían salido mal y había un clima de recriminación mutua. Después de filmar la sesión de Lena Rustin, en la que enseñaba a los padres cómo dar y recibir elogios, el equipo de filmación también comenzó a hacer lo mismo. Instantáneamente, la atmósfera se transformó. Se disolvieron las tensiones, y la filmación volvió a resultar divertida. Elogiar a las personas les da la confianza para desprenderse de aspectos negativos de su personalidad y llegar a su máximo potencial.

Existe también en el elogio un profundo mensaje espiritual. Pensamos que la religión trata sobre la fe en Dios. Lo que anteriormente yo no había comprendido bien es que la fe en Dios nos debería llevar a tener fe en las personas, ya que la imagen de Dios está en cada uno de nosotros, y tenemos que aprender a percibirla. Entonces entendí que la frase reiterada en Génesis 1: "Y Dios vio que era bueno", estaba allí para enseñarnos a ver lo bueno en las personas y en los sucesos, y de tal forma, potenciar esa bondad. También comprendí por qué Dios castigó fugazmente a Moshé al convertir su mano en *tsaraat*: porque había dicho sobre los israelitas, "Ellos no creerán en mí" (Éxodo 4: 1). Moshé recibió allí una lección fundamental de liderazgo: *No interesa que ellos crean en ti, lo que importa es que tú creas en ellos.*

Fue de otra sabia mujer que aprendí una lección importante sobre el elogio. La psicóloga de Stanford, Carol Dweck, en su libro *Mindset* [4] plantea que hay una diferencia fundamental en creer que nuestras habilidades son innatas y eternamente predeterminadas (la mentalidad "fija"), o asumir que el talento es algo que se puede lograr al dedicar tiempo, esfuerzo y persistencia (la mentalidad "de aprendizaje"). Los que integran el primer grupo suelen ser adversos al riesgo, temerosos de que si fallan quedará demostrado que no eran tan buenos como pensaban. El segundo grupo asume riesgos porque considera el fracaso como una experiencia educativa a partir de la cual pueden crecer. Se entiende además que hay elogios buenos y malos. Los padres y maestros no deben elogiar a los niños en términos absolutos: "¡Eres un dotado, brillante, un genio!" Deben elogiar el esfuerzo: "¡Te esforzaste, pusiste todo tu empeño, y estoy viendo tu mejoría!" Se debe alentar la mentalidad de crecimiento, no la fija.

Quizás esto explique una triste experiencia en la vida de uno de los discípulos más dotados del Rabán Iojanán ben Zakai. La Mishná, que sigue a la citada anteriormente, señala:

> Él (Rabán Iojanán ben Zakai) solía decir: Si todos los sabios de Israel fuesen colocados en el platillo de una balanza y Eliezer ben Hurcanus en la otra, él los superaría a todos ellos. Sin embargo

---

4. Carol Dweck, *Mindset*, Ballantine Books, 2007.

*Metzorá: Cómo elogiar*

Abba Saúl acotó: Si todos los sabios de Israel, incluyendo a Eliezer ben Hurcanus fueran colocados en un platillo, y Eleazar ben Araj en el otro, él los superaría a todos ellos (Avot 2: 12).

Rabí Eliezer ben Hurcanus luego fue trágicamente excomulgado por sus colegas por no aceptar la opinión de la mayoría en un tema relacionado a la ley judía[5]. En cuanto a Rabí Eleazar ben Araj, se apartó de sus colegas. Cuando se trasladaron a la academia de Yavne, él fue a Emaús, un lindo lugar para vivir, pero carente de otros estudiosos de la Torá. Posteriormente, olvidó todo lo que había aprendido y terminó siendo una pálida imagen de lo que había sido[6]. Parecería que al elogiar a sus alumnos por sus habilidades innatas más que por su esfuerzo, Rabán Iojanán ben Zakai alentó involuntariamente a sus dos discípulos más talentosos a desarrollar una mentalidad fija en lugar de involucrarse con sus colegas y estar abiertos al crecimiento intelectual.

El elogio, y cómo lo administramos, es un factor fundamental del liderazgo de cualquier tipo. Reconocer lo bueno en las personas y decirlo, ayuda a concretar su potencial. Elogiar los esfuerzos más que sus dotes ayuda a alentar el crecimiento, sobre el cual solía decir Hilel: "El que no incrementa su conocimiento, lo pierde" (Mishná Avot 1: 13). La forma correcta del elogio cambia vidas. Ese es el poder de *lashón hatov*. La maledicencia nos disminuye; el buen discurso nos puede elevar a grandes alturas. O como expuso W. H. Auden en una de sus hermosas poesías:
En la prisión de los días
Enseña al hombre libre a elogiar[7].

CB

---

5. Bava Metzia 59b.
6. Shabat 147b.
7. W.H. Auden, "En memoria de W. B. Yeats," *Another Time* (New York: Random House, 1940).

*Ajarei Mot*

# Carreras rápidas y maratones

Fue un momento único, irrepetible de liderazgo del más alto nivel. Durante cuarenta días Moshé había estado en comunión con Dios, recibiendo de Él la Ley tallada en tablas de piedra. Entonces Dios le dijo que el pueblo había construido el becerro de oro. Por lo tanto, tuvo que destruirlas. Fue la peor crisis de los años del desierto, que obligó a Moshé a desplegar todas sus dotes de líder.

Primero, rogó a Dios que no destruyera al pueblo. Dios aceptó. Después bajó de la montaña y vio a los israelitas bailoteando alrededor del Becerro. Inmediatamente, destruyó las tablas. Quemó el becerro, mezcló las cenizas con agua y obligó a los israelitas a beberlo. Después, llamó al pueblo para que se uniera a él. Los levitas acudieron al llamado y llevaron a cabo el sangriento castigo que costó la vida de tres mil personas. Luego Moshé ascendió nuevamente a la montaña y rezó durante cuarenta días y cuarenta noches. Más tarde permaneció otros cuarenta días con Dios mientras tallaba un nuevo juego de tablas. Por último, bajó de la montaña el diez de Tishrei llevando consigo las nuevas tablas, señal evidente de que el pacto con Dios seguía vigente.

Este fue un extraordinario despliegue de liderazgo, a veces audaz y decisivo, otras lento y persistente. Moshé tuvo que lidiar con ambas partes, induciendo a los israelitas a hacer *teshuvá* y a Dios a ejercitar el perdón. Ese momento resultó la evidencia más grande del nombre Israel: el que lucha con Dios y las personas y prevalece.

La buena noticia es que alguna vez hubo un Moshé. Gracias a él, el pueblo sobrevivió. La mala noticia es: ¿qué pasa cuando no hay un Moshé? La Torá misma nos dice: "Ningún otro profeta ha surgido en Israel como Moshé, a quien Dios conoció cara a cara" (Deuteronomio 34:10). ¿Qué hacer en ausencia de un liderazgo heroico? Ese es el problema que aqueja a toda nación, empresa, comunidad y familia. Es fácil pensar, "¿Qué haría Moshé?" Pero Moshé hizo lo que hizo porque fue lo que fue. Nosotros no somos Moshé. Ese es el problema que enfrenta todo grupo humano que alguna vez ha llegado a la grandeza. ¿Cómo hacer para evitar una lenta declinación?

La respuesta está en la parashá de esta semana. El día que Moshé descendió de la montaña con las segundas tablas sería inmortalizado cuando su aniversario se transformó en el día más sagrado del año, Iom Kipur. En este día el drama de la *teshuvá* y *kapará*, arrepentimiento y expiación, sería repetido cada año. Esta vez, sin embargo, la figura clave no sería Moshé sino Aarón, no el profeta sino el sumo sacerdote.

Es así como se perpetúa un evento transformador: convirtiéndolo en ritual. Max Weber llamó a esto la rutinización del carisma.[1] Un momento único-e-irrepetible se transforma en una ceremonia una-vez-y-para-siempre. Como lo expresó James McGregor Burns en su clásica obra *Leadership:* "El acto de liderazgo más duradero y tangible es la creación de una institución – nación, movimiento social, partido político, burocracia – que continúe ejerciendo el liderazgo moral y estimule el cambio social requerido, mucho después de la partida de los líderes creativos."[2]

---

1. See Max Weber, *Economy and Society* (Oakland, Calif.: University of California Press, 1978), 246.
2. James MacGregor Burns, *Leadership* (New York: Harper, 1978), 454.

Existe un notable *midrash* en el que varios sabios proponen su idea de *klal gadol ba-Torá,* "el gran principio de la Torá." Ben Azai dice que es este versículo "Este es el libro de las crónicas del hombre: en un día Dios creó al hombre, lo hizo a la imagen de Dios" (Génesis 5:1). Ben Zoma dice que hay un principio más abarcador: "Oye, Israel, el Señor es nuestro Dios, el Señor es uno." Ben Nanas dice que hay un principio aún más amplio: "Ama a tú prójimo como a ti mismo." Ben Pazi dice que hay uno aún más superador: "La primera oveja será ofrecida a la mañana y la segunda a la tarde" (Éxodo 29:39) – o, como diríamos hoy en día, Shajarit, Minjá y Maariv. En una palabra: "rutina". El pasaje concluye: La ley sigue a Ben Pazi.[3]

El significado de la opinión de Ben Pazi está claro: todos los ideales del mundo –el ser humano a semejanza de Dios, la creencia en la unicidad de Dios, el amor a nuestros semejantes– significan poco hasta que se tornen en hábitos de acción que se conviertan en hábitos del corazón. Todos podemos recordar momentos de introspección o epifanía en los cuales comprendimos súbitamente el significado de la vida, qué es la grandeza, y como quisiéramos vivir. Un día, una semana o como máximo un año más tarde la inspiración desfallece, se transforma en una memoria distante y quedamos igual que antes, sin cambio.

La grandeza del judaísmo es que le da espacio tanto al profeta como al sacerdote, a las figuras de inspiración por un lado y a las de la rutina diaria, por el otro –la halajá– que toman las visiones exaltadas y las transforman en patrones de comportamiento que reconfiguran el cerebro y cambian lo que sentimos y lo que somos.

Uno de pasajes más inusuales que he leído acerca del judaísmo, escrito por un autor no judío, fue en el libro de William Rees-Mogg sobre macroeconomía, *The Reigning Error*[4]. Rees-Mogg fue un periodista especializado en temas financieros que luego fue editor de *The Times,*

---

3. El pasaje es citado en la Introducción al comentario HaKotev al libro *Ein Yaakov*, una recolección de pasajes *agádicos* del Talmud. También es citado por el Maharal en *Netivot Olam, Ahavat Rea* 1
4. William Rees-Mogg, *The Reigning Error: The Crisis of World Inflation* (London: Hamilton, 1974), 9–13.

presidente del Arts Council y vicepresidente de la BBC. Desde el punto de vista religioso, era profundamente católico.

Comienza el libro con un elogio completamente inesperado del judaísmo halájico. Y lo explica de esta manera. La inflación, dice, es una enfermedad de desorden, un fracaso de la disciplina, en este caso en relación con el dinero. Lo que hace único al judaísmo, continúa, es su sistema legal, que ha sido criticado erróneamente por los cristianos por ser fríamente legalista. En realidad, la ley judía fue esencial para la supervivencia judía porque "proveyó un estándar mediante el cual la acción podía ser testeada, una ley para la regulación de la conducta con enfoque en la lealtad y un límite para la energía de la naturaleza humana."

Toda fuente de energía, especialmente la nuclear, necesita alguna forma de contención. Sin ella, se vuelve peligrosa. La ley judía siempre ha actuado como factor de contención de la energía espiritual e intelectual del pueblo judío. Esa energía "no ha simplemente estallado o se ha disipado; fue contenida como poder continuo." Lo que poseen los judíos, argumenta, y de lo que carecen muchas economías modernas, es un sistema de autocontrol que permite que las economías florezcan sin incrementos ni caídas súbitas, sin inflación ni recesión.

Lo mismo pasa con el liderazgo. En *Good to Great*, el teórico de *management* Jim Collins, plantea que lo que tienen en común las grandes compañías es la *cultura de la disciplina*. En *Great by Choice* utiliza la frase "la marcha de las 20 millas" señalando que esas organizaciones sobresalientes hacen proyecciones para la maratón, no para la carrera rápida. La confianza, dice, proviene "no de discursos motivadores, inspiración carismática, reuniones con entusiasmo desbordado, optimismo infundado o esperanza ciega."[5] Viene de hacer lo necesario, día tras día, año tras año. Las grandes empresas utilizan disciplinas que son específicas, metódicas y consistentes. Alientan a su gente a practicar la autodisciplina y la responsabilidad. No reaccionan desmedidamente ante el cambio, ya sea bueno o malo. Tienen la mirada en el horizonte lejano. Y sobre todo, no dependen de líderes heroicos y carismáticos que a lo

---

5. Jim Collins, *Good to Great* (New York: HarperBusiness, 2001); *Great by Choice* (New York: HarperCollins, 2011), 55.

sumo pueden elevar la compañía por un tiempo pero no la proveen de la fortaleza profunda necesaria para el éxito a largo plazo.

La instancia clásica de los principios articulados por Burns, Rees-Mogg, y Collins se ve en la transformación ocurrida entre Ki Tisá y Ajarei Mot, entre el primer Iom Kipur y el segundo, entre el liderazgo heroico de Moshé y la silenciosa y sutil disciplina sacerdotal en el día de arrepentimiento y expiación anual.

Transformar los ideales en códigos de acción que moldean los hábitos del corazón es de lo que trata el judaísmo y el liderazgo. Nunca pierdas la inspiración de los profetas, pero tampoco la rutina que transforma los ideales en actos, y los sueños en realidades concretas.

CB

*Kedoshim*

# El modo de seguir a un líder

En el gran "código de la santidad" con el que comienza la *Parashá Kedoshim*, hay una fascinante secuencia de mandatos que arrojan luz sobre la naturaleza no solo del liderazgo en el judaísmo sino también sobre el carácter de los seguidores de los líderes. He aquí el mandato en su contexto:

> No odies a tu hermano en tu corazón. Has de reprender a tu prójimo (o razonar con él) pero no debes cometer falta por su causa. No te vengarás ni guardarás rencor contra nadie de tu pueblo, sino que amarás a tu prójimo como a ti mismo. Yo soy el Señor. (Levítico 19:17–18).

Hay dos maneras completamente diferentes de entender las palabras escritas en cursiva. El Rambam las presenta a ambas como legalmente

*Vayikrá*

vinculantes [1] y las incluye en su comentario a la Torá (Rambam a Levítico: 19:17).

La primera forma de entender la frase es leyendo el mandato en términos de relaciones interpersonales. Tú crees que alguien te ha ocasionado daño. En un caso así, la Torá te dice que no te quedes en un estado de resentimiento silencioso. No cedas ante el odio, no guardes rencor ni te vengues. Por el contrario, repréndelo, razona con él, dile lo que tú crees sobre lo que él ha hecho y cómo te sientes perjudicado por su accionar. Él puede pedir disculpas y tratar de hacer las paces, e incluso si no lo hace, al menos tú le habrás hecho saber tus sentimientos. Eso solo por sí mismo ya resulta catártico. Te ayudará a evitar que un resentimiento pueda anidar y desarrollarse en tu interior.

Por su parte, la segunda interpretación ve al mandato en términos impersonales. No tiene nada que ver con el hecho de que hayas sido dañado. Se refiere a alguien que está obrando equivocadamente, incurriendo en un pecado o cometiendo un crimen. Puede que no seas la víctima sino solamente quien observa el hecho. El mandato ordena que no te contentes con emitir un juicio negativo sobre su conducta (es decir, "No odies a tu hermano en tu corazón"). Debes involucrarte, reprenderlo, señalando de la manera más amable y constructiva que te resulte posible, que lo que está haciendo es contrario a la ley civil o a la moral. Si permaneces callado y no haces nada, te transformarás en su cómplice ("no cargues con culpa por él"), ya que lo viste actuar mal y no protestaste.

Esta segunda interpretación es posible únicamente por el principio fundamental judaico de *"Kol Israel Arevim Ze Bazé"*, que todos los hijos de Israel son responsables unos por otros (Shevuot 39a). Sin embargo, el Talmud hace una observación fascinante respecto del alcance del mandamiento:

> (La Torá dice) *hojeaj tojíaj*, lo cual significa que "debes reprender a tu prójimo repetidamente..." ¿Por qué ... agrega la palabra *tojíaj*? Si hubiera habido un solo verbo, se sabría que la ley se aplica a un maestro que reprende a un discípulo. ¿Cómo sabemos que la

---

1. *Mishné Torá, Hiljot Deot* 6:6–7

## Kedoshim: El modo de seguir a un líder

norma incluye también al caso de un discípulo que rezonga a su maestro? De la expresión *"hojeaj tojíaj"*, lo cual implica que ello se hace en toda circunstancia (Baba Metzia 31a).

Esto resulta significativo porque establece el principio del *seguimiento crítico*. Hasta ahora, en estos ensayos hemos estado prestando atención al rol del líder en el judaísmo. Pero ¿qué hay del seguidor? Aparentemente, el deber del seguidor es precisamente ir tras del líder, y el deber del discípulo es estudiar. Después de todo, el judaísmo ordena un respeto casi ilimitado hacia los maestros, "que la reverencia por tu maestro sea como la que se le debe al Cielo" (Mishná Avot 4:12). A pesar de ello, el Talmud entiende que la Torá nos ordena rezongar incluso a nuestro maestro y a nuestro líder en caso de que veamos que están haciendo algo malo.

Suponiendo que un líder te ordena hacer algo que sabes que está prohibido por la ley judía, ¿le obedecerías? La respuesta es un categórico no. El Talmud lo formula como una pregunta retórica: "Ante la opción de obedecer al maestro (Dios ) o al discípulo (el líder humano), ¿a quién obedecerías?" (Kidushin 42b). La respuesta resulta obvia, obedece a Dios. Aquí, en la ley judía, encontramos la lógica de la desobediencia civil, la idea de que tenemos el derecho de desobedecer una orden inmoral.

Luego, existe la gran idea judía del cuestionamiento activo y "la discusión en aras del Cielo" (Mishná Avot 5:21). Los padres están obligados, y los maestros son instados a capacitar a los estudiantes para que hagan preguntas. La forma judía tradicional de estudio está diseñada para que tanto el maestro como el alumno sean conscientes de que es posible que haya más de una visión sobre cualquier cuestión vinculada a la ley judía y que puede haber múltiples interpretaciones (el número tradicional es de setenta) sobre cualquier versículo bíblico. El judaísmo es único en cuanto a que virtualmente todos sus textos canónicos –el Midrash, la Mishná y la Guemará– son antologías de argumentos (el rabino X dijo esto y el rabino Y dijo aquello) o están rodeados por múltiples comentarios, cada uno de los cuales brinda su propia perspectiva.

En el judaísmo rabínico, el mero acto de aprender se concibe como un debate activo, una especie de competencia entre gladiadores de la mente: "Incluso un maestro y un discípulo, o un padre y un hijo,

*Vayikrá*

cuando se sientan a estudiar Torá juntos, se vuelven enemigos uno del otro, pero no se mueven de allí hasta que se han vuelto amados unos de los otros" (Kidushin 30). De aquí el conocido dicho talmúdico que reza: "Aprendí mucho de mis maestros, más de mis compañeros, pero por sobre todo de mis alumnos" (Taanit 7a). Por lo tanto, a pesar de la reverencia que debemos a nuestros maestros, les debemos también nuestros más ingentes esfuerzos para cuestionar y desafiar sus ideas. Esto es esencial para efectivizar el ideal rabínico del estudio como la búsqueda colaborativa de la verdad.

La idea del seguimiento crítico permitió en el judaísmo el surgimiento de los primeros críticos sociales de la historia, los profetas, enviados por Dios para hablar con verdad ante el poder y convocar incluso a los reyes al tribunal de la justicia y a optar por la conducta correcta. Eso es lo que hizo Samuel con Saúl, Elías con Ajav e Isaías con Ezequías. Nadie lo realizó más efectivamente que el profeta Natán cuando con una inmensa habilidad logró que el rey David comprendiera la dimensión del pecado que había cometido al dormir con la mujer de otro. David reconoció de inmediato que había obrado mal y dijo: "Jatati (he pecado)" (II Samuel 12:13).

Por excepcionales que hayan sido los profetas de Israel, incluso sus logros pasan a un segundo plano ante uno de los fenómenos más destacables de la historia de la religión: el hecho de que Dios escoge como sus discípulos más queridos a aquellos que están dispuestos a desafiar al Cielo. Abraham dice: "¿Acaso el juez de toda la tierra no hará justicia?" (Génesis 18:25). Moshé dice: "¿Por qué has hecho mal a este pueblo?" (Éxodo 5:22). Jeremías y Habakuk desafían a Dios respecto de las aparentes injusticias de la historia. Job, que discute con Dios, finalmente es vindicado por Él mientras que aquellos que intentaron consolarle y defendieron al Creador son considerados por el propio Dios como quienes obraron mal. En resumen, Dios mismo elige seguidores activos y críticos, en vez de aquellos que obedecen en silencio.

De ahí la inusual conclusión de que en el judaísmo ser un seguidor resulta tan activo y exigente como liderar. Podemos formularlo más enfáticamente: los líderes y los seguidores no se sientan en lados opuestos de la mesa, se encuentran del mismo lado, el de la justicia, la compasión y el bien común. Nadie está por encima de la crítica, ni nadie es

## Kedoshim: El modo de seguir a un líder

demasiado pequeño como para formularla, siempre y cuando se lleve a cabo con la debida delicadeza y humildad. Un discípulo puede criticar a su maestro, un niño puede desafiar a su padre, un profeta puede desafiar a un rey, y todos nosotros por el simple hecho de llevar el nombre de Israel estamos llamados a luchar con Dios y con nuestros semejantes en nombre de lo correcto y lo bueno.

El seguimiento acrítico y los hábitos de obediencia silenciosa dan lugar al surgimiento de la corrupción del poder, o a veces, simplemente a catástrofes evitables. Por ejemplo, una serie de fatales accidentes ocurrieron entre 1970 y 1999 en aviones que pertenecían a la compañía Korean Air. Uno en particular, el vuelo 8509 en diciembre de 1999, condujo a una revisión que sugirió que la cultura coreana, con su tendencia al liderazgo autocrático y al seguimiento reverente, pudo haber sido la responsable de que el primer oficial de a bordo no hubiese advertido al piloto que estaba fuera de curso[2]. John F. Kennedy armó uno de los equipos de asesores más talentosos que hayan servido alguna vez a un presidente norteamericano, no obstante, en la invasión a la Bahía de Cochinos en Cuba en 1961, cometió uno de los errores más tontos. A raíz de ello, uno de los miembros del grupo, Arthur Schlesinger Jr. a tribuyó el fallo al hecho de que la atmósfera dentro del equipo era tan amena que nadie quería perturbarla señalando que la propuesta de la invasión era insensata[3].

El pensamiento de grupo y el conformismo son peligros permanentes dentro de cualquier conglomerado humano muy unido, tal como una serie de experimentos de Solomon Asch, Stanley Milgram, Philip Zimbardo y otros han demostrado (nosotros echamos un vistazo más detenido a algunos de estos estudios en nuestro ensayo sobre la *Parashá de Lej Lejá*). Este es el motivo por el cual, en palabras de Cass Sunstein, "las sociedades precisan disidentes"[4]. Mi ejemplo favorito es uno que fuera dado por James Surowiecki en *La Sabiduría de las Masas*. Él narra

---

2. Malcolm Gladwell, *Outliers: The Story of Success* (New York: Little, Brown and Co. 2008), 177–223.
3. Ver Cass Sunstein, *Why Societies Need Dissent* (Cambridge, Mass.: Harvard University Press, 2003), 2–3.
4. Ídem.

la historia de cómo un naturalista americano, William Beebe, se topó con una extraña vista en la selva de las Guyanas. Un grupo de hormigas legionarias se movía en un enorme círculo. Las hormigas dieron una y otra vuelta durante dos días hasta que la mayoría de estas cayó sin vida. El motivo de este fenómeno es que cuando un grupo de hormigas legionarias es separado de la colonia, obedecen una simple regla: sigue a la hormiga que está delante de ti[5]. El problema es que si la hormiga que va delante de ti está perdida – tú también lo estarás.

El argumento de Surowiecki es que precisamos voces disidentes, personas que desafíen a la sabiduría convencional, resistan el consenso de moda y perturben la paz intelectual. La premisa "sigue a la persona que está delante de ti" es tan peligrosa para los seres humanos como lo es para las hormigas legionarias. Hacerse a un lado y estar dispuesto a cuestionar hacia dónde se dirige el líder, es la tarea del seguidor crítico. Un gran liderazgo tiene lugar cuando hay seguidores fuertes e independientes. Por lo tanto, cuando se trata de criticismo constructivo, el discípulo puede desafiar al maestro y el profeta puede reprender al rey.

ID

---

5. James Surowiecki, *The Wisdom of Crowds* (New York: Doubleday, 2004), 40–41.

*Emor*
# No temer a la grandeza

En la parashá de esta semana aparecen dos de los preceptos más fundamentales del judaísmo, preceptos que hacen a la naturaleza misma de su identidad.

> No profanarás Mi nombre sagrado. Yo debo ser santificado por los israelitas. Yo soy el Señor, El que los hizo a vosotros santos y El que los sacó de Egipto para ser vuestro Dios. Yo soy el Señor (Levítico 22:32).

Los dos preceptos se refieren a la prohibición de profanar el nombre de Dios, *Jilul Hashem*, y su consecuente positivo, *Kidush Hashem*, precepto que nos obliga a santificar el nombre de Dios. ¿Pero de qué manera podemos profanar o santificar el nombre de Dios?

Primero, debemos entender el concepto de "nombre" referido a Dios. Un nombre es cómo somos reconocidos por los demás. El "nombre" de Dios es, por lo tanto, Su posición frente al mundo. ¿El pueblo Lo reconoce, Lo respeta, Lo honra?

*Vayikrá*

Los preceptos de *Kidush Hashem* y *Jilul Hashem* adjudican esa responsabilidad a la conducta y por ende, al destino del pueblo judío. Eso es lo que quiso decir Isaías cuando expresó: "Ustedes son Mis testigos, dice Dios, que Yo soy Dios" (Isaías. 43:10).

El Dios de Israel es el Dios de toda la humanidad. Él creó el universo, la vida misma. Nos creó a todos nosotros (judíos y no judíos por igual) a Su imagen. Él nos cuida a todos: "Su tierna misericordia está en todas sus obras" (Salmos 145:9). Pero el Dios de Israel es radicalmente distinto a los dioses adorados en la antigüedad y a la realidad científica en la que creen los ateos contemporáneos. Él no es la naturaleza. Él la creó. No es el universo físico. Él lo trasciende. Nosotros no somos capaces de cuantificarlo o identificarlo mediante la ciencia (por medio de la observación, medición y cálculo) ya que Él no constituye en absoluto ese tipo de entidad. Entonces ¿cómo se Lo puede conocer?

La afirmación radical de la Torá es que Él es conocido, no exclusiva pero principalmente, a través de la historia judía y de la manera en que viven los judíos. Como dijo Moshé al final de sus días:

> Pregunta ahora por los días pasados, mucho antes de vuestro tiempo, desde el día en que Dios creó a los seres humanos sobre la tierra; pregunta de un extremo al otro de los cielos. ¿Ha ocurrido algo tan grande como esto, o se ha oído alguna vez algo semejante? ¿Ha oído algún otro pueblo la Voz de Dios hablando desde el fuego, o Lo ha visto y ha sobrevivido? ¿Alguna vez ha intentado otro dios hacerse cargo de una nación entre todas las demás naciones, mediante señales y portentos, mediante la guerra, con mano fuerte y brazo extendido, o mediante hechos grandes y sobrenaturales, como todas las cosas que hizo el Señor vuestro Dios en Egipto ante vuestros propios ojos? (Deuteronomio 4:32–34).

Treinta y tres siglos atrás, Moshé ya sabía que la historia del judaísmo fue y sería única. Ninguna otra nación sobrevivió a esas pruebas. La revelación de Dios a Israel fue única. Ninguna otra religión fue construida en base a la revelación directa de Dios a todo un pueblo, como lo que ocurrió en el Monte Sinaí. Por lo tanto Dios, el Dios de la revelación y de la redención, es conocido en todo el mundo a través del pueblo de Israel. Nosotros somos los embajadores de Dios en el mundo.

Por ese motivo, cuando nuestro comportamiento es tal que produce admiración por el judaísmo como modo de vida, eso es *Kidush Hashem*, la santificación del nombre de Dios. Cuando hacemos lo contrario, cuando traicionamos esa fe y esa forma de vida al hacer que las personas sientan desprecio hacia el Dios de Israel, eso es *Jilul Hashem*, la profanación del nombre de Dios. Eso es lo que quiso decir Amós cuando exclamó:

> Pisotean las cabezas de los pobres como el polvo de la tierra, y niegan justicia a los oprimidos...de esa forma profanan Mi sagrado nombre (Amós 2:7).

Cuando los judíos se comportan mal, sin ética ni justicia, generan *Jilul Hashem*. Hacen que otros digan: yo no puedo respetar una religión o un Dios que inspira a las personas a comportarse de esa manera. Eso también es aplicable en mayor escala a nivel internacional. El profeta que nunca se cansó de puntualizarlo fue Ezequiel, el hombre que se exilió en Babilonia después de la destrucción del Primer Templo. Esto es lo que le dijo Dios:

> Yo los dispersé entre las naciones, y fueron repartidos entre todas los países. Yo los juzgué según su conducta y sus acciones. Y donde quiera que estuvieran entre los pueblos, profanaron Mi sagrado nombre. Pues de ellos se ha dicho: "Este es el pueblo del Señor, y sin embargo debieron dejar Su tierra" (Ezequiel 36:19).

Cuando los judíos son derrotados y enviados al exilio, es una tragedia, y no solo para ellos. Es una tragedia para Dios. Se siente como lo haría un padre o una madre al ver a su hijo humillado y enviado a la cárcel. Un padre puede tener una sensación de vergüenza, o peor, de un fracaso inexplicable. "¿Cómo puede ser, después de todo lo que hecho por él, que no he podido salvarlo de sí mismo?" Cuando los judíos son fieles a su misión, cuando viven, lideran y tienen una inspiración judía, entonces

## Vayikrá

el nombre de Dios es exaltado. Es lo que dijo Isaías en nombre de Dios: "Tú eres mi servidor, Israel, en quien Yo seré glorificado" (Isaías 49:3).

Esa es la lógica del *Kidush Hashem* y del *Jilul Hashem*. El destino del "nombre" de Dios en el mundo depende de cómo nos comportemos. Ninguna nación ha tenido nunca una responsabilidad tan grande y trascendental. Y eso significa que cada uno de nosotros debe participar en esta tarea.

Cuando un judío, especialmente un judío religioso, tiene un mal comportamiento, actúa con falta de ética en los negocios, es culpable de abuso sexual, expresa ideas racistas o desprecia a su semejante, afecta negativamente a todos los judíos y al judaísmo mismo. Y cuando un judío, especialmente un judío religioso, actúa correctamente, desarrolla la reputación de ser honorable en los negocios, se ocupa de víctimas de abuso o muestra una visible generosidad de espíritu, no solo se refleja favorablemente sobre los judíos, sino también incrementa el respeto que tienen las personas hacia la religión en general y por ende hacia Dios.

Maimónides agrega, en el pasaje del código legal referente a *Kidush Hashem*:

> Si una persona ha sido escrupulosa en su conducta, gentil en la conversación, agradable con sus semejantes, afable en la hospitalidad absteniéndose de reaccionar aun frente a la afrenta, es cortés con todos, aun con los que lo tratan con desdén, conduce sus negocios con integridad... haciendo más de lo que le corresponde hacer y a la vez evitando excesos y exageraciones, esa persona ha santificado a Dios[1].

El Rabino Norman Lamm cuenta la divertida historia de Mendel el mesero. Cuando en un crucero se recibió la noticia del arriesgado comando judío en Entebe en 1976, los pasajeros quisieron, de alguna forma, rendir un homenaje a Israel y al pueblo judío. Se hizo una búsqueda para ver si había algún tripulante judío, pero el único era Mendel el mesero. Por lo tanto, en solemne ceremonia, el capitán del crucero, en nombre de todos los pasajeros, expresó sus más sinceras felicitaciones a

---

1. Maimónides, Hiljot Iesodei haTorá, 5:11.

## Emor: No temer a la grandeza

Mendel, que súbitamente fue nombrado embajador *de facto* del pueblo judío. Somos todos, lo querramos o no, embajadores del pueblo judío, y cómo vivimos, cómo nos comportamos y tratamos a los demás refleja no solo cómo somos como individuos, sino también cómo son los judíos en su totalidad, y por lo tanto, cómo es el judaísmo y el Dios de Israel.

"No teman a la grandeza. Algunos nacen grandes, otros lo logran ser, y otros aun tienen la grandeza sobre ellos" escribió Shakespeare en *Twelfth Night*. A lo largo de la historia, a los judíos se les ha impuesto la grandeza. Como escribió el difunto Milton Himmelfarb: "La población judía es menor que el menor error estadístico del censo chino. Sin embargo, seguimos siendo más grandes de lo que reflejan nuestros números. Grandes cosas ocurren a nuestro alrededor y a nosotros mismos"[2].

Dios tuvo la confianza suficiente en nosotros para que fuéramos Sus embajadores, en un mundo frecuentemente brutal y desleal. La elección es nuestra. ¿Serán nuestras vidas de *Kidush Hashem*, o Dios no lo quiera, lo contrario? Hacer algo, incluso un solo acto en la vida, para lograr que alguien agradezca que hay un Dios en el Cielo que inspira a la gente a hacer algo bueno en la tierra, es quizás el mayor logro al que puede aspirar una persona.

Shakespeare definió correctamente el desafío: "No teman a la grandeza." Un auténtico líder tiene la responsabilidad de ser embajador y de inspirar a los demás a serlo también.

CB

---

2. Milton Himmelfarb, *Jews and Gentiles*, Encounter Books, 2007, 141.

*Behar*
# Piensa a largo plazo

En las parashot de *Emor* y *Behar* hay dos preceptos muy similares que tienen que ver con la cuenta del tiempo. En la *Parashá* de *Emor* leemos respecto del conteo del Omer, los cuarenta y nueve días que van del segundo día de Pesaj hasta la festividad de Shavuot:

> Habréis de contar vosotros desde el día siguiente al Shabat, desde el día en que hayáis traído la ofrenda de la gavilla para mecerla, siete semanas completas contarás. Hasta el día siguiente de la séptima semana, habréis de contar cincuenta días y ofreceréis una ofrenda nueva ante el Señor (Levítico 23:15–16).

En la *Parashá Behar* leemos sobre el conteo de los años para el Jubileo:

> Habrás de contar siete años sabáticos –siete veces siete años– de modo tal que los siete años sabáticos alcancen un período de cuarenta y nueve años. Entonces, proclamarás con el toque de una trompeta en todas partes en el día diez del séptimo mes; en el Día de la Expiación habréis de proclamar con la trompeta en toda

vuestra tierra. Y consagraréis el quincuagésimo año y proclamaréis la libertad en la tierra para todos sus habitantes. Será el Jubileo para vosotros; cada uno de vosotros habréis de retornar a la propiedad de vuestra familia y a su propio clan (Levítico 25:8-10).

Sin embargo, existe una diferencia significativa entre los dos actos de conteo que tiende a perderse en la traducción. El conteo del Omer está en plural: *usefartem lajem*. La cuenta de los años para el Jubileo está en singular: *vesafarta lejá*. La tradición oral entendió que esta diferencia alude a quién debe realizar el conteo. En el caso del Omer se trata del deber de cada individuo (Menajot 65b); y de ahí el uso del plural. En el caso del Jubileo la tarea de contar es responsabilidad del *Beit Din*, específicamente, de la Suprema Corte, del *Sanedrín*[1]. Se trata del deber del pueblo judío en su conjunto y es llevado a cabo en su nombre de manera centralizada por parte del tribunal, de ahí el uso del singular.

Hay aquí implícito un principio importante de liderazgo. Como individuos contamos los días, pero en nuestro carácter de líderes, debemos contar los años. Como personas privadas podemos pensar sobre mañana, pero en nuestra función de líderes debemos pensar a largo plazo, enfocando nuestros ojos hacia el horizonte lejano. "¿Quién es sabio?" Preguntó Ben Zoma, y respondió: "Aquél que prevé las consecuencias" (Tamid 32a). Si los líderes son sabios, piensan sobre el impacto de sus decisiones dentro de muchos años. Es famosa la anécdota del líder chino Chou Enlai, cuando en los años 70 del siglo XX le preguntaron qué pensaba sobre la revolución francesa, a lo que respondió: "Es muy pronto para emitir una opinión"[2].

La historia judía está repleta de este tipo de pensamientos de largo plazo. Tal como vimos en nuestro ensayo en *Parashat Bo*, en la víspera del Éxodo, Moshé centró la atención de los israelitas en cómo habrían de relatar la historia a sus hijos en los años por venir. De ese modo, estaba

---

1. Sifra, Levítico, Behar, 2:2; Mishné Torá, Hiljot Shemitá Veyovel 10:1.
2. En honor a la verdad, es probable que la pregunta no se refería a la revolución de 1789 sino a la revuelta estudiantil que tuvo lugar en París en 1968, unos pocos años antes. Aun así, como suele decirse, algunas historias son verdaderas, aunque nunca hayan ocurrido.

dando el primer paso para hacer del judaísmo una religión basada en la educación, el estudio y la vida de la mente como uno de sus aspectos más profundos y empoderadores.

A lo largo del libro de Deuteronomio, Moshé hace gala de una impresionante perspicacia: dice que los hijos de Israel se darán cuenta de que su verdadero desafío no será la esclavitud sino la libertad, no será la pobreza sino la riqueza, no la falta de vivienda sino el hogar. Anticipándose en dos milenios a la teoría del historiador musulmán del siglo XIV Ibn Jaldún, predice que con el correr del tiempo, justamente en la medida en que tengan éxito, los hijos de Israel se enfrentarán al peligro de perder su *"asabíah"*, su cohesión social y su solidaridad grupal. A los efectos de prevenirlo, propone un estilo de vida basado en el pacto con Dios, la memoria, la responsabilidad colectiva, la justicia, el bienestar y la inclusión social – lo cual es hasta el día de hoy la fórmula más poderosa jamás ideada para generar una sociedad civil fuerte.

Cuando la gente del reino del sur de Judá fue exiliada a Babilonia, la previsión de Jeremías expresada en su misiva a los exiliados (Jeremías 29:1-8) se convirtió en la primera expresión alguna vez registrada de la idea de 'minoría creativa'. La gente podría mantener en Babilonia su identidad mientras trabajaba en beneficio de la sociedad en su conjunto, y eventualmente regresaría a su terruño. Fue esta una prescripción notable que ha guiado a las comunidades judías de la diáspora desde hace ya veintiséis siglos.

Cuando Ezra y Nehemías reunieron al pueblo frente a la Puerta de las Aguas en Jerusalén a mediados del siglo V a.e.c. y les impartieron el primer seminario de educación para adultos de la historia (Nehemías 8), apuntaban a una verdad que recién se tornaría evidente muchos siglos más tarde en los tiempos del dominio helenístico, que la verdadera batalla que determinaría el futuro del pueblo judío era la cultural más que la militar. Los macabeos vencieron en la contienda militar frente a los seléucidas, pero la monarquía asmonea que les sucedió, finalmente se helenizó.

Cuando Rabán Yojanán ben Zakai le dijo a Vespasiano, el general romano que comandaba el sitio sobre Jerusalén: "Dame Yavne y sus sabios" (Guitín 56b) estaba salvando al pueblo judío al asegurar que sobreviviese la fuente del liderazgo espiritual e intelectual.

*Vayikrá*

Entre los líderes judíos más clarividentes se encuentran los rabinos de los primeros dos siglos de la era común. Fueron ellos quienes ordenaron las grandes tradiciones de la Ley Oral bajo la forma de una estructura disciplinada que se convirtió en la Mishná y subsecuentemente en el Talmud. Fueron ellos quienes transformaron el estudio de los textos en toda una cultura religiosa, fueron ellos los que desarrollaron la arquitectura del rezo llevándolo a un formato que fue eventualmente seguido por todas las comunidades judías del mundo, y fueron ellos quienes desarrollaron el elaborado sistema de la halajá rabínica que funciona a modo de "valla protectora alrededor de la ley" (Mishná Avot 1:1).

Ellos lograron lo que ningún otro liderazgo religioso pudo alcanzar, perfeccionar y refinar una forma de vida capaz de sostener a una nación entera en el exilio y la dispersión durante dos mil años.

A principios del siglo XIX, cuando rabinos como Zví Hirsch Kálischer y Yehudá Alkalay comenzaron a abogar por el regreso a Sion, inspiraron a personalidades seculares tales como Moisés Hess (y posteriormente a Yehudá Leib Pinsker y a Teodoro Herzl) e incluso a no judíos, como fue el caso de George Elliot, cuya obra Daniel Deronda (1876) fue una de las primeras novelas sionistas. Ese movimiento aseguró que hubiera una población judía capaz de asentarse y construir el país, de modo tal que algún día pudiese existir un Estado de Israel.

Cuando los jefes de las yeshivot y los líderes jasídicos que sobrevivieron al Holocausto alentaron a sus seguidores a casarse, tener hijos y reconstruir sus mundos destruidos, dieron lugar a lo que se ha convertido en el factor de mayor crecimiento en la vida judía contemporánea. Gracias a ellos, en la actualidad, junto a la memoria viva de la casi total destrucción de los grandes centros de estudio en Europa Oriental, hay más judíos estudiando en yeshivot o seminarios que en cualquier otro momento de toda la historia judía; más aun que en los grandes días de las yeshivot de Volozhin, Ponewicz y Mir en el siglo XIX, más aún que en los días de las academias de Sura y Pumbedita que son las que produjeron el Talmud Babilónico.

Los grandes líderes piensan a largo plazo y construyen de cara al futuro. Esto se ha vuelto sumamente raro en la cultura secular contemporánea con su incesante enfoque en lo momentáneo, sus breves períodos de atención, sus modas fugaces y sus "multitudes relámpago" (*flash mobs*), sus textos y sus tuits, sus quince minutos de fama y su fijación con los titulares del día y "el poder del ahora".

No obstante, los verdaderos líderes empresariales de la actualidad son aquellos que juegan el más prolongado de los juegos de largo plazo. Bill Gates de Microsoft, Jeff Bezos de Amazon.com, Larry Page y Serguei Brin de Google y Marck Zuckerberg de Facebook, estuvieron preparados para esperar mucho tiempo antes de poder monetizar sus creaciones. Por ejemplo, Amazon.com fue lanzada en 1995 y no exhibió ganancias hasta el último trimestre del 2001. Incluso según estándares históricos estos fueron ejemplos excepcionales de pensamiento y planificación a largo plazo.

Aunque se trata de ejemplos seculares y si bien desde los días del Segundo Templo carecemos de profetas, no hay nada intrínsecamente misterioso respecto de ser capaces de prever las consecuencias de escoger un camino en lugar de otro. La comprensión del futuro se basa en el estudio profundo del pasado. Warren Buffett pasó tantas horas y años leyendo cuentas corporativas anuales cuando joven, que desarrolló una habilidad finamente perfeccionada para escoger compañías preparadas para crecer. Ya en el 2002, cinco años antes de que el colapso financiero realmente llegara, él solía advertir que los derivados financieros y la securitización del riesgo eran "armas de destrucción masiva", una profecía secular que fue a la vez verdadera y desatendida.

A lo largo de mis años en el Gran Rabinato, nuestro grupo de trabajo y yo creemos que el liderazgo debe ser siempre una misión de equipo y debe preguntarse permanentemente: ¿Cómo habrá de afectar esto a la comunidad dentro de veinticinco años? Nuestra tarea es construir no para nosotros sino para nuestros hijos y nietos. El gran desafío sistémico fue pasar de una comunidad orgullosa de su pasado a otra centrada en su futuro. Es por ello que elegimos expresar nuestra misión bajo la forma de pregunta: ¿tendremos nietos judíos?

El desafío del liderazgo en la *Parashá Behar* es contar los años, no los días. Mantén la fe en el pasado, pero fija tus ojos firmemente en el futuro.

ID

*Bejukotai*
# Nosotros, el pueblo

En la última parashá del libro de Levítico, en medio de una de las más tremendas maldiciones pronunciadas a una nación en forma de advertencia, los sabios descubrieron lo más parecido a una partícula de oro puro. Moshé está describiendo a una nación que huye de sus enemigos:

> El mero sonido de una hoja al viento los hará huir corriendo, ¡y lo harán como si estuvieran escapando de la espada! ¡Ellos caerán, aunque nadie los persiga! ¡Se tropezarán unos sobre otros como si fuera ante la espada, aunque nadie los persiga! No tendrán el poder de enfrentar a sus enemigos (Levítico 26:36–37).

A primera vista, no parece haber nada positivo en este escenario de pesadilla. Pero los sabios dijeron que "tropezar uno sobre otro" puede leerse "tropezará uno *debido* al otro", y esto nos enseña que cada uno de los israelitas es responsable por el otro[1].

---

1. Sifra ad loc., Sanedrín 27b, Shevuot 39a.

## Vayikrá

Este es un pasaje decididamente extraño. ¿Por qué ubicar este principio aquí? Ciertamente toda la Torá expresa ese concepto, aun cuando Moshé habla de la recompensa de cuidar los preceptos lo hace colectivamente. Tendrán lluvias en la estación adecuada. Obtendrán buenas cosechas. Y así sucesivamente. El principio de que los judíos tienen una responsabilidad colectiva y que sus destinos están interconectados podría ser encontrado en las bendiciones de la Torá. ¿Por qué buscarlo en las maldiciones?

La respuesta es que no es específico del judaísmo el hecho que estemos todos ligados en nuestro destino. Eso es aplicable a los ciudadanos de cualquier nación. Si la situación económica es floreciente, todos se beneficiarán. Si hay orden, respeto por la ley y las personas se comportan amablemente entre sí, acudirán en ayuda del otro y habrá una sensación de bienestar generalizada. Por el contrario, ante una recesión todos sufrirán. Si el barrio está azotado por la delincuencia, la gente temerá salir a la calle. Somos animales sociales, y nuestros horizontes de posibilidad están moldeados por la cultura y la sociedad en la que vivimos.

Todo esto es aplicable a los israelitas siempre y cuando fuera una nación con tierra propia. ¿Pero qué pasa cuando sufrieron la derrota y el exilio y fueron dispersados por todo el mundo? Ya no poseían los lineamientos convencionales de una nación. No habitaban en el mismo lugar. No compartían el lenguaje de la vida diaria. Mientras que Rashi y su familia vivían en el ámbito cristiano del norte de Europa y hablaban francés, Maimónides vivía en el Egipto musulmán, hablando y escribiendo en árabe.

Los judíos tampoco compartieron el mismo destino. Mientras que los que vivían en el norte europeo sufrían persecuciones y masacres en la época de los Cruzados, los judíos de España gozaban de su Época de Oro. Cuando los judíos de España eran expulsados y obligados a errar por el mundo, los de Polonia gozaban de una rara época de tolerancia. ¿De qué forma entonces eran responsables uno del otro? ¿Qué fue lo que los constituyó como nación? ¿Cómo podrían –como lo expresó el autor del Salmo 137– cantar la canción de Dios en una tierra extraña?

Hay solo dos textos en la Torá que se refieren a esta situación, las dos secciones de maldiciones, una en nuestra parashá y la otra en Deuteronomio en la parashá Ki Tavó. Sólo en estos pasajes se habla del

## Bejukotai: Nosotros, el pueblo

tiempo en el que Israel sufrió el exilio y se dispersó, como lo expresó más adelante Moshé, "entre las naciones de la tierra" (Deuteronomio 30:4). Pero hay tres diferencias entre las maldiciones. El pasaje de Levítico está en plural, el de Deuteronomio en singular. Las maldiciones de Levítico son palabras de Dios, las de Deuteronomio, de Moshé. Y las de Deuteronomio no conducen a la esperanza, sino a una imagen de desolación:

> Intentarán venderse como esclavos –tanto hombres como mujeres– pero nadie los querrá adquirir (Deuteronomio 28:68).

Los de Levítico terminan con una crucial esperanza:

> Pero a pesar de todo, cuando estén en territorio enemigo, Yo no los rechazaré ni los aborreceré al punto de la destrucción total, quebrando así Mi pacto con ellos, pues Yo soy el Señor su Dios. Sino que en honor a ellos recordaré el pacto con la primera generación, la que saqué de la tierra de Egipto a la vista de todas las naciones para ser su Dios; Yo soy el Señor (Levítico 26:44–45).

Aun en sus peores momentos, según Levítico, el pueblo judío nunca será destruido. Tampoco será rechazado por Dios. El pacto seguirá en pie en todos sus términos y sus cláusulas estarán vigentes. Esto significa que los judíos siempre estarán ligados uno a otro por la misma responsabilidad mutua que tuvieron en la tierra – pues fue el pacto lo que los constituyó como nación y los ligó a Dios. Por lo tanto, aun cuando tropezaran uno sobre otro huyendo de sus enemigos, seguirán estando unidos por la responsabilidad mutua. Aún seguirán siendo una nación con un destino definido y compartido.

Esta es una idea especial y extraña, y su característica distintiva es la política del pacto. El pacto se convirtió en un elemento primordial de Occidente posterior a la Reforma. Moduló el discurso político en Suiza, Holanda, Escocia e Inglaterra en el siglo XVII, así como la invención de la imprenta y la difusión de la lectoescritura permitió familiarizarse con la Biblia hebrea (el "Antiguo Testamento" como lo denominaron). Ahí aprendieron que los tiranos eran resistidos, que las órdenes inmorales no debían ser acatadas y que los reyes no gobernaban por derecho divino, sino solamente por el consentimiento de los gobernados.

Los Padres Peregrinos (Pilgrim Fathers) que partieron hacia Norteamérica tenían iguales convicciones, pero con una diferencia: con el tiempo las mismas no se esfumaron como ocurrió en Europa. Como resultado, Estados Unidos es hoy el único país en el que todo el discurso político está enmarcado en la idea del pacto.

Dos ejemplos de manual lo ilustran: el discurso inaugural de Lyndon Baines Johnson en 1965 y el segundo discurso de Barack Obama en 2013. En ambos casos utilizaron la repetición de un número impar bíblico (tres, cinco o siete). Johnson invoca el concepto de pacto cinco veces. Obama en cinco oportunidades comienza con la frase clave de la política del pacto –nunca utilizada por políticos británicos– "Nosotros el pueblo".

En las sociedades de pacto es todo el pueblo el que es responsable, bajo la tutela de Dios, del destino de la nación. Como lo señaló Johnson, "nuestro destino como nación y nuestro futuro como pueblo recae no en un ciudadano sino sobre todos."[2] En palabras de Obama "ustedes y yo, como ciudadanos, tenemos el poder de poner a este país en su curso."[3] Esta es la esencia del pacto: estamos en esto todos juntos. No hay división en la nación entre gobernantes y gobernados. Estamos unidos, responsables en forma conjunta, bajo la soberanía de Dios, unos con otros.

Esta no es una responsabilidad de final abierto. En el judaísmo no existe nada parecido a la idea tendenciosa, y en el fondo sin sentido, a lo expuesto por Jean Paul Sartre en *El ser y la Nada* sobre la 'responsabilidad absoluta'. "La consecuencia esencial de nuestros comentarios anteriores es que el hombre, al estar condenado a ser libre, lleva el peso de todo el mundo sobre sus hombros, es responsable por sí mismo y por el mundo como parte de su ser."[4]

En el judaísmo solamente somos responsables por lo que pudimos haber evitado y no lo hicimos. Así lo expresa el Talmud:

2. Lyndon B. Johnson, Discurso Inaugural (Capitolio de los Estados Unidos, 20 de Enero de 1965).
3. Barack Obama, Segundo Discurso Inaugural (Capitolio de los Estados Unidos, 21 de Enero de 2013).
4. Jean Paul Sartre, *Being and Nothingness*, traducción de Hazel Barnes, Nueva York, Washington Square Press, 1966, 707.

> Cualquiera que hubiera podido evitar que su familia cometiera un pecado y no lo hizo, es considerado responsable por los pecados de la familia. Si pudieran haber prohibido que sus compatriotas pecaran y no lo hicieron, son responsables por los pecados de ellos. Si pudieran prohibir que todo el mundo lo hiciera, y no lo hicieron, serán responsables por los pecados de todo el mundo (Shabat 54b).

Esta sigue siendo una idea, además de inusual, de mucha fuerza. Lo que hizo que fuera específico del judaísmo fue que se aplicó a un pueblo desparramado por todo el mundo, unido solamente por el pacto que hicieron nuestros antepasados con Dios en el Monte Sinaí. Pero continúa, como he expresado antes, impulsando el discurso político de Estados Unidos hasta el día de hoy. Nos dice que somos todos ciudadanos iguales en la república de la fe y que la responsabilidad no puede ser delegada en los gobiernos o presidentes sino que nos pertenece inalienablemente a cada uno de nosotros. *Somos realmente* los guardianes de nuestros hermanos y hermanas.

Eso es lo que quise decir sobre la extraña y aparentemente contradictoria idea que he expresado en esta serie de ensayos, de que todos hemos sido llamados a ser líderes. Se puede cuestionar, con certeza, que si todos somos líderes, entonces nadie lo es. Si todos lideran, entonces, ¿quiénes son los seguidores? El concepto que resuelve la contradicción es el pacto.

Liderazgo es aceptar la responsabilidad. Por lo tanto, si somos todos responsables uno por el otro, estamos todos llamados a ser líderes, cada uno dentro de su esfera de influencia – ya sea la familia, la comunidad o una organización aún mayor.

Esto a veces puede hacer una diferencia enorme. Al final del verano de 1999 yo estaba en Pristina haciendo un programa de televisión para la BBC, poco después de la campaña de Kosovo. Entrevisté al general Sir Michael Jackson, entonces jefe de las fuerzas de la OTAN. Sorprendentemente, me agradeció por lo que "mi gente" había hecho. La comunidad judía se había hecho cargo de las 23 escuelas primarias de la ciudad. Esa fue, dijo, la contribución más importante para el bienestar de la misma. Cuando 800,000 personas se han convertido en refugiados y retornan al hogar, la señal más tranquilizadora es que la vida ha vuelto a la normalidad y que las escuelas están abiertas en su horario adecuado. Eso, dijo, se lo debemos al pueblo judío.

Al encontrarme más tarde con el presidente de la comunidad judía, le pregunté cuántos judíos vivían en ese momento en Pristina. Su respuesta fue once. La historia, como supe más tarde, es esta. En los primeros días del conflicto, Israel, junto con otros organismos de asistencia internacional, había enviado un equipo médico para trabajar con los refugiados albaneses de Kosovo. Observaron que mientras las otras agencias se concentraban en los adultos, nadie se ocupaba de los niños. Traumatizados por el conflicto y lejos del hogar, los niños se sentían perdidos, sin un sistema de sostén ni un lugar de ayuda.

El equipo llamó a Israel pidiendo jóvenes voluntarios. Cada movimiento juvenil, desde el más secular hasta el más religioso, respondió inmediatamente armando equipos de jóvenes líderes voluntarios, y fueron enviados a Kosovo en intervalos de dos semanas. Trabajaron con los niños, organizando campamentos de verano, competencias deportivas, eventos teatrales y musicales, y lo que pudieran crear para intentar que el exilio temporario fuera menos dramático. Los albaneses de Kosovo son musulmanes, y para muchos de los jóvenes fue la primera experiencia de contacto con niños de una fe distinta.

Su esfuerzo resultó muy elogiado por la UNICEF, la organización para la infancia de las Naciones Unidas. Fue por esto que "el pueblo judío" –Israel, la organización del Joint con base en Estados Unidos, y otras agencias judías– fue requerido para supervisar el retorno a la normalidad del sistema escolar de Pristina.

Este episodio me enseñó el poder del *jesed*, los actos de bondad desplegados más allá de los límites de la fe. También mostró la diferencia que la responsabilidad colectiva confiere a la acción en el ámbito judío. El mundo judío es pequeño, pero los hilos invisibles de la responsabilidad mutua significan que hasta la comunidad más pequeña puede pedir ayuda al mundo judío y que se pueden lograr cosas que podrían resultar excepcionales para naciones mucho mayores. Cuando el pueblo judío une sus manos en responsabilidad colectiva se convierte en una fuerza formidable para el bien.

CB

# Bemidbar
במדבר

*Bemidbar*

# Liderando una nación de individuos

El libro de Bemidbar comienza con un censo de los israelitas. Es por eso que en las traducciones se lo conoce como el libro de Números. Esto plantea una serie de preguntas: ¿cuál es el significado de este acto de contar? ¿Y por qué justamente aparece en el comienzo del libro? Además, ya se habían hecho dos censos previamente y este sería el tercero en el lapso de un año. Ciertamente, con uno solo habría sido suficiente. Adicionalmente, ¿tiene algo que ver el conteo con el liderazgo?

Para comenzar, parecería haber una contradicción. Por un lado, Rashi dice que los actos de contar en la Torá son gestos de amor por parte de Dios:

> Porque ellos (los hijos de Israel) son queridos por Él, Dios los cuenta a menudo. Los contó cuando estaban por salir de Egipto. Los contó después del episodio del becerro de oro para determinar cuántos quedaban. Y ahora que estaba por presentarse ante

ellos (en la inauguración del Santuario) los contó nuevamente (Rashi a Bamidbar 1:1).

Cuando Dios inicia un censo de los israelitas, es para demostrar que los ama.

Por el otro lado, la Torá manifiesta en forma explícita que hacer un censo de la nación presenta muchos riesgos:

> Entonces Dios le dijo a Moshé: "Cuando hagas un censo de los israelitas para contarlos, cada uno de ellos debe donar a Dios un rescate por su vida en el momento de ser contado. En tal caso, ninguna plaga caerá sobre ellos cuando los cuentas" (Éxodo 30:11–12).

Cuando, siglos más tarde, el rey David contó al pueblo, hubo un furor Divino y setenta mil personas murieron[1]. ¿Cómo puede ser esto si contarlos es una expresión de amor?

La respuesta está en la frase que la Torá utiliza para describir el acto de contar: *se'u et rosh*, literalmente "levantar la cabeza" (Números 1:2). Esta es una expresión extraña y retorcida. El hebreo bíblico tiene muchos verbos para describir el acto de "contar": *limnot, lifkod, lispor, lajshov*. ¿Por qué, entonces, la Torá no utiliza estas simples palabras para el censo, y utiliza la curiosa expresión de "levantar la cabeza" del pueblo?

La respuesta simple es la siguiente: en cualquier censo se tiende a concentrar en la totalidad: la masa, la multitud, la muchedumbre. Aquí tenemos una nación de sesenta millones de personas, o una empresa con cien mil empleados, o sesenta mil espectadores en un evento deportivo. La totalidad agrega valor al grupo o a la nación. Cuanto mayor la cifra, más poderoso es el ejército, más popular es el equipo, más exitosa es la empresa.

El hecho de contar produce una devaluación del individuo y tiende a hacerlo reemplazable. Si un soldado cae en la batalla, otro tomará su lugar. Si una persona deja una organización, puede contratarse a un reemplazante.

---

1. II Samuel 24, I Crónicas 21.

## Bemidbar: Liderando una nación de individuos

Es también notorio que las multitudes tienen la tendencia a hacer que el individuo pierda su capacidad de juicio independiente y que siga lo que hacen los otros. Llamamos a esto "comportamiento de manada" que a veces conduce a la locura colectiva. En 1841 Charles Mackay publicó su clásico trabajo *Extraordinary Popular Delusions and the Madness of Crowds* (Delirios populares extraordinarios y la locura de la muchedumbre), en el que describe la burbuja del Mar del Sur que en 1720 causó la pérdida de los ahorros de miles de personas, y la manía de los tulipanes en Holanda en la cual se gastaron fortunas por un solo bulbo de tulipán. Las grandes crisis de 1929 y 2008 responden a la misma psicología de masas.

Otra gran obra, *The crowd, A Study of the Popular Mind* (La multitud, un estudio sobre la mentalidad popular) de Gustav Le Bon (1895), muestra cómo las masas generan una "influencia magnética" que produce la transmutación del comportamiento individual en una "mentalidad grupal" colectiva. Como él lo expresó: "Un individuo en una multitud es un grano más de arena que el viento desplazará a su antojo". Las personas dentro de una multitud se vuelven anónimas. Su conciencia es silenciada. Pierden la noción de la responsabilidad personal.

Las multitudes son extrañamente propensas a la conducta regresiva, a reacciones primitivas y al comportamiento instintivo. Son conducidas con facilidad por figuras demagógicas que apuntan a sus temores y a la tendencia a sentirse víctimas. Tales líderes, señala Le Bon, son "elegidos especialmente entre los inestables, excitables y trastornados, individuos al borde de la locura[2]", una notable predicción de la personalidad de Hitler. No es casual que el trabajo de Le Bon fue publicado en Francia en una época de creciente antisemitismo y del juicio de Dreyfus.

De ahí, el significado de una de las características salientes del judaísmo: su particular insistencia (como ninguna civilización anterior) sobre la dignidad e integridad del individuo. Nosotros creemos que todo ser humano fue creado a imagen y semejanza de Dios. Los sabios afirman que cada vida equivale al universo entero[3]. Maimónides escribió que cada uno de nosotros debe considerar que nuestra próxima acción

---

2. Gustav Le Bon, *The Crowd*, London, Fisher Unwin 1896, 134.
3. Mishná Sanedrín 4:4.

## Bemidbar

puede cambiar el destino del mundo[4]. Cada opinión discrepante se registra cuidadosamente en la Mishná, aunque la ley diga lo contrario. Cada versículo de la Torá es capaz, dicen los sabios, de producir setenta interpretaciones. Ninguna voz, ninguna opinión es silenciada. El judaísmo nunca permite perder nuestra individualidad frente a la multitud.

Existe una maravillosa bendición mencionada en el Talmud para ser pronunciada al ver a seiscientos mil israelitas congregados en un lugar. Dice así: " Bendito eres Tú, Señor... que disciernes los secretos[5]". El Talmud explica que cada persona es diferente. Todos tenemos distintos atributos. Tenemos nuestros propios pensamientos. Solo Dios puede penetrar en la mente de cada uno de nosotros y saber lo que pensamos, y la bendición se refiere a esto. En otras palabras, aún en una muchedumbre donde, visto por la gente, los rostros no son distinguibles, Dios se relaciona con nosotros como individuos, no como parte de la multitud.

Ese es el significado de la frase "levantar la cabeza" que se usa en el contexto de un censo. Dios le dice a Moshé que existe el peligro, al censar una nación, de que cada individuo sienta que es insignificante. "¿Qué soy yo? ¿Qué diferencia puedo lograr? Soy solo uno entre millones, una mera ola en el océano, un grano de arena en la costa, polvo en la superficie de lo infinito".

En oposición a eso, Dios le dice a Moshé que el pueblo levante su cabeza mostrando que cada uno de ellos cuenta; que cuentan como individuos. Efectivamente, en la ley judía un *davar she-be-minyan*, algo que es contado, vendido individualmente más que por peso, nunca es anulado, aun cuando es parte de miles o millones de cosas semejantes[6]. En el judaísmo, un censo siempre debe ser realizado de tal manera que se señale nuestro valor como individuos. Cada uno de nosotros tiene sus dones. Existe una contribución que solo yo puedo hacer. Levantar la cabeza de alguien es un reconocimiento, un gesto de amor.

Sin embargo, hay un mundo de diferencia entre *individualidad* e *individualismo*. Individualidad significa que soy único, y un miembro valioso del equipo. Individualismo es cuando no soy para nada parte del

---

4. Maimonides, Mishné Torá, Hiljot Teshuvá 3:4.
5. Berajot 58a.
6. Beitsá 3b.

## Bemidbar: Liderando una nación de individuos

equipo. Estoy solo interesado en mí mismo, no en el equipo. El sociólogo de Harvard, Robert Putnam, le asignó a esto un famoso nombre al ver que en Estados Unidos cada vez más personas se anotaban para jugar al bowling en forma individual, y no como parte de un equipo. Llamó a este fenómeno "bowling solitario" (bowling alone)[7]. La profesora del MIT Sherry Turkle llama a nuestras amistades electrónicas de Twitter y Facebook amistades no cara a cara sino "solos juntos[8]". El judaísmo valora la individualidad, no el individualismo. Como dijo Hilel, "¿Si soy solo para mí, qué soy?[9]"

Esto tiene implicancias en el liderazgo judío. No estamos en el negocio de contar números. El pueblo judío siempre fue poco numeroso y sin embargo, logró grandes cosas. El judaísmo tiene una profunda desconfianza de los líderes demagógicos que manipulan las emociones de las multitudes. Moshé en la zarza ardiente nos habla de su incapacidad de ser elocuente. "Yo no soy hombre de palabras" (Éxodo 4:10). Pensó que eso era una limitación para ser un líder. De hecho, resultó todo lo contrario. Moshé no deslumbró al pueblo con su oratoria. Más bien, los elevó a través del aprendizaje.

Un líder judío debe respetar a los individuos. Debe "levantar sus cabezas". Si deseas liderar un grupo, ya sea grande o pequeño, debes siempre transmitir el valor que le asignas a cada uno, incluyendo a los excluidos por los demás: la viuda, el huérfano y el extranjero. Nunca debes manipular a la gente apelando a las emociones primitivas del odio o el miedo. Nunca avanzar pisoteando las opiniones de los otros.

Es difícil liderar una nación de individuos, pero es el liderazgo más desafiante, inspirador y fortalecedor de todos.

CB

---

7. Robert Putnam, *Bowling Alone;* New York, Simon & Schuster, 2000.
8. Sherry Turkle, *Alone Together: Why We Expect More from Technology and Less from Each Other,* New York, Basic Books, 2011.
9. Mishná Avot 1:14.

*Nasó*
# La política de la envidia

Pocas cosas en la Torá resultan más revolucionarias que su concepción del liderazgo.

Las sociedades antiguas eran jerárquicas. Las masas eran pobres, destinadas a padecer hambre y enfermedades. Generalmente eran analfabetas. Eran explotadas por los gobernantes como mecanismo de adquisición de poder y riqueza sin considerar que las personas eran merecedoras de derechos individuales – concepto que recién aparece en el siglo XVII. En determinadas ocasiones les armaban una vasta organización laboral para la construcción de edificios monumentales destinados a glorificar a los reyes. En otras, los obligaban a ingresar al ejército para contribuir a los designios imperiales de los gobernantes.

Los gobernantes frecuentemente tenían el poder absoluto sobre la vida y la muerte de sus súbditos. Los reyes y faraones no eran solamente jefes de estado; también ostentaban la máxima jerarquía religiosa, ya que se los consideraba hijos de los dioses o aún semidioses. Su poder no dependía del consentimiento de sus gobernados. Se los consideraba como parte de la estructura del universo. Así como el sol reinaba en el cielo y el león lo hacía entre los animales, así dominaban

## Bemidbar

los reyes a su pueblo. La naturaleza funcionaba de tal forma, y la naturaleza era sacrosanta.

La Torá discrepa esencialmente con esa forma de ver las cosas. No solo los reyes, sino todos nosotros, sin diferenciación de cultura, color, clase o credo, hemos sido creados a imagen y semejanza de Dios. En la Torá, Dios convoca a Su pueblo especial, Israel, a dar los primeros pasos hacia lo que eventualmente podría ser una sociedad igualitaria – o para ser más precisos, una sociedad en la cual la dignidad, el *kavod*, no dependa del poder, la riqueza o un azar del nacimiento.

> De ahí que el concepto, que será tratado más extensamente en la parashá de Koraj, del *liderazgo como servicio*. El título más alto acordado a Moshé en la Torá es el de *eved Hashem*, "servidor de Dios" (Deuteronomio 34:5).

> Su mayor elogio fue que "era muy humilde, más que cualquier otra persona en la tierra" (Números 12:3).

> Liderar es servir. La grandeza está en la humildad. Como señala el libro de Proverbios, "El orgullo del hombre lo hará descender, pero el humilde de espíritu retendrá el honor" (Proverbios 29: 23).

La Torá apunta en dirección a un mundo ideal, pero no supone que lo hayamos alcanzado, ni que aun estemos cerca. El pueblo liderado por Moshé, como muchos de nosotros hoy en día, tenía una tendencia hacia la ambición, la aspiración, la vanidad y la auto indulgencia. Asimismo, compartían el deseo humano de estatus y honor. Y Moshé tuvo que reconocer ese hecho. Este sería una de las mayores fuentes de conflicto en los meses y años venideros, y es uno de los principales temas del libro de Bemidbar.

¿De quiénes estaban celosos los israelitas? La mayoría no aspiraba a ser como Moshé. Reconocían que él era el hombre que hablaba con Dios y a quien Dios respondía. Él hizo milagros; llevó las plagas a los egipcios, dividió el Mar Rojo, sacó agua de una roca para el pueblo y el maná del cielo. Pocos eran los que tenían la audacia de creer que podían hacer tales portentos.

Pero sí tenían motivo de resentimiento por el hecho de que el liderazgo religioso estaba conferido a una sola tribu, la de los Leví, y a una sola familia de esa tribu, los cohanim, los descendientes de Aarón. Ahora que el Tabernáculo estaba consagrado y el pueblo estaba por iniciar la segunda fase de su travesía desde el Sinaí a la Tierra Prometida, había un gran riesgo de que aparecieran la envidia y la animosidad.

Esa es una constante a través de la historia. Nosotros deseamos, dice Shakespeare, "el don de este hombre y la amplitud de este otro". Esquilo dijo: "Está en el carácter de muy pocos el honrar a un amigo que ha prosperado, sin envidia."[1] Goethe advirtió que "aunque el odio es activo, y la envidia pasiva, hay un solo paso del uno al otro". Los judíos deben sentir esto en carne propia. Hemos sido envidiados con frecuencia, y aún más frecuentemente, esa envidia se ha transformado en odio, con funestas consecuencias.

Los líderes deben estar advertidos de los peligros de la envidia, especialmente en relación a las personas lideradas. Este es uno de los temas que unifican la larga y aparentemente desconectada parashá de Nasó. En esta, vemos a Moshé confrontando tres fuentes potenciales de envidia. La primera estaba dentro de la tribu de Leví. Sus miembros tenían motivo de resentimiento por el hecho de que el sacerdocio había sido destinado a uno solo de sus descendientes, Aarón, hermano de Moshé.

La segunda tenía que ver con los que no eran de la tribu de Leví ni familiares de Aarón, pero que consideraban que tenían el derecho a la santidad, especialmente el de tener una relación intensa con Dios como la que profesaban los sacerdotes. La tercera estaba relacionada con el liderazgo de las otras tribus, que sintieron que habían quedado desplazadas del servicio del Tabernáculo. Lo vemos a Moshé lidiando secuencialmente con todos estos peligros potenciales.

Primero, asigna a cada clan de los Leví una tarea especial: cargar las vasijas, adornos, y el marco del Tabernáculo en ocasión de los traslados de un lugar a otro. Los elementos más sagrados fueron asignados al clan de Kehat. A los guershonitas se los responsabilizó por las telas, cubiertas y cortinados. Los meraritas debían llevar las tablas, barras,

---

1. Esquilo, *Agamenon* I.832

postes y conectores utilizados en la estructura del Tabernáculo. En otras palabras, cada clan tenía un rol y un lugar particular en la solemne procesión en la que la casa de Dios transitaba por el desierto.

A continuación, Moshé trata con los que aspiran a un nivel más elevado de santidad. Esto parecería ser el caso del nazir, el individuo que jura aislarse para servir al Señor (Números 6:2). No debía beber vino ni ningún derivado de la vid; tampoco cortar sus cabellos ni impurificarse por contacto con un cadáver. Ser nazir era aparentemente una manera de asumir una especie de aislamiento asociado al sacerdocio, una forma de lograr un grado más avanzado de santidad.[2]

Por último, Moshé se dirige al liderazgo de las tribus. El relato decididamente repetitivo del Capítulo 7 de nuestra parashá detalla las ofrendas de cada una de ellas en ocasión de la dedicación al altar. Eran todas idénticas, y la Torá podría haber evitado describir en detalle a cada uno de los obsequios, que eran comunes a las demás tribus. Pero esa repetición tiene por objeto enfatizar que cada una de ellas tuvo su momento de gloria. Cada una, al hacer su donación para la casa de Dios, adquiriría su cuota de honor.

Estos episodios no constituyen la totalidad de Nasó pero son suficientes para señalar un principio, que cada líder y cada grupo debe considerar con seriedad. Aun cuando en teoría la gente acepta que la dignidad sea igual para todos y que ven al liderazgo como servicio, las pasiones disfuncionales persisten. Las personas siguen resentidas por el éxito de otros. Continúan pensando que el honor otorgado a otros debería haber sido para ellos. Rabí Eleazar HaKappar dijo: "La envidia, el deseo y la búsqueda del honor sacan a la persona del mundo."[3]

El hecho de que estas sean emociones destructivas no impide que algunas personas – quizás a la mayoría de nosotros – las experimenten cada tanto, y nada lleva a poner más en riesgo la armonía del grupo. Ese es uno de los motivos por los cuales el líder debe ser humilde. No debe sentir ninguna de esas cosas. Pero el líder también debe percibir que no todo el mundo es humilde. Cada Moshé tiene su Koraj, cada Julio César su Casio, cada Duncan su Macbeth, cada Otelo su Yago.

2. Ver Maimónides, *Hiljot Shemita veYovel* 13:13.
3. Mishná Avot 4:21.

## Nasó: La política de la envidia

En muchos grupos existe un potencial perturbador conflictivo, quizás motivado por una sensación de herida a su autoestima. Suelen ser los enemigos mortales de los que ejercen el liderazgo y pueden causar un daño profundo al grupo.

No hay manera de eliminar el peligro totalmente, pero Moshé, en esta parashá, nos dice cómo hacerlo. Honrar a todos por igual. Prestar especial atención a los grupos potencialmente conflictivos. Hacer que cada uno se sienta valorado. Otorgar a cada persona un momento de atención general, aunque sea de manera ceremonial. Dar ejemplo personal de humildad. Hacer que quede bien claro que el liderazgo es un servicio, no un factor de status. Encontrar la forma para que los que sienten una especial pasión lo puedan expresar, y asegurar que todos tengan la oportunidad de contribuir.

No existe posibilidad alguna de evitar la política de la envidia, pero hay maneras de minimizarla y nuestra parashá es una lección objetiva sobre cómo hacerlo.

CB

*Behaalotejá*
# ¿Poder o influencia?

En un hermoso pasaje de la parashá de esta semana, Moshé revela la dimensión de su generosidad como líder. Aparece después de uno de sus momentos de desesperación más profundos. El pueblo, como de costumbre, se había estado quejando esta vez por la comida. Estaban cansados del maná. Querían comer carne. Moshé, consternado porque ellos aún no habían comprendido que deben aceptar las dificultades de la libertad, ruega morir. "Si es así como Tú me tratas," le dice a Dios, "por favor mátame ya mismo –si he hallado favor en Tus ojos– y no me hagas enfrentar mi propia ruina" (Números 11:15).

Dios le dice que nombre a setenta ancianos para que lo ayuden a soportar el peso del liderazgo. Así lo hace, y el Espíritu Divino recae sobre ellos. Pero también lo hace sobre otros dos hombres, Eldad y Medad, que no estaban entre los setenta anteriores. Evidentemente, Moshé eligió seis hombres de cada tribu, lo cual daba un total de setenta y dos, y después quitó a Eldad y Medad. Sin embargo, ellos dos fueron incluidos en el acto de la inspiración[1].

---

1. Ver Sanedrín 17a.

*Bemidbar*

Josué, el asistente de Moshé, le advierte que eso era una amenaza potencial, pero Moshé le responde con una magnanimidad espléndida: "¿Estás celoso por mí? ¡Desearía que todas las personas del Señor fueran profetas y que Él pudiera colocar Su Espíritu sobre ellos!" (Números 11:29).

Esto contrasta enormemente con su conducta posterior cuando su liderazgo es cuestionado por Koraj y sus seguidores. En esa ocasión, no mostró delicadeza ni generosidad. Por el contrario, ruega que los trague la tierra, y que "bajen vivos al ámbito de los muertos" (Números 16:28–30). Allí tiene una actitud decisiva, fuerte y despiadada. ¿A qué se debe esta respuesta distinta con respecto a Eldad y Medad por un lado, y a Koraj por el otro?

Para comprender esto, es esencial entender la diferencia entre dos conceptos que se confunden con frecuencia: el poder y la influencia. Tendemos a pensar que son similares, si no idénticos. Las personas con poder son influyentes. Pero estos dos conceptos son bastante distintos y operan con una lógica diferente, como lo demuestra este simple experimento.

Imagina que tienes un poder total. Todo lo que dices, se hace. Un día decides compartir tu poder con otras nueve personas. Ahora tienes, en el mejor de los casos, un décimo del poder que tenías antes. Ahora imagina que tienes una cierta medida de influencia. Decides compartir tu influencia con nueve personas más a quienes haces tus socios. Ahora tienes diez veces más influencia que antes, porque en vez de estar solo, tienes nueve personas más que transmiten tu mensaje.

El poder funciona por división, la influencia por multiplicación. El poder, en otras palabras, es un juego de suma cero: cuanto más compartes, menos tienes. La influencia es lo contrario: cuanto más compartes, más tienes.

A lo largo de los cuarenta años como líder de la nación, Moshé mantuvo dos roles de liderazgo diferentes. Fue profeta, enseñando Torá a los israelitas y comunicándose con Dios. También, fue el equivalente de un rey liderando al pueblo en sus travesías, dirigiendo su destino y proveyendo sus necesidades. El único rol que no asumió fue el de sumo sacerdote, que le correspondió a su hermano Aarón.

Esa dualidad la podemos ver más adelante en la narrativa cuando nombra a Josué como su sucesor. Dios le ordena: "Toma a Josué, hijo

## Behaalotejá: ¿Poder o influencia?

de Nun, hombre de espíritu, *y posa tu mano sobre él... otórgale algo de tu honor (hod) para que toda la comunidad israelita le obedezca*" (Números 27:18–20).

Observen los dos actos distintos. En el primer acto: "posa tu mano (*vesamajta*) sobre él," es el origen del término *semijá*, por la cual un rabino ordena a un discípulo, otorgándole la autoridad para imponer reglas por mérito propio. Los rabinos vieron su rol como la continuidad de la de los profetas (Moshé recibió la Torá en Sinaí y la transmitió a Josué; Josué a los mayores; los mayores a los profetas, y los profetas la entregaron a los integrantes de la Gran Asamblea") (Mishná Avot 1:1). Moshé, mediante este acto de *semijá*, le estaba otorgando a Josué su rol de profeta.

En el otro acto, "otórgale algo de tu honor," le estaba asignando el rol de rey. La palabra hebrea *hod*, honor, está asociada al reinado, como en la frase bíblica *hod maljut*, "el honor del reinado" (Dan. 11:21; I Crónicas 29:25).

Los reyes tenían poder – incluyendo el de la vida y la muerte (ver Josué 1:18). Los profetas no lo tenían, pero tenían influencia, no solo en vida, sino en muchos casos hasta en nuestros días. Parafraseando a Kierkegaard: cuando un rey muere, su poder termina. Cuando un profeta muere, su influencia continúa.

Ahora podemos ver con exactitud por qué la reacción de Moshé fue tan diferente en el caso de Eldad y Medad y en el de Koraj y sus seguidores. Eldad y Medad no buscaron ni recibieron poder alguno. Obtuvieron la misma influencia: el Espíritu Divino que emanaba de Moshé. Se transformaron en profetas. Es por eso que Moshé dijo: "Ojalá que todas las personas del Señor fueran profetas y que Él pudiera colocar su espíritu sobre ellas". La profecía no es un juego de suma cero. Cuando se trata de liderazgo como influencia, cuanto más compartimos más tenemos.

Koraj, o al menos algunos de sus seguidores, buscaban poder, y el poder es un juego de suma cero. Cuando se trata de *maljut*, el liderazgo del poder, la regla es: "Hay un líder por generación, no dos[2]". En el reinado, el deseo de poder equivale a un golpe de estado y debe ser resistido por la fuerza. De lo contrario, el resultado es la división de la

---

2. Sanedrín 8a.

nación en dos, como ocurrió con la muerte del rey Salomón. Moshé no podía permitir que el desafío de Koraj quedara sin respuesta sin comprometer fatalmente su propia autoridad.

Por lo tanto, el judaísmo delimita con claridad el límite entre el liderazgo por influencia y el liderazgo por poder. Es un apoyo sin limitación al primero y es profundamente ambivalente con respecto al segundo. El Tanaj presenta una polémica sostenida contra el uso del poder. Todo poder, según la Torá, le corresponde a Dios. La Torá reconoce la necesidad, en un mundo imperfecto, del uso coercitivo de la fuerza para sostener la vigencia de la ley y la defensa del reino. De ahí, la aceptación de la elección de un rey, si ese fuera el deseo del pueblo[3]. Pero es claramente una concesión, no lo ideal[4].

El verdadero liderazgo propuesto por el Tanaj y por el judaísmo rabínico es el de la influencia, sobre todo la de los profetas y maestros. Como hemos mencionado en muchas oportunidades, este es el máximo elogio dado por la tradición a Moshé. Lo conocemos como *Moshé Rabenu*, Moshé, nuestro maestro. Moshé fue el primero de una larga lista de personajes de la historia judía (entre ellos Ezra, Hilel, Rabán Iojanán ben Zakai, Rabí Akiva, los estudiosos de la Edad Media), que representa una de las ideas más revolucionarias del judaísmo: *el maestro como héroe*.

El judaísmo fue la primera y más grande civilización en promover su supervivencia a través de la educación, las casas de estudio y el aprendizaje como experiencia religiosa, aún más que el rezo[5]. La razón es la siguiente: los líderes son personas que pueden movilizar a otras para que actúen de determinada manera. Si lo logran, es porque tienen poder sobre ellos, o sea, tratan a los individuos como medio, no como fin: como cosas, no como personas. No por casualidad, el escritor más grande sobre el liderazgo como poder fue Maquiavelo.

El otro enfoque es el de hablar de las necesidades y aspiraciones del pueblo, enseñar cómo lograrlas juntos como grupo. Esto se logra a través del poder como visión, la fuerza de la personalidad, la capacidad de compartir ideales en un lenguaje con el que las personas puedan

---

3. Deuteronomio 17:15–2–; Samuel I 8.
4. Es la opinión de Ibn Ezra, Rabenu Bejaié y Abarbanel.
5. Ver Shabat 10a.

identificarse, y la capacidad de "formar muchos discípulos", que puedan continuar ese trabajo en el futuro. El poder disminuye a aquellos sobre quienes se ejerce. La influencia y la educación los agranda y eleva.

El judaísmo constituye una protesta constante contra lo que Hobbes llama "la inclinación generalizada de toda la humanidad," o sea, "un inquieto y perpetuo deseo de poder tras poder, que cesa solo con la muerte[6]". Ese puede ser el motivo por el cual los judíos, raramente, han ejercido el poder por períodos prolongados, pero han tenido una influencia en el mundo fuera de toda proporción a su número.

No todos tenemos poder, pero todos tenemos influencia. Es por eso que cada uno de nosotros puede ser líder. Las formas más importantes de liderazgo provienen no de la posición, título o vestimentas del oficio, ni por prestigio y poder, sino de la voluntad de trabajar con otros para lograr lo que solos no podríamos hacer: hablar, escuchar, enseñar, aprender, tratar las opiniones de los demás respetuosamente aun cuando no estamos de acuerdo, explicar pacientemente y con convicción en lo que creemos y por qué hacemos lo que hacemos; así también al alentar a los otros, elogiar sus mejores logros y desafiarlos para mejorar aún más. Elige siempre la influencia antes que el poder. Ayuda a cambiar a personas que pueden cambiar el mundo.

CB

---

6. Hobbes, *The Leviathan*, part 1, cap. 11

*Shelaj Lejá*

# Confianza

Quizás se trate del mayor fracaso colectivo de liderazgo en la Torá. Diez de los espías que fueron enviados por Moshé para investigar la tierra, volvieron con un informe calculado para desmoralizar a la nación.

> "Vinimos a la tierra que nos enviaste. Mana leche y miel, y acá están sus frutos. Pero los hombres que allí viven son fuertes, y sus ciudades son muy grandes y amuralladas… Nosotros no podremos enfrentar a ese pueblo pues son más fuertes que nosotros… La tierra a la cual hemos ido a espiar es una tierra que devora a sus habitantes, y todos los hombres que hemos visto son de gran altura. Nosotros nos veíamos como saltamontes, y así nos veían ellos a nosotros" (Números 13: 27–33).

Esto no tenía sentido, y los espías lo deberían haber sabido. Habían salido de Egipto, el imperio más grande del mundo antiguo, después de una serie de plagas que puso a esa gran nación de rodillas. Habían cruzado la barrera, aparentemente impenetrable, del Mar Rojo. Habían

## Bemidbar

luchado y vencido a los amalekitas, una nación guerrera feroz. Hasta habían cantado, junto con sus compañeros israelitas, la canción que contenía estas palabras:

> "Las naciones han escuchado; tiemblan
> Espasmos han sufrido los habitantes de Filistea.
> Ahora consternados están los jefes de Edom;
> Temblores acosan a los líderes de Moab;
> Todos los habitantes de Canaán se han dispersado"
> (Éxodo 15:14–15).

Debían haber sabido que los habitantes de la tierra les temían, no al revés. Y así fue, como relata Rajav a los espías enviados por Josué, cuarenta años más tarde:

> "Yo sabía que el Señor les había otorgado la tierra, el temor de ustedes nos había embargado y también sabía que todos los habitantes de la tierra se dispersan ante ustedes. Pues hemos oído cómo el Señor secó las aguas del Mar Rojo ante ustedes cuando salieron de Egipto, y lo que les hicieron a los dos reyes amoritas que estaban más allá del Jordán, a Sijón y a Og a quienes destruyeron. Apenas lo supimos, nuestros corazones se derritieron, y no quedó espíritu en ningún hombre debido a ustedes, pues el Señor, vuestro Dios, es el Dios de los cielos y la tierra" (Josué 2:9–11).

Solo Josué y Caleb, entre los doce, mostraron liderazgo. Le dijeron al pueblo que la conquista de la tierra era eminentemente factible, ya que Dios estaba con ellos. El pueblo no quiso escuchar. Pero los dos líderes recibieron su recompensa. Solo ellos y su generación vivieron para entrar a la tierra. Más aún: su declaración desafiante de fe y su valentía brillan tan intensamente ahora como hace treinta y tres siglos atrás. Son los héroes eternos de la fe.

Una de las tareas fundamentales de cualquier líder, ya sea presidente o padre de familia, es dar a su gente una sensación de confianza: confianza en sí mismos, en el grupo del que forman parte, y en la misión en sí. Un líder debe tener fe en las personas que lidera, e inspirar la fe en ellos. Como escribió Rosabeth Moss Kanter del Harvard Business School en su libro *Confidence* (Confianza), "El liderazgo no tiene que ver con el líder, sino con cómo construye la confianza en todos los demás[1]". Además, la palabra "confianza" en latín significa "teniendo fe juntos".

La realidad es que en gran medida la ley de profecía auto cumplida se aplica en el ámbito humano. Tanto los que dicen "no lo podemos hacer" así como los que dicen lo contrario, probablemente tengan razón. Si careces de confianza, perderás. Si la tienes (sólida y justificada, basada en una preparación y performances pasadas), ganarás. No siempre, pero lo suficiente como para superar contratiempos y fracasos. Sobre eso, como mencionamos en nuestro estudio de la parashá Beshalaj, es de lo que trata la historia de Moshé durante la batalla contra los amalecitas. Cuando los israelitas miran hacia arriba, ganan. Cuando miran hacia abajo, comienzan a perder.

Es por eso que la opinión negativa de la identidad judía ha prevalecido con tanta frecuencia en los tiempos actuales (los judíos son los odiados, Israel es la nación aislada, ser judío es negarle a Hitler la victoria póstuma) es tan mal interpretada, y por qué una de cada dos personas de ascendencia judía, que han sido educadas bajo esta concepción, elige casarse con una no judía, interrumpiendo la continuidad del judaísmo[2].

El historiador económico de Harvard, David Landes, en su libro *The Wealth and Poverty of Nations* (La riqueza y la pobreza de las naciones) analiza la cuestión de por qué algunos países no son capaces de crecer en el plano económico mientras que otros lo hacen espectacularmente. Después de más de 500 páginas de un detallado análisis, llega a la siguiente conclusión:

> En este mundo triunfan los optimistas, no porque siempre tengan razón, sino porque tienen una actitud positiva. Aunque se equivoquen, son positivos, y ese es el camino de los logros: corrección, mejora y éxito. El optimismo bien regulado, mirado con ojos bien

---

1. Rosabeth Moss Kanter, *Confidence*, Random House, 2005, 325.
2. *National Jewish Population Survey 1990: A Portrait of Jewish Americans*, Pew Research Center, October 1, 2013.

abiertos, triunfa. Al pesimismo solo le queda el consuelo vacío de tener la razón[3].

Yo prefiero utilizar la palabra "esperanza" en lugar de "optimismo". El optimismo es creer que las cosas pueden mejorar; la esperanza es la convicción de que juntos podemos mejorar las cosas. Ningún judío que conozca la historia de su pueblo puede ser optimista, pero ningún judío que se precie de serlo abandonará la esperanza. Los más pesimistas de los profetas, desde Amós hasta Jeremías, fueron sin embargo voces de esperanza. Por su derrotismo, los espías fracasaron como líderes y como judíos. Ser judío es ser agente de la esperanza.

Sin duda, el más notable de todos los comentaristas del episodio de los espías ha sido el Lubavitcher Rebe, Rabí Menajem Mendel Schneerson. Él planteó la pregunta obvia. La Torá señala enfáticamente que los espías eran todos líderes, príncipes, cabezas de sus tribus. Sabían que Dios estaba con ellos y que con su sostén no había nada que no pudieran lograr. Sabían que Dios no les hubiera prometido la tierra si no la pudieran conquistar. ¿Por qué, entonces, volvieron con un informe negativo?

Su respuesta revierte totalmente la versión convencional de los espías. Dijo que tuvieron miedo del éxito, no de la derrota. Lo que le dijeron al pueblo fue una cosa; lo que los llevó a decir eso, fue otra.

¿Cuál era la situación en ese momento en el desierto? Vivían en una cercana y continua proximidad con Dios. Tomaban agua de una roca. Comían el maná del cielo. Estaban rodeados por las Nubes de Gloria. Los milagros los acompañaban a lo largo del camino.

¿Cuál hubiera sido la situación en la tierra? Deberían librar batallas, arar la tierra, plantar semillas, cosechar, crear y sostener un ejército, una economía y un sistema de bienestar social. Tendrían que hacer lo que toda nación hace: vivir el mundo real del espacio empírico. ¿En qué se transformaría, entonces, su relación con Dios? Claro, Él seguiría estando presente en la lluvia necesaria para el crecimiento de los granos, en las bendiciones de los campos y las ciudades, y en el Templo de Jerusalén al que concurrirían tres veces por año; pero nunca visible, ni íntima ni

---

3. David Landes, *The Wealth and Poverty of Nations*, London, Little, Brown, 1998, 524.

milagrosamente como en el desierto. Eso es lo que temían los espías: no la derrota sino el éxito.

Esto, dijo el Rebe, fue un pecado noble, pero pecado al fin. Dios quiere que vivamos en el mundo real de las naciones, con economía y ejércitos. Dios quiere, como Él dijo, que procedamos a crear "un lugar para habitar en el mundo inferior". Él quiere traernos la *Shejiná*, la Divina Presencia, al mundo de todos los días. Es fácil encontrar a Dios desde el encierro total, al escapar de las responsabilidades. Es más difícil encontrar a Dios en la oficina, en el negocio, en los campos, las fábricas y financieras. Pero ese es el duro desafío al cual nos ha convocado: crear un espacio para Dios en medio del mundo físico que Él creó y que siete veces calificó como bueno. Eso fue lo que no lograron comprender los diez espías y que fue una falla espiritual que condenó a toda una generación a deambular inútilmente durante cuarenta años.

Las palabras del Rebe resuenan hoy con mayor intensidad que cuando las pronunció por primera vez. Se trata de una declaración profunda de lo que es la tarea judía. También representa una fina analogía con un concepto que ha entrado en la psicología en un tiempo relativamente reciente: *el temor al éxito*[4]. Ya estamos familiarizados con la idea del temor al fracaso. Es lo que muchas veces nos impide asumir riesgos, y nos hace quedar en la zona de confort.

No menos real, sin embargo, es el temor al éxito. Deseamos tener éxito, así nos lo decimos a nosotros mismos y a los demás. Pero, inconscientemente, tememos que nos pueda traer nuevas responsabilidades y expectativas por parte de otros, difíciles de cumplir. Entonces, no logramos ser lo que pudiéramos haber sido, si alguien nos hubiera generado confianza en nosotros mismos.

El antídoto contra el temor, tanto al fracaso como al éxito, yace en el pasaje con el que concluye la parashá: el precepto de los *tzitzit* (Números 15: 38–41). Se nos ordena colocar los flecos sobre nuestra vestimenta, con una hilacha de color azul. El azul es el color del cielo y del firmamento. También, es el color que vemos cuando miramos

---

[4]. A veces denominada el "la complejidad Ioná", por el profeta. Ver Abraham Maslow, *The Farther Reaches of Human Nature*, Harmondsworth, Penguin Books, 1977, 35–40.

hacia arriba (por lo menos en Israel, en Inglaterra más frecuentemente vemos nubes).

Cuando aprendemos a mirar hacia arriba, nuestros temores son superados. Los líderes dan confianza a las personas a mirar hacia arriba. No somos saltamontes, a no ser que creamos serlo.

CB

*Koraj*
# Liderar es servir

"¡Ustedes han ido muy lejos! Todos en la comunidad son santos, cada uno de sus integrantes, y el Señor está con ellos. ¿Por qué entonces se colocan ustedes por encima de la congregación de Dios?" (Números 16:3).

¿Qué fue exactamente lo que dijeron erróneamente Koraj y su banda de seguidores agitadores? Sabemos que Koraj era demagogo, no demócrata. Quería el poder para sí, no para el pueblo. Sabemos también que los que protestaban no eran sinceros. Cada uno tenía sus razones para estar resentidos con Moshé, con Aarón o con el destino. Dejemos de lado por un momento estas consideraciones; lo que dijeron ¿era verdadero o falso?

Tenían toda la razón en afirmar que "Todos en la congregación son santos". Después de todo, eso fue lo que Dios pidió que fuera el pueblo: un reino de sacerdotes y una nación santa, o sea, un reino en

## Bemidbar

el cual todos sus miembros fueran (de alguna forma) sacerdotes, y una nación en la cual todos sus ciudadanos fueran santos[1].

También tuvieron razón en decir "Dios está con ellos". Ese fue el sentido de la decisión de construir el Tabernáculo: "Haz que construyan un Tabernáculo para Mí, y Yo viviré con ellos" (Éxodo 25:8). El libro de Éxodo finaliza con estas palabras: "Y la Nube del Señor cubría el Tabernáculo de día y había fuego en la Nube de noche a la vista de todos los israelitas durante sus travesías" (Éxodo 40:38). La Presencia Divina era visible para el pueblo dondequiera que fuera.

Lo que estuvo mal fue su última pregunta: "¿Por qué entonces se colocan *ustedes* por encima de la congregación?" Este no fue un error insignificante. Fue fundamental. Moshé representa el nacimiento de un nuevo tipo de liderazgo. Eso fue lo que Koraj y sus seguidores no comprendieron. Muchos de nosotros aún no lo entendemos.

Los más famosos monumentos de la antigüedad fueron los zigurats de la Mesopotamia y las pirámides egipcias. Eran más que meras construcciones. Eran declaraciones puestas en piedra del orden social jerárquico, anchos en la base y angostos en la punta. En ese extremo estaba el rey o el faraón (en la punta, ya que creían que era en donde se unían el cielo y la tierra). Un poco más abajo estaban las élites, y en la base, las masas trabajadoras.

Se creía, entonces, que esta no era una forma de estructurar la sociedad, sino que era la *única*. El universo estaba organizado así, igual que todo el resto de la vida. El sol reinaba en los cielos. El león en el reino animal. El rey dominaba la nación. Así funcionaba la naturaleza. Así debía ser siempre. Algunos nacieron para dominar, otros para ser dominados[2].

El judaísmo representa una protesta contra este tipo de jerarquías. Todo ser humano, no solo el rey, está hecho a la imagen y semejanza de Dios. Por lo tanto, ninguno está autorizado a gobernar al otro sin su

---

1. Algunos sugieren que su error fue decir "todos en la congregación son santos" (*culam kedoshim*), en vez de "toda la congregación *es* santa" (*cula kedoshá*). La santidad de la congregación es colectiva más que individual. Otros dicen que deberían haber dicho "está llamada a ser" en vez de "es santa". La santidad es una vocación no un estado.
2. Aristóteles, *Política*, Libro 1, 1254ª 21–24.

consentimiento. Siempre existe la necesidad de conducción, porque una orquesta sin conductor caería en la discordia. Sin un capitán, un equipo podrá tener jugadores brillantes pero no será equipo. Sin generales, un ejército sería una muchedumbre. Sin gobierno, la nación caería en la anarquía. "En aquellos días no había rey en Israel. Cada uno hacía lo que era correcto ante sus ojos" (Jueces 17:6, 21:5).

En un orden social en el que todos tienen igual dignidad ante los ojos del Cielo, el líder no se coloca *por encima* del pueblo. Los líderes sirven al pueblo y sirven a Dios. El gran símbolo del Israel bíblico es la *menorá*, que es un zigurat o pirámide *invertida*, ancho en la parte superior y angosto en la base. El líder más grande es el más humilde. "Moshé era muy humilde, más que cualquier otro hombre sobre la faz de la tierra" (Números 12:3).

El nombre dado a este concepto es *liderazgo servidor*[3] y su origen está en la Torá. El elogio más grande que recibió Moshé fue ser "servidor del Señor" (Deuteronomio 34:5). Moshé recibió este título dieciocho veces en el Tanaj. Josué fue el único que mereció ese título, y solo en dos ocasiones.

No menos fascinante es el hecho de que solamente a una persona en la Torá le fue *ordenado* ser humilde, al rey:

> "Cuando uno ocupa el trono de su reino, debe escribir en un papiro una copia de esta ley, tomada de los sacerdotes levíticos. Debe permanecer consigo, y lo deberá leer todos los días de su vida para aprender a reverenciar al Señor su Dios y a seguir cuidadosamente las palabras de esta ley y estos decretos y no considerarse mejor que los demás israelitas" (Deuteronomio 17:18–20).

Maimónides describe la conducta apropiada del rey de esta forma:

---

3. Robert K Greenleaf escribe un texto conocido sobre este tema: *Servant leadership: a journey into the nature of legitimate power and greatness*, New York, Paulist Press, 1977. Sin embargo, Greenleaf no quería localizar esta idea en la Torá. Por lo tanto es importante ver que nació aquí, con Moshé.

Así como la Torá le ha otorgado el gran honor y ha obligado a todos a reverenciarlo, también le ha ordenado ser humilde y vacío de corazón, como dice: 'Mi corazón está vacío en mí' (Salmos 109:22). Tampoco debe tratar a Israel con arrogancia dominante, como está dicho: 'no se deberá considerar mejor que sus semejantes' (Deuteronomio 17:20).

Debe ser misericordioso y con gracia hacia pequeños y grandes, involucrándose en su bien y bienestar. Debe salvaguardar el honor incluso de los más humildes.

Cuando dirige la palabra al pueblo como comunidad, lo debe hacer gentilmente, como 'Escuchen mis hermanos y mi pueblo... (palabras del rey David en I Crónicas 28:2). Similarmente en I Reyes 12:7 señala "Si en este día serás un servidor del pueblo..."

Debe conducirse siempre con gran humildad. No hubo nadie más grande que Moshé, nuestro maestro. Sin embargo él dijo: '¿Qué somos nosotros? Vuestras quejas no son contra nosotros' (Éxodo. 16: 8). Debe soportar las dificultades, cargas, quejas y enojos de la nación de la misma forma que una niñera cuida a un niño[4].

Lo mismo se aplica a todos los puestos de liderazgo. Maimónides agrega a la lista de los que no tendrán cabida en el mundo venidero al que "impone la ley del temor sobre la comunidad en lugar de por el bien del Cielo". Tal persona "gobierna la sociedad por la fuerza, de tal manera que aterroriza al pueblo" haciéndolo "por su propia gloria y por su interés personal". Maimónides agrega a esta última frase "al igual que los reyes paganos[5]". La intención de la polémica es clara. No es que nadie se comporta de esta manera. Es que esta no es la forma judía de comportarse.

Cuando Rabán Gamliel actuó de una manera que sus colegas consideraron altanera, fue destituido como *nasí*, cabeza de la comunidad, hasta que reconoció su falta y pidió disculpas[6]. Rabán Gamliel

---

4. Hiljot Melajim 2:6.
5. Hiljot Teshuvá 3:13.
6. Berajot 27b.

aprendió la lección. Más tarde le comentó a dos personas que habían declinado su ofrecimiento de ocupar posiciones de liderazgo: "¿Ustedes piensan que les estoy ofreciendo un puesto de honor *(serarah)*? Les estoy dando una oportunidad para servir *(avdut)*[7]". Cómo dijo una vez Martin Luther King "Todo el mundo puede llegar a ser grande... porque cualquiera puede servir".[8]

C. S. Lewis definió correctamente la humildad *no como pensar menos de uno* mismo sino *como pensar menos en uno mismo*. Los grandes líderes respetan a los demás. Los honran, los elevan, los inspiran para llegar a alturas a las que no hubieran podido llegar de otra forma. Están motivados por ideales, no por ambición personal. No caen en la arrogancia del poder.

Algunos de los errores más grandes que cometemos ocurren cuando proyectamos nuestros sentimientos sobre otros. Koraj era un hombre ambicioso, por lo tanto vio a Moshé y a Aarón como dos personas impulsadas por la ambición "colocándose por encima de la comunidad". No comprendió que en el judaísmo liderar es servir. Aquellos que sirven no se elevan a sí mismos. Elevan más alto a los demás.

CB

---

[7]. Horaiot 10a-b.
[8]. Martin Luther King Jr., Nobel Prize Acceptance Speech (Oslo, Norway, December 10, 1964).

*Jukat*
# Miriam, la amiga de Moshé

Este es uno de los grandes misterios de la Torá. Al arribar a Kadesh los israelitas se encuentran sin agua. Se quejan ante Moshé y Aarón. Los dos líderes van a la Tienda de Reunión donde Dios les dice que tomen una vara y le hablen a la roca, con lo cual el agua surgirá.

Luego, el comportamiento de Moshé es extraordinario. Toma la vara. Él y Aarón reúnen al pueblo y Moshé les dice: "Escuchen ahora, rebeldes, ¿sacaremos el agua de esta roca?" Entonces Moshé alzó su brazo y golpeó dos veces la roca con la vara" (Números 20:10–11).

Esta fue la acción que le impidió a Moshé y Aarón liderar al pueblo y cruzar el Jordán hacia la Tierra Prometida. "Porque no han tenido suficiente fe en Mí para santificarme ante los israelitas, ustedes no guiarán a esta comunidad hacia la tierra que Yo les he otorgado" (Números 20:12).

Los comentaristas están en desacuerdo sobre qué aspecto del comportamiento de Moshé causó la trasgresión: ¿su enojo? ¿El acto de golpear la roca en lugar de hablarle? ¿La implicación de que fueron él y Aarón, y no Dios quienes estaban sacando agua de la roca? Yo señalé en un texto anterior de *Convenio y Conversación* que Moshé no pecó ni fue castigado. Simplemente actuó como lo había hecho casi cuarenta años antes, cuando Dios le dijo que golpeara la roca (Éxodo 17:6). Ahí demostró que aunque era el líder adecuado para el pueblo que había sido esclavizado en Egipto, no lo era para los hijos que habían nacido en libertad y que serían los que conquistarían la tierra.

Esta vez, sin embargo, quiero plantear una pregunta distinta. ¿Por qué? ¿Por qué falló Moshé en esta prueba en particular? Después de todo, había estado en una situación similar dos veces antes. Después de atravesar el Mar Rojo el pueblo había caminado durante tres días sin hallar agua. Al tiempo, la encontraron, pero tenía un gusto amargo y el pueblo se quejó. Dios le enseñó a Moshé cómo endulzar el agua (Éxodo 15:22-26).

Al arribar a Refidim, nuevamente les faltó el agua y protestaron. Desesperado, Moshé le dijo a Dios "¿Qué es lo que debo hacer con esta gente? Están por lapidarme". Dios pacientemente le enseña a Moshé qué hacer, y el agua fluye de la roca (Éxodo 17:1-7).

Moshé, por lo tanto, había resuelto exitosamente dos desafíos similares en el pasado. ¿Por qué en esta tercera ocasión perdió el control emocional? ¿Qué cambió?

La respuesta está explícitamente indicada en el texto, pero expuesta de forma tal que podemos no percibir su significado. Es la siguiente:

> "En el primer mes, la totalidad de la comunidad israelita llegó al Desierto de Zin, y permaneció en Kadesh. Ahí murió Miriam y fue enterrada" (Números 20:1).

Inmediatamente después leemos: "Y ahora no había agua para la comunidad, y el pueblo se reunió para oponerse a Moshé y Aarón". Un famoso pasaje talmúdico[1] explica que fue por el mérito de Miriam que los israelitas tenían un pozo de agua que milagrosamente los acompañaba en sus travesías. Cuando Miriam murió, el agua cesó. Esta interpretación señala la secuencia de eventos en forma simple y sobrenatural. Miriam murió. No había más agua. De aquí podemos inferir que hubo agua mientras vivía Miriam. Era un milagro por mérito de ella.

---

1. Taanit 9a.

Sin embargo, hay otra manera de leer este pasaje en forma natural y psicológica. La conexión entre la muerte de Miriam y los acontecimientos que siguieron tenía menos que ver con el pozo milagroso y más con la respuesta de Moshé a las quejas de los israelitas.

Esta fue la primera prueba que debía enfrentar como líder del pueblo sin la presencia de su hermana. Recordemos qué significaba Miriam para Moshé. Era su hermana mayor. Ella definió su destino cuando él flotaba en el Nilo en una cesta impermeabilizada. Tuvo la presencia de ánimo y la audacia de hablarle a la hija del faraón para qué él fuera cuidado por una mujer israelita, Iojeved, su madre. Si no hubiera sido por Miriam, Moshé habría crecido sin saber quién era y a qué pueblo pertenecía.

Miriam es una presencia semioculta en gran parte de la narrativa. La vemos liderando a las mujeres en la canción del Mar Rojo, por lo que está claro que tanto ella como Aarón tenían roles de liderazgo. Percibimos cuánto significaba para Moshé cuando, en un oscuro pasaje, tanto ella como Aarón "comienzan a hablar en contra de Moshé a causa de su mujer cushita, ya que Moshé se había casado con una mujer cushita" (Números 12:1). No sabemos exactamente cuál fue el tema pero sí sabemos que Miriam fue castigada con la lepra. Aarón se dirige angustiosamente a Moshé y le pide que interceda a su favor, cosa que hace con la simple elocuencia del rezo más breve del que se tenga registro (cinco palabras en hebreo): "Por favor Dios, cúrala ahora". Moshé aún la ama profundamente, aunque ella haya hablado mal de él.

Es recién en esta parashá que comenzamos a percibir todo el alcance de su influencia, y de manera implícita. Por primera vez, Moshé enfrenta un desafío sin ella, y por primera vez pierde el control emocional en presencia del pueblo. Este es uno de los efectos del duelo, y los que lo han sufrido afirman que la pérdida de un hermano o hermana es peor que la de un padre o madre. La muerte de un padre es parte del orden natural de la vida. La muerte de un hermano puede ser inesperada y generar una desorientación más profunda. Y Miriam no era una hermana cualquiera. Moshé le debía a ella toda su relación con su familia natural así como su identidad como hijo de Israel.

Decir que el liderazgo es una actividad solitaria es un cliché. Pero, al mismo tiempo, ningún líder puede sobrevivir por sí solo. Itró se lo aconsejó a Moshé muchos años antes. Al verlo liderar al pueblo en soledad le dijo "Tú y toda la gente que acude a ti sólo se desgastarán. La tarea es demasiado pesada para ti, no puedes hacerla solo" (Éxodo 18: 18). El líder necesita tres tipos de soporte: 1. aliados que luchen junto a él; 2. tropas o equipos en quienes pueda delegar y 3. un confidente o confidentes con los que pueda compartir sus dudas y temores, que sean capaces de escuchar sin otro propósito que su presencia de apoyo, que puedan darle el coraje, la confianza y la resiliencia necesaria para seguir adelante.

Al haber conocido personalmente a muchos líderes en diversas áreas, puedo afirmar con toda certeza que es falso pensar que las personas en posiciones de liderazgo son insensibles. La mayoría de los que he conocido no lo son. Frecuentemente son muy vulnerables. Suelen sufrir intensamente por las dudas e incertidumbres. Saben que muchas veces el líder debe elegir entre dos males, sin saber nunca cómo resultará su decisión. Los líderes pueden ser afectados por las críticas y por la traición de personas que consideraban amigas. Por ser líderes, raras veces muestran esas señales de vulnerabilidad en público. Deben proyectar una certeza y confianza que no sienten. Ronald Heifetz y Marty Linsky, los expertos en liderazgo de la Universidad de Harvard, tienen razón en afirmar: "La dura realidad es que no es posible experimentar la alegría y la recompensa del liderazgo sin además experimentar el dolor[2]".

Los líderes necesitan confidentes, personas que "te digan lo que no quieres oír y que no puedes escuchar de ningún otro, personas en las que puedes confiar sin que tus revelaciones sean expuestas en el ámbito laboral". Un confidente se preocupa más por lo que te pasa, que por los temas en cuestión. Te animan cuando estás triste, y te conducen suavemente a la realidad cuando caes en el peligro del auto elogio o complacencia. Heifetz y Linsky escribieron: "Casi todas las personas que hemos conocido con experiencias complicadas de liderazgo han confiado en un confidente para seguir adelante[3]".

---

2. Ronald Heifetz and Marty Linsky, Leadership on the Line, Boston, Harvard Business School Press, 2002, 227.
3. Ibid., 200.

## Jukat: Miriam, la amiga de Moshé

Maimónides en sus Comentarios a la Mishná considera este como uno de los cuatro tipos de amistad[4]. Lo llama la "amistad de confianza" (*javer habitajón* ) y lo describe como la persona en la que "se tiene una confianza absoluta, con la que puede estar completamente abierto y sin reparos," sin esconder las buenas noticias ni las malas, sabiendo que la otra persona no obtendrá ventaja de las confidencias compartidas, ni las compartirá con otros.

Una lectura minuciosa de este famoso episodio en el contexto de la vida temprana de Moshé revela que Miriam era su "amiga de confianza," su confidente, su fuente de estabilidad emocional, y cuando ya no estuvo, él no pudo resolver la crisis como lo había hecho hasta entonces.

Aquellos que son fuente de fortaleza para los demás también necesitan su propia fuente de fortaleza. La Torá nos relata explícitamente cuán frecuentemente fue Dios la fuente de fortaleza para Moshé. Pero parecería que hasta el mismo Moshé necesitó una amistad humana, que sería Miriam. Al ser una líder ella misma, también resultó ser la fuente de fortaleza de su hermano.

Aun los más grandes no pueden liderar solos.

CB

---

[4]. Maimónides, Comentario a la Mishná Avot 1:6.

*Balak*
# Liderazgo y lealtad

¿El liderazgo consiste en tener una serie de habilidades y la capacidad de tomar y manejar el poder? ¿O tiene además una dimensión esencialmente moral? ¿Puede una mala persona ser un buen líder, o su maldad comprometerá su liderazgo? Esa es la pregunta planteada por la figura central de la parashá de esta semana, el profeta pagano Bilam.

Primero, y a manera de introducción, tenemos la prueba evidente de que Bilam realmente existió. Un descubrimiento arqueológico realizado en 1967 en Deir 'Alla, en la confluencia de los ríos Jordán y Jabok, descubrió una inscripción en la pared de un templo pagano datado en el siglo VIII a.e.c. que hace referencia a un vidente llamado Bilam ben Beor, en términos marcadamente similares a los de nuestra parashá. Bilam era una persona bien conocida en la región.

Sus dotes eran realmente impresionantes. Era un religioso de gran virtuosismo, chamán muy requerido, mago, hechicero y adivino. Refiriéndose a Bilam, dice Balak, basado en su experiencia o en su reputación: "Yo sé que al que tú bendices es bendecido, y al que maldices es maldecido" (Números 22:6). La literatura rabínica no lo cuestiona. Tampoco la frase "Ningún profeta ha aparecido en Israel como Moshé, a quien el Señor conoció cara a cara" (Deuteronomio 34:10). Los sabios fueron aún más allá diciendo: "En *Israel* no hubo profeta más grande que Moshé, pero sí lo hubo entre las naciones. ¿Quién era? Bilam."[1]

Una fuente midráshica señala que "No hubo nada en el mundo que el Santo, Bendito sea, no haya revelado a Bilam, que sobrepasó aún a Moshé en el conocimiento de la magia."[2] A nivel técnico, Bilam tenía todas las cualidades.

Pero el veredicto final sobre Bilam es negativo. En el capítulo 25 leemos la secuencia irónica del episodio de las bendiciones/maldiciones. Los israelitas, habiendo sido salvados por Dios de las supuestas maldiciones de Moab y Midián, sufrieron una tragedia auto infligida al no resistir las tentaciones de las mujeres del lugar. La ira de Dios fue feroz. Varios capítulos más adelante (Números 31:16) se señala que fue Bilam el autor de esta estrategia: "Ellos fueron los que *siguieron el consejo de Bilam, y lo que ocurrió en Peor fue el plan elaborado por él para alejar a los israelitas del camino del Señor,* y así fue que la plaga cayó sobre el pueblo del Señor." Habiendo fracasado en maldecir a los israelitas, logró luego causarles un gran daño.

Por eso la imagen que surge de las fuentes judías es la de un hombre de grandes dotes, un profeta genuino, un personaje que los sabios han comparado con el mismo Moshé – pero al mismo tiempo dueño de un carácter fallido que a la larga conduciría a su caída y a su reputación como malvado, siendo uno de los condenados por la Mishná a no tener un lugar en el Mundo Venidero.[3]

¿Dónde radica su falla? Hay muchas especulaciones pero el Talmud infiere que tiene que ver con su nombre. ¿Cuál es el significado de Bilam? El Talmud responde: es "un hombre sin pueblo" *(belo am).*[4]

Es una inferencia sutil. Bilam es un hombre sin lealtades. Balak lo mandó llamar diciendo: "Ven, maldice a este pueblo porque es demasiado poderoso para mí… pues yo sé que a los que bendices son

---

1. Sifre Devarim, 357.
2. Tana devei Eliahu Rabá 28, ver también Bemidbar Rabá 14:20, Berajot 7ª, Avodá Zará 4a.
3. Mishná Sanedrin 10:2.
4. Sanedrin 105a.

bendecidos y a los que maldices son maldecidos." Bilam era un profeta que se podía contratar. Tenía poderes sobrenaturales. Si bendecía a una persona, tendría éxito. Y si la maldecía, esa persona estaría signada por el infortunio. Pero no existe indicio alguno en los informes bíblicos o de otro tipo que indiquen que era un profeta en el sentido *moral*: que le preocupara la injusticia, el desierto, lo bueno o lo malo de las personas cuyas vidas podría afectar. Como un sicario de épocas recientes, Bilam era un solitario. Sus servicios podían ser requeridos. Tenía habilidades que usaba con efecto devastador. Pero carecía de compromisos, lealtades y arraigo en la humanidad. Era el hombre *belo am*, sin un pueblo.

Moshé era lo contrario. Dios mismo dijo de él: "Es supremamente leal a Mí en toda Mi casa" (Números 12:7). A pesar de las decepciones que le provocó el pueblo, nunca dejó de discutir con Dios a su favor. En la primera intervención que tuvo Moshé en representación del pueblo ante el Faraón que provocó el empeoramiento de las condiciones de trabajo, dijo: "Oh, Señor, ¿por qué maltratas a Tu pueblo? ¿Por qué me has enviado?" (Éxodo 5:22).

Cuando los israelitas construyeron el Becerro de Oro y Dios amenazó con destruirlos y comenzar de nuevo con Moshé, él dijo: "Ahora, por favor, perdona su pecado. Si no, bórrame del libro que has escrito" (Éxodo 32:32). Cuando el pueblo, desmoralizado por el informe de los espías, quiso retornar a Egipto y la ira de Dios se desató contra ellos, dijo: "Con Tu gran amor, perdona el pecado de esta nación así como lo has hecho desde (el momento en que salieron) Egipto hasta ahora" (Números 14:19).

Cuando Dios amenazó castigarlos por la rebelión de Koraj, Moshé rezó: "¿Vas a estar enojado con toda la asamblea por culpa del pecado de un solo hombre?" (Números 16:22). Asimismo en el caso de Miriam, cuando ella habló mal de él y fue castigada con la lepra, Moshé rezó a Dios por su bien: "Por favor Dios, cúrala ahora" (Números 12:13). Moshé nunca dejó de abogar por su pueblo aunque hubiera pecado, por más audaz que fuera la plegaria y aun poniendo en juego su relación con Dios. Conociendo los defectos del pueblo, se mantuvo totalmente leal a ellos.

La palabra hebrea *emuná* suele traducirse como "fe", y eso es lo que significaba en la Edad Media. Pero en hebreo bíblico la traducción más acertada es fidelidad, confiabilidad, lealtad. Implica no abandonar al otro en momentos de dificultad. Es una virtud clave de todo pacto.

Existen personas con grandes dotes, a veces tanto intelectuales como espirituales, pero que sin embargo no llegan a tener el éxito que hubieran podido lograr. Carecen de las cualidades morales de integridad, honestidad, humildad y sobre todo, de lealtad. Lo que hacen lo hacen brillantemente. Pero frecuentemente se equivocan. Conscientes de sus dotes inusuales, tienden a menospreciar a los demás. No resisten la arrogancia, el orgullo y la suposición de que pueden evitar las consecuencias de grandes delitos. Bilam es un ejemplo clásico de esto, y el hecho de que planeaba incitar a los israelitas al pecado aun sabiendo que Dios estaba con ellos, es una medida de cómo los más grandes pueden caer a las profundidades más extremas.

Aquellos que son leales a otra gente, encuentran que recíprocamente, esas otras personas les son leales. Los que no son leales, a la larga generan desconfianza y pierden cualquier autoridad que pudieran haber tenido. El liderazgo sin lealtad no es liderazgo. Las habilidades por sí solas no sustituyen a las cualidades morales evidentes que generan la adhesión de la gente. Seguimos a aquellos en los que confiamos, porque sus acciones nos han generado confianza. Es por eso que Moshé fue el gran líder que Bilam pudo haber sido, pero que sin embargo, no lo fue.

Sé siempre leal con las personas que lideras.

CB

*Pinjás*
# Lecciones de un líder

La parashá de Pinjas incluye una clase maestra de liderazgo, cuando Moshé se enfrenta con su propia muerte y nombra a su sucesor. Los grandes líderes se preocupan por la sucesión. En la parashá Jaié Sará vemos cómo Abraham le ordena a su servidor buscar una esposa para su hijo Yitzjak con el fin de asegurar la continuidad de la familia del pacto. El rey David eligió a Salomón; Eliahu, por orden de Dios, eligió a Elishá para continuar con su obra.

En el caso de Moshé, los sabios detectan cierta tristeza al comprobar que él no será sucedido por ninguno de sus dos hijos, Gershon y Eliezer[1]. Ese es el caso del *Keter Torá*, la corona invisible de la Torá portada por los sabios y los profetas. A diferencia de las coronas del sacerdocio o del reinado, no pasa en forma dinástica de padre a hijo. Raramente ocurre lo mismo con el carisma. Lo que es interesante, sin embargo, es el lenguaje empleado por Moshé para enmarcar su pedido:

---

1. Esto está implícito en la declaración de que "Moshé anheló morir como lo hizo Aarón," Sifre Pinjas, 136, s.v. *vayomer*.

*Bemidbar*

> "Que el Señor, Dios de los espíritus y de toda carne, elija a una persona para comandar la congregación que saldrá por delante de ella y entrará antes que ella, que la guiará al salir y al entrar, para que en la congregación del Señor no sean como ovejas sin pastor" (Números 27:16).

Hay tres lecciones básicas de liderazgo que se desprenden de la elección de estas palabras.

La primera, señalada por Rashi, está implícita en la descripción inusualmente extensa de Dios como "el Señor, Dios de los espíritus y de toda carne". Rashi explica que esto significa "Amo del universo, el carácter de cada persona se revela ante Ti, y no hay dos personas iguales. Nombra para ellos un líder que considere a cada persona según sea su característica individual[2]".

Rambam afirma que esta es una cualidad básica de la condición humana. El Homo Sapiens es el más diverso de todas las formas de vida. Por ese motivo la cooperación es esencial (porque cada uno de nosotros es diferente; otros son fuertes en lo que nosotros somos débiles y viceversa), pero la cohesión también resulta difícil porque cada uno de nosotros responde a los desafíos de manera distinta. Eso hace que el liderazgo sea necesario, pero también exigente:

> Esta gran variedad, y la necesidad de una vida social, son elementos esenciales de la naturaleza humana. Pero el bienestar de la sociedad requiere que haya un líder capaz de regular las acciones de cada persona; deben completar cada falta, eliminar cada exceso y prescribir normas de conducta para todos, de tal manera que la variedad natural sea contrabalanceada por la uniformidad de la legislación, para que el orden de la sociedad quede bien establecido[3].

Los líderes respetan las diferencias pero las integran, igual que los directores de orquesta, al asegurar que muchos instrumentos diferentes

---

2. Rashi para Números 27:16, basado en Tanjuma, Pinjas, 11.
3. Maimónides, *The Guide for the Perplexed*, libro 2, capítulo 40.

interpreten su parte en armonía con los demás. Los verdaderos líderes no se proponen imponer la uniformidad. Honran la diversidad.

La segunda insinuación está comprendida en la palabra *ish*, "persona" por sobre la congregación, a lo cual Dios responde "Toma a Josué, una persona *(ish)* de espíritu" (v. 18). Acá la palabra *ish* indica algo más que el género. Esto puede verse en los dos lugares en que la Torá utiliza la frase *ha-ish Moshé*, "el hombre Moshé":

Uno está en Éxodo:

> "El hombre Moshé era altamente respetado (*gadol meod*, literalmente "muy grande") en la tierra de Egipto, en los ojos de los servidores del Faraón y del pueblo" (Éxodo 11:3).

El otro, en Números:

> "El hombre Moshé era muy humilde (*anav meod*), más que cualquier otro en la faz de la tierra" (Números 12:3).

Observen las dos características, aparentemente opuestas –grande y humilde– y que las dos virtudes Moshé las tenía en gran medida (meod, "muy"). Esta es la combinación que el Rabí Iojanán atribuyó a Dios: "Dondequiera que halles la grandeza de Dios, ahí encontrarás Su humildad[4]". He aquí uno de sus ejemplos: "Pues el Señor vuestro Dios es el Dios de los dioses y el Señor de los señores, el gran Dios, poderoso y grandioso, que no muestra parcialidad alguna y no acepta sobornos. Él defiende la causa de la viuda y del huérfano, ama al extranjero que reside entre vosotros dándole comida y vestimenta" (Deuteronomio 10:17–18).

Un *ish* en el contexto del liderazgo no es un hombre sino alguien que es un *mensch*, una persona cuya grandeza no salta a la vista, que cuida a las personas que frecuentemente son ignoradas por otros, "el huérfano, la viuda, el extranjero," que destina parte de su tiempo tanto a los marginados de la sociedad como a las élites, que es amable con todos por igual y es respetado porque respeta a los demás.

---

4. Extraído de la liturgia del sábado por la noche. La fuente es Pesiktá, Zutreta, Ekev.

*Bemidbar*

La verdadera incógnita yace en la tercera cláusula: "Elige a una persona que conduzca a la comunidad, *que salga por delante de ellos y entre antes que los demás, que los conduzca cuando salen y cuando entran*". Esto parecería estar diciendo lo mismo dos veces, cosa que la Torá no suele hacer. ¿Qué significa?

La Torá está abordando uno de los desafíos más importantes del liderazgo: los tiempos y los pasos. La primera frase es simple: "que salga por delante de ellos y sea el primero en entrar". Esto significa que el líder debe dirigir desde la vanguardia. No puede ser como la frase apócrifa de los políticos británicos: "Claro que sigo al partido, después de todo, soy su líder[5]".

Es la segunda frase, la que es vital: "que los lidere al salir y los haga entrar". Esto significa que el líder debe hacerlo desde la vanguardia, pero no tan alejado de las bases, tal que cuando se dé vuelta note que nadie lo sigue. El paso es esencial. En ocasiones un líder puede ir demasiado rápido. Es ahí donde ocurren las tragedias.

Tomemos dos ejemplos muy diferentes: Cuando Margaret Thatcher fue primer ministro sabía que iba a tener que enfrentar al sindicato de mineros en una larga y amarga lucha. En 1981, los mineros fueron a huelga demandando mejores salarios. De inmediato la ministro averiguó cuál era el stock de carbón en los yacimientos. Quería saber por cuánto tiempo podría sobrevivir la nación sin nuevas cantidades de carbón. Apenas registró que se acababa el stock, les concedió la victoria a los mineros. Después, silenciosamente, planeó el aumento del stock de carbón, por lo cual cuando los mineros volvieron a la huelga dos años más tarde, pudo resistir a sus demandas. Hubo un largo enfrentamiento, pero esta vez fueron los mineros los derrotados. Una batalla que no pudo ser ganada en 1981 fue revertida en 1983.

Otro ejemplo muy diferente fue el del primer ministro israelí Yitzjak Rabin. El proceso de paz que abordó con los palestinos entre 1993 y 1995 fue muy polémico, tanto en Israel como en el exterior. Contaba con algo de apoyo pero también con mucha oposición. La tensión fue aumentando en 1995, y en septiembre de ese año escribí un artículo

---

5. Esta afirmación se la atribuye a Benjamín Disraeli, Stanley Baldwin y a Alexandre Auguste Ledru-Rollin.

en el que le daba todo mi apoyo. Simultáneamente, le envié una carta personal en la cual le expresaba mi preocupación por la oposición interna al plan, urgiéndolo a negociar tanto con sus compatriotas israelíes (especialmente los religiosos sionistas) – como con los palestinos. No me respondió.

Al atardecer del Shabat del 4 de noviembre de 1995 nos enteramos de que el Primer Ministro Rabin había sido asesinado por un joven religioso sionista en una manifestación a favor de la paz. Asistí a los funerales en Jerusalén, y al día siguiente fui directamente desde el aeropuerto a reunirme con el embajador israelí para conversar con él acerca de la ceremonia a la cual no había podido asistir por tener que tratar con los medios de comunicación.

Cuando entré a su oficina, me entregó una carta diciendo, "Esto llegó para Ud. por correo diplomático". Era la respuesta de Yitzjak Rabin a mi carta (una de las últimas que escribió).

Contenía una emocionante reafirmación de su fe, pero trágicamente cuando la recibí ya no estaba vivo. Buscó la paz, como se nos ha ordenado hacer, pero fue a una velocidad mayor de la que los demás estaban preparados para escuchar.

Esto Moshé lo sabía por el episodio de los espías. Como dice Maimónides en su *Guía*[6], la tarea de librar batallas y conquistar la tierra era demasiado para una generación nacida en la esclavitud. Solo podían hacerlo sus hijos, nacidos en libertad. A veces, una travesía que en el mapa parece breve, tarda cuarenta años en completarse.

El respeto a la diversidad, cuidar a los desamparados y necesitados, así como a los grandes y poderosos, y una voluntad de no hacerlo más rápido de lo que las personas puedan procesarlo, son tres atributos esenciales que Moshé conocía por experiencia. Así como Josué lo supo por haber aprendido de ese gran hombre durante largo tiempo.

CB

---

6. *Guía de los perplejos*, Libro 3, capítulo 32.

*Matot*
# Resolución de conflictos

Una de las tareas más difíciles para cualquier líder –desde un Primer Ministro hasta un padre– es la resolución de conflictos. Pero es también una de las más vitales. El liderazgo supone una cohesión del grupo a largo plazo, cualesquiera sean los problemas del corto plazo. Cuando hay falta de liderazgo –cuando los líderes carecen de autoridad, gracia, generosidad de espíritu y capacidad de respetar otros puntos de vista– hay división, rencor, agresión, resentimiento, política interna y falta de confianza. Los verdaderos líderes son los que colocan los intereses del grupo por encima de cualquier subsector. Se dedican, e inspiran a los demás a hacerlo, a preocuparse por el bien común.

Es por eso que un episodio de la parashá Matot es de suma importancia. Comienza así: los israelitas estaban en la etapa final de su travesía hacia la Tierra Prometida. Estaban situados en la costa este del Jordán, a la vista de su destino. Dos de las doce tribus, las de Rubén y Gad, que tenían grandes rebaños y ganados, consideraron que la tierra que ocupaban en ese momento era ideal para sus fines. Era una buena superficie para el pastoreo. Por tal motivo se acercaron a Moshé y le pidieron permiso para quedarse allí, en lugar de ocupar su porción de la tierra de Israel. Dijeron: "Si hemos hallado favor en tus ojos, deja que esta tierra quede en posesión de tus servidores. No nos obligues a cruzar el Jordán" (Números 32:5).

Moshé rápidamente consideró los riesgos. Las dos tribus estaban poniendo sus propios intereses por encima de la nación. Serían vistos como líderes que abandonarían a sus tribus en el momento en que más los necesitaban. Habría una guerra (en realidad una serie de guerras) que debían enfrentar los israelitas si querían heredar la Tierra Prometida. Como les dijo Moshé: "¿Han de ir a la guerra vuestros hermanos israelitas mientras ustedes se quedan sentados aquí? ¿Por qué desalientan a los israelitas a cruzar a la tierra que Dios les ha prometido?" (32:6–7). La propuesta era potencialmente desastrosa.

Moshé les recordó a los hombres de Rubén y Gad lo que ocurrió en el incidente de los espías. Diez de los espías desmoralizaron al pueblo al decirles que no era posible conquistar la tierra. Los habitantes eran demasiado fuertes. Las ciudades, inexpugnables. El resultado de ese momento fue la condena de toda la generación a morir en el desierto y demorar, por cuarenta años, la eventual conquista. "Y aquí están ustedes, pecadores, ocupando el lugar de vuestros padres y provocando un enojo aún mayor de Dios con Israel. Si ustedes dejan de seguirlo, Él dejará nuevamente al pueblo en el desierto y ustedes serán la causa de su destrucción" (Números 32:14–15). Moshé fue contundente, honesto y directo.

Lo que sigue a continuación es la ilustración de un modelo de negociación positiva y resolución de conflictos. Los integrantes de las tribus de Rubén y Gad reconocieron las demandas de la totalidad del pueblo y la razón de la preocupación de Moshé.

Propusieron un compromiso: déjenos hacer provisiones para nuestro ganado y nuestras familias, dijeron, y nuestros hombres acompañarán a los de las otras tribus más allá del Jordán. Incluso irán al frente y no volverán hacia su ganado y a sus familias, hasta que se hayan librado las batallas, se haya conquistado la tierra, y hasta que las demás tribus hayan recibido su herencia. Esencialmente invocaron lo que más adelante sería un principio de la ley judía: *zeh neheneh lo jaser*, que significa que un acto está permitido "si una de las partes gana y la otra no pierde"[1]. Nos

---

1. Baba Kama 20b.

## Matot: Resolución de conflictos

beneficiaremos, dijeron las dos tribus, al tener una tierra que es buena para nuestro ganado, pero la nación no se perjudicará porque seremos parte del pueblo, estaremos presentes en el ejército, incluso estaremos al frente y estaremos allí hasta que la guerra sea ganada.

Moshé reconoce el hecho de que habían escuchado sus objeciones. Remarca su postura para tener la certeza de que, tanto él como los demás, han comprendido la propuesta y están dispuestos a cumplirla. Extrae de ellos el compromiso de un *tenai kaful*, una doble posición, las dos positivas y negativas: Si hacemos esto, estas serán las consecuencias, pero si no lo hacemos, las consecuencias serán estas otras. Les pide que reafirmen su compromiso. Las dos tribus aceptan. El conflicto se evitó. Las dos tribus lograron lo que querían pero los intereses de las otras tribus fueron asegurados. Esta es una clase maestra de negociación.

La dimensión de que las preocupaciones de Moshé estaban justificadas quedó demostrada muchos años más tarde. Las tribus de Rubén y Gad efectivamente cumplieron con sus promesas en el tiempo de Josué. Las demás tribus conquistaron la tierra de Israel y se asentaron en ella, mientras que las dos tribus, junto con la mitad de la tribu de Menashé, se establecieron en Transjordania. A pesar de esto, durante un breve lapso, casi estalla una guerra civil.

El capítulo 22 del libro de Josué describe cómo, luego de retornar a sus familias y afianzarse en la tierra, las tribus de Rubén y Gad construyeron "un altar para Dios" del lado este del Jordán. Al interpretar esto como un acto de secesión, el resto de los israelitas se preparó para la guerra. Josué, en un impactante acto de diplomacia, envió a Pinjas, anteriormente un zelote (revolucionario) y ahora hombre de paz, a negociar. Les advirtió acerca de las terribles consecuencias que habían causado al crear un centro religioso fuera de la tierra de Israel, que podrían partir a la nación en dos.

Los integrantes de las dos tribus aclararon que esa no era para nada su intención. Por el contrario, estaban preocupados que en el futuro, el resto de los israelitas pudieran verlos habitando del otro lado del Jordán y decidir que no querían ser parte de la nación. Por eso construyeron el altar para ofrecer sus sacrificios, no para rivalizar con el Santuario; sino meramente como un símbolo y señal para las generaciones futuras de que ellos también eran israelitas. Pinjás y el resto de la delegación quedaron conformes con la respuesta, y se evitó la guerra civil.

La negociación entre Moshé y las dos tribus en nuestra parashá sigue precisamente los lineamientos del Proyecto de Negociación de Harvard establecidos por Roger Fisher y William Ury en su clásico texto *Getting to Yes*[2]. Esencialmente, llegaron a la conclusión de que una negociación exitosa debe cumplir cuatro procesos:

1. *Separar a las personas del problema.* Hay toda clase de tensiones personales en cualquier negociación. Es esencial separarlas para que el problema pueda ser contemplado objetivamente.
2. *Hacer énfasis en los intereses, no en las posiciones.* Cualquier conflicto puede transformarse con facilidad en un juego de suma cero: si yo gano tú pierdes. Si tú ganas, yo pierdo. Eso es lo que ocurre cuando se hace foco en las posiciones y surge la pregunta: "¿Quién gana?" en cambio, al enfocarnos no en las posiciones sino en los intereses, la pregunta sería "¿Existe alguna forma de lograr lo que cada uno de nosotros desea?"
3. *Inventar opciones de ganancia mutua.* Esta idea se expresa halájicamente como *zeh neheneh vezeh neheneh*. "Las dos partes se benefician". Esto ocurre porque ambas partes tienen diferentes objetivos, ninguno excluye al otro.
4. *Insistir en criterios objetivos.* Asegurar de antemano que las dos partes estarán de acuerdo en usar criterios objetivos e imparciales para juzgar si lo que se había acordado fue cumplido. De lo contrario, pese al acuerdo aparente, la disputa continuará, con las partes insistiendo en que el otro no cumplió con lo acordado.

Moshé cumple con los cuatro puntos. Primero, separa a las personas del problema, al aclararle a las tribus de Rubén y Gad que la cuestión no tiene nada que ver con lo que ellos son, sino con experiencias del pasado, específicamente con el episodio de los espías. Sin tener en cuenta

---

2. Roger Fisher y William Ury, *Getting to Yes: Negotiating Agreement Without Giving In*, Random House Business, 2011.

*Matot: Resolución de conflictos*

la procedencia de los diez espías negativos ni de qué tribus provenían, todos sufrieron. Ninguno ganó. El problema no era de una tribu u otra, sino de la nación en su conjunto.

Segundo, se enfocó en los intereses, no en las posiciones. Las dos tribus tenían interés en el destino de toda la nación. Si hubieran privilegiado sus intereses personales, Dios se habría enojado y todo el pueblo habría sido castigado; entre ellos, las dos tribus. Es impactante comprobar cómo esta negociación contrasta tan marcadamente con la disputa de Koraj y sus seguidores. En ese caso, toda la discusión giraba alrededor de las posiciones, no de los intereses (trataba sobre quién debía ser elegido líder). El resultado fue una tragedia colectiva.

Tercero, los integrantes de las tribus de Rubén y Gad inventan una opción de mutuo beneficio. Si nos permiten hacer provisiones temporariamente para nuestro ganado y nuestros hijos, dijeron, no sólo lucharemos en el ejército, sino que nos posicionaremos al frente. Nosotros nos beneficiaremos por haberse aprobado nuestro pedido, y la nación se beneficiará por nuestra voluntad de asumir la tarea militar más exigente.

Cuarto, el acuerdo se hizo sobre un criterio objetivo. Los integrantes de las dos tribus no retornarían a la costa este del Jordán hasta que las demás tribus se asentaran en sus territorios. Y, según la narración del libro de Josué, así efectivamente ocurrió.

Entonces Josué convocó a las tribus de Rubén y Gad y a la mitad de la tribu de Menashé y les dijo: "Ustedes han hecho todo lo que Moshé, el servidor de Dios, ha ordenado, y me han obedecido en todo lo que yo les indiqué. Ahora por un largo tiempo (hasta este mismo día) no han abandonado a sus hermanos israelitas sino que han llevado a cabo la misión que les ha encomendado Dios. Ahora que el Señor vuestro Dios les ha dado descanso como Él había prometido, vuelvan a sus hogares, a la tierra que Moshé el servidor de Dios les asignó, del otro lado del Jordán (Josué 22:1–4).

En síntesis, ese fue un modelo de negociación, una señal de esperanza tras los numerosos conflictos destructivos detallados en el libro de Bamidbar, así como ejemplo alternativo para los múltiples conflictos de la historia judía, con consecuencias tan desastrosas.

Observen que Moshé triunfa no por ser débil, ni por tener la voluntad de comprometer la integridad de la nación en su conjunto, ni por emplear palabras melosas y evasiones diplomáticas, sino por ser honesto, con principios, y por contemplar el bien común. Todos nosotros enfrentamos conflictos en nuestras vidas. Así es cómo se resuelven.

CB

*Masei*
# Liderazgo en tiempos de crisis

La *Parashá Masei* cae siempre en medio de las Tres Semanas. Es este un tiempo en el cual nos involucramos en el recuerdo colectivo de nuestras dos mayores derrotas como nación. El símbolo de la nación era el Templo de Jerusalén. Es así como el símbolo de la derrota fue su destrucción, la cual tuvo lugar dos veces, la primera en el siglo VI a.e.c. y la segunda en el primer siglo de la era común. En ambos casos, fue el resultado de un liderazgo deficiente.

La primera derrota se puso en marcha tres siglos antes de que sucediera, a raíz de una desastrosa decisión de Roboám, el hijo y el heredero del rey Salomón, ya visto en *Parashat Vayikrá*. Durante el último período del reinado de Salomón el pueblo exhibía señales de inquietud. Los súbditos sentían que su rey les había impuesto una carga demasiado pesada, especialmente durante la construcción del Templo. Al fallecer, se acercaron a su hijo y sucesor y le pidieron que aliviara la carga impositiva. Los consejeros de su padre le dijeron que accediera a su pedido. Le dieron uno de los mejores consejos jamás dados a un líder: si sirves a la gente, esta te servirá a ti (I Reyes 12:7). Roboám no escuchó. El reino se dividió. La derrota de ambas mitades fue inevitable, era solo una cuestión de tiempo. Tal como dijera Abraham Lincoln: "Una casa dividida contra sí misma no puede sostenerse en pie".[1]

La segunda derrota tuvo lugar en tiempos de los romanos y fue el resultado del colapso total del liderazgo judío durante el final de la era del Segundo Templo. Los reyes asmoneos, tras haber derrotado al helenismo, sucumbieron ante él. El sacerdocio se politizó volviéndose corrupto. El Rambám escribió en su epístola a los judíos de Marsella[2] que el Segundo Templo había caído porque los judíos no habían aprendido estrategia militar ni las leyes de la conquista. El Talmud dice que el Templo cayó por causa del odio gratuito (Yoma 9b). Josefo nos dice que cayó a causa de conflictos entre las fuerzas que defendían Jerusalén.[3] Las tres explicaciones son ciertas y forman parte del mismo fenómeno. Cuando no hay un liderazgo efectivo, se generan divisiones en el grupo. Surge un conflicto interno, la energía es desperdiciada y no se crea una estrategia coherente. Una vez más, la derrota se torna inevitable.

En el judaísmo, el liderazgo no es un lujo sino una necesidad, el nuestro es un pueblo pequeño y sumamente vulnerable. Inspirados, ascendemos hacia la grandeza. A falta de inspiración, caemos.

Pero por extraño que parezca, hay un mensaje extremadamente positivo en la cuestión de las Tres Semanas, ya que el hecho es que el pueblo judío ha sobrevivido a esas derrotas. Los judíos no solamente subsistieron, sino que se recuperaron y se volvieron más fuertes. Se convirtieron, en el sentido más positivo de la expresión, en una nación de sobrevivientes. ¿Quién les infundió semejante vigor y coraje?

La respuesta es: tres líderes cuyos nombres están ineludiblemente asociados con las Tres Semanas. Moshé, cuyo mensaje para las generaciones al inicio del libro de Deuteronomio es leído siempre en el Shabat

---

1. Abraham Lincoln, Discurso de aceptación de su nominación como candidato del partido republicano (Springfield, IL, 16 de junio de 1858).
2. La traducción inglesa de este texto puede encontrarse en: Isidore Twersky, A Maimónides Reader (Springfield, NJ.: Behrman House, 1976), 463ff.
3. Ver Flavius Josephus: Translation and Commentary, vol. 1b, Judean War, trans. Steve Mason (Leiden, Netherlands; Boston: Brill, 2008).

## Masei: Liderazgo en tiempos de crisis

previo a Tish'á Be'Av (9 del mes de Av); Isaías, cuya profecía (*jazón*, en hebreo) le confiere a ese sábado el nombre de *Shabat Jazón*; y Jeremías, el profeta que previó la destrucción y cuyas palabras conforman las *haftarot* de dos de las Tres Semanas.

¿Qué hizo a estas personas grandes? Ellos fueron críticos de sus contemporáneos, pero así es el común de la gente. No se requiere de ninguna habilidad para ser una persona crítica. Los tres predijeron la perdición. Pero el mismo Jeremías señaló que predecir la fatalidad es una opción carente de riesgo. Si las cosas malas finalmente suceden, queda demostrado que se tuvo razón; si no lo hacen, pues bien, resulta claro que Dios decidió apiadarse.

Entonces, ¿qué hizo diferentes a Moshé, Isaías y Jeremías? ¿Qué hizo de ellos grandes líderes? Más específicamente, ¿qué los convirtió en líderes en tiempos difíciles, y por ende, en líderes de todos los tiempos? Hay tres cosas que los distinguen. La primera es que todos fueron profetas de la esperanza. Incluso durante los momentos más oscuros, fueron capaces de ver el cielo despejado a través de las nubes del desastre. No eran optimistas. Anteriormente hemos hablado sobre la diferencia entre optimismo y esperanza: el optimismo es creer que las cosas mejorarán. La esperanza es creer que si trabajamos juntos lo suficientemente duro podemos hacer las cosas mejor. Para ser optimista no se precisa coraje, pero para ser un profeta de la esperanza se requiere de valor, sabiduría, una comprensión profunda de la historia y de las posibilidades, así como también la capacidad de comunicar. Eso es lo que Moshé, Isaías y Jeremías fueron.

He aquí Moshé:

"Y será que cuando todas estas bendiciones y maldiciones que Yo he puesto ante ti vengan sobre ti, y las tomes en serio dondequiera que el Señor tu Dios te hubiere dispersado entre todas las naciones. Y cuando tú y tus hijos volváis al Señor vuestro Dios y le obedezcáis con todo vuestro corazón y toda vuestra alma conforme a todo lo que Yo os ordeno hoy. Entonces el Señor tu Dios hará retornar a tus cautivos y se apiadará de ti; te reunirá nuevamente de todos los pueblos donde te había dispersado el Señor tu Dios. Si estuviere tu exilio en el confín de los cielos, desde allí te reunirá el Señor tu Dios y desde allí te devolverá" (Deuteronomio 30:1-4).

He aquí Isaías:

"*Y restituiré a tus* líderes como en los días *de antaño,* y a tus gobernantes como en el comienzo. Después de esto, se te llamará a ti: la Ciudad de la Justicia, la Ciudad Fiel" (Isaías 1:26).

Y este es Jeremías:

"Esto es lo que dice el Señor: 'Abstén tu voz del llanto y tus ojos de las lágrimas, porque tu labor será recompensada', dice el Señor. 'Regresarán de la tierra del enemigo. Hay esperanza para tu descendencia', dice el Señor. 'Tus hijos regresarán a su tierra'" (Jeremías 31:15-16).

La cuestión acerca de estas tres profecías es que fueron dadas a sabiendas de que las cosas malas para el pueblo judío estaban aun por suceder. No ofrecen la esperanza fácil, sino que expresan una esperanza que fue rescatada del valle de la desazón.

La segunda característica que tornó a Moshé, Isaías y Jeremías en diferentes fue que impartían su crítica con amor. Isaías dijo en el nombre de Dios quizás las palabras más hermosas jamás dichas al pueblo judío: "Aunque se estremezcan los montes y se desmoronen las colinas, Mi amor inagotable por ti no se estremecerá ni Mi pacto de paz se desmoronará" (Isaías 54:10). Jeremías, en el medio de su crítica a la nación, dijo en el nombre de Dios: "Recuerdo la bondad de tu juventud, el amor de tus esponsales, cómo Me seguiste por el desierto por una tierra yerma" (Jeremías 2:2). El amor de Moshé por el pueblo fue evidente en cada oración que dijo en su favor, especialmente tras la elaboración del becerro de oro. En aquella ocasión le dijo a Dios: "Ahora, si quieres, perdona por favor su pecado. Si no, bórrame de Tu libro que has escrito" (Éxodo 32:32). Estaba dispuesto a entregar su vida por su pueblo. Es fácil ser crítico, pero el único modo de que la crítica resulte efectiva es cuando se expresa con amor, y cuando se demuestra amor por quienes son objeto de la misma.

En tercer lugar, Moshé, Isaías y Jeremías fueron los tres profetas que más que cualquier otro, hablaron sobre el rol de los judíos en el contexto de la humanidad como un todo. Moshé ordenó al pueblo que observen los mandamientos porque "son vuestra sabiduría y vuestro entendimiento a ojos de las naciones" (Deuteronomio 4:6). Isaías dijo en el nombre de Dios: "Vosotros sois Mis testigos... de que Yo soy Dios" (Isaías 43:12) y "Yo os creé y establecí como pueblo del pacto, una luz para las naciones, que abre los ojos privados de luz rescatando a los prisioneros de su encierro y del calabozo a aquellos que se sientan en las penumbras" (42:6-7).

Jeremías fue el líder que definió para toda época el rol de los judíos en la Diáspora: "Procurad el bienestar de la ciudad en la cual os He exiliado y orad al Señor por su bien, pues en su prosperidad tú habrás de prosperar" (Jeremías 29:7) – se trata de la primera declaración en la historia de lo que sería una minoría creativa.

¿Por qué esta perspectiva universal importa? Porque aquellos que se preocupan solamente por sus naciones son chauvinistas. Crean falsas expectativas, emociones estrechas, egoístas y fanfarronería en lugar de auténtico valor.

Moshé debía demostrar que (tal como lo hiciera al rescatar a las hijas de Itró de los pastores de su comarca, Éxodo 2:17) cuidaba de los gentiles al igual que de los hijos de Israel. Dios le dijo a Jeremías que se convirtiera en un profeta "para todas las naciones", no solamente para el pueblo judío (Jeremías 1:5). En una de las profecías más destacables de todos los tiempos, Isaías demostró una gran preocupación por Egipto y Asiria, los enemigos del pueblo de Israel, igual a la que mostró por su propia gente (Isaías 19:19-25). Los grandes líderes no son tales por preocuparse únicamente de su propio pueblo, –cualquiera salvo alguien que se odia a sí mismo lo haría– sino porque se preocuparon por la totalidad de la humanidad. Esto es lo que le confiere su devoción a su propio pueblo dignidad y fortaleza moral. Ser un agente de esperanza, amar a la gente que lideras y ampliar sus horizontes para abarcar a la humanidad como un todo, ese es el tipo de liderazgo que le otorga a la gente la capacidad de recuperarse de una crisis y continuar avanzando. Esto es lo que hizo de Moshé, Isaías y Jeremías tres de los mayores líderes de todos los tiempos.

ID

# Devarim
דברים

*Devarim*
# El líder como maestro

Fue uno de los grandes momentos de transformación personal, y no resultó solamente un cambio para Moshé sino que modificó toda nuestra concepción del liderazgo.

Hacia el final del libro de Bemidbar, la carrera de Moshé como líder parecería haber llegado a su fin. Había nombrado a Josué, y sería él, y no Moshé, el que liderara al pueblo para cruzar el Jordán para llegar a la Tierra Prometida. Moshé parecería haber logrado todo lo que estaba destinado a lograr. Para él ya no habría más batallas que librar, más milagros que hacer ni más ruegos en beneficio del pueblo.

Es lo que hizo Moshé después lo que lleva la marca de grandeza. Durante su último mes de vida, se paró ante la asamblea del pueblo y expuso una serie de discursos, que ahora conocemos como el libro de Deuteronomio o *Devarim*, que literalmente significa "palabras." En estos discursos revisó el pasado del pueblo y previó su futuro. Le dio leyes. Algunas ya se las había dado, pero de forma diferente. Otras eran nuevas; se había demorado en anunciarlas hasta que el pueblo estuviera cerca de entrar a la tierra. Al unir estos detalles legales e históricos en una sola

## Devarim

visión abarcadora, enseñó al pueblo a verse como *am kadosh*, un pueblo santo, el único cuyo soberano y dador de leyes era Dios mismo.

Si una persona que no supiera nada de judaísmo y del pueblo judío preguntara cuál es el libro que podría explicar quiénes son y además señalar lo que mejor hacen los judíos, ese libro es el de Devarim. Ningún otro encapsula y expone dramáticamente todos los elementos clave del judaísmo relacionados con su fe y su modo de vida.

En una muy concurrida charla TED, además del libro con el mismo nombre[1], Simon Sinek señala que los líderes que hacen transformaciones son los que comienzan con la 'Pregunta del por qué'. Más poéticamente, Antoine de St. Exupery dijo: "si quieres construir una nave, no congregues a la gente para juntar madera y no les asignes trabajo y tareas, *sino enséñales a desear la infinita inmensidad del mar*".

A través de los discursos que leemos en el libro Devarim, Moshé le dio a los israelitas sus "por qué". Ellos constituyen el pueblo de Dios, la nación en la cual Él ha depositado Su amor, el pueblo al que rescató de la esclavitud y le dio, bajo la forma de mandamientos, la constitución de la libertad. Puede ser un pueblo pequeño, pero es único. Es el pueblo que en sí es testigo de algo que va más allá de sí mismo. Es el pueblo cuyo destino desafiará las leyes normales de la historia. Otras naciones, dice Moshé, reconocerán la naturaleza milagrosa de la historia judía y así efectivamente, desde Blas Pascal hasta Nikolai Berdyaev y muchos más, lo hicieron.

En el último mes de su vida, Moshé dejó de ser el libertador, el hacedor de milagros, el redentor, y se convirtió en *Moshé Rabenu*, "Moshé, nuestro maestro". Fue el primer ejemplo en la historia del tipo de liderazgo en el cual los judíos se han destacado: el líder como maestro.

Moshé sabía con certeza que muchos de sus grandes logros no durarían eternamente. El pueblo al que había rescatado, algún día volvería a sufrir persecuciones y exilios. En esa oportunidad, ya no tendrían a Moshé para hacer milagros. Por eso, sembró una visión en sus mentes, esperanza en sus corazones, disciplina en sus actos y una fortaleza en sus

---

1. Simon Sinek, Start with Why: How Great Leaders Inspire Everyone to Take Action, Portfolio, 2011. La charla puede verse en el siguiente link: http://www.youtube.com/watch?v=qpoHIF3SfI4.

## Devarim: El líder como maestro

almas que no se desvanecería jamás. Cuando los líderes se transforman en educadores, cambian vidas.

En un poderoso ensayo, '¿Quién tiene la capacidad de liderar al pueblo judío?' el Rabino Iosef Soloveitchik contrastó la actitud judía con el tipo clásico de reyes y líderes[2]. La Torá pone límites estrictos al poder de los reyes. No deben multiplicar su posesión de oro, mujeres ni caballos. Un rey está ordenado a "no considerarse mejor que cualquiera de sus compatriotas israelitas, ni a inclinar la ley hacia la derecha ni la izquierda" (Deuteronomio 17:20).

Un rey solo debe consagrarse por la voluntad del pueblo. Según Ibn Ezra, el nombramiento de un rey estaba permitido, pero no era obligatorio. Abarbanel sostuvo que era una concesión a la debilidad humana. Rabenu Bejaié señaló que la existencia de un rey era como un castigo, no una recompensa[3]. En síntesis, el judaísmo es, en el mejor de los casos, ambivalente en cuanto a la monarquía. Es decir, el liderazgo como poder.

Por otro lado, su valoración de los maestros es casi ilimitada. "Que el temor a tu maestro sea como el temor al cielo" dice el Talmud[4]. Rambam establece que el respeto y la reverencia a tu maestro deben ser aún mayores que el respeto y reverencia a tus padres, porque tus padres te trajeron al mundo, mientras que tus maestros te harán entrar al Mundo Venidero[5].

Cuando alguien impone su poder sobre nosotros, nos disminuye, pero cuando alguien nos enseña, nos ayuda a crecer. Es por eso que el judaísmo, con su aguda preocupación por la dignidad humana, prefiere el liderazgo como educación que el liderazgo como poder. Y todo comenzó con Moshé, hacia el final de sus días.

---

2. Abraham R. Besdin, Reflections of the Rav, Organización Sionista Mundial, 1979, 127–139.
3. En sus comentarios a Deuteronomio 17:15. El punto de Rabenu Bejaié es, en principio, que el pueblo no debería haber necesitado otro rey que Dios mismo. En apoyo de esta opinión, cita a Oseas: "establecieron reyes sin Mi consentimiento, nombraron príncipes sin Mi aprobación" (8:4); y "Así en Mi enojo les otorgo un rey, y en Mi indignación se los saco" (13:11).
4. Pesajim 108b.
5. Mishné Torá, Hiljot Talmud Torá 5:1.

*Devarim*

Durante veintidós años, como Jefe del Rabinato, guardé conmigo la siguiente cita de uno de los más grandes líderes del movimiento sionista, el primer ministro inicial de Israel, David Ben Gurión. Aunque él era un judío secular, sabía lo suficiente, en su calidad de historiador y estudioso de la Biblia, como para comprender esta dimensión del liderazgo, y lo expresó con estas elocuentes palabras:

> Aunque tengas una posición humilde en una oficina municipal o en un pequeño sindicato, o una alta responsabilidad en un gobierno nacional, los principios son los mismos: debes saber lo que quieres lograr, tener la certeza de tus objetivos, y tenerlos constantemente en mente. Debes establecer prioridades. Debes educar a tu partido y educar al público en general. Debes tener confianza en tu pueblo – frecuentemente más que la que ellos tienen en sí mismos, porque el verdadero líder político conoce instintivamente la medida de la capacidad del hombre y puede apelar a ella en momentos de crisis. Debes saber cuándo luchar con tus oponentes políticos y cuándo no. No debes comprometer nunca tus principios. Debes ser consciente en forma permanente de los tiempos, y eso requiere una percepción constante de lo que pasa a tu alrededor; en tu región si eres un líder local, en tu país y en el mundo si eres un líder nacional. Y como el mundo no se detiene ni un momento, y el cuadro de poder cambia sus elementos como el movimiento de un caleidoscopio, debes replantearte, constantemente, las políticas elegidas en virtud del logro de tus objetivos. Un líder político debe pasar mucho tiempo pensando. Debe pasar mucho tiempo educando al público, y educarlo nuevamente[6].

El poeta Shelley dijo alguna vez que "los poetas son los legisladores no reconocidos del mundo[7]". Si esto es cierto o no, no lo sé. Pero una cosa

---

6. Moshe Pearlman, *Ben Gurión Looks Back in Talks with Moshe Pearlman*, Weidenfeld and Nicolson, New York, 1965, 52. Le debo esta cita a Jonathan (hoy Lord) Kestenbaum, Director Ejecutivo de la Oficina del Gran Rabino, 1991–1996.
7. Percy Bysshe Shelley, *A Defence of Poetry: An Essay* (ReadHowYouWant, 2006), 53.

sí sé: hay una gran diferencia entre darle a las personas lo que quieren y enseñarles qué es lo que deben querer.

Los maestros son los constructores no reconocidos del futuro, y si un líder busca hacer un cambio duradero, debe seguir los pasos de Moshé y transformarse en educador. El líder como maestro, al utilizar la influencia y no el poder, la autoridad espiritual e intelectual en lugar de la fuerza coercitiva, fue una de las más grandes contribuciones que ha hecho el judaísmo a los horizontes morales de la humanidad. Y puede verse con la mayor claridad en el libro de Devarim cuando Moshé, en el último mes de su vida, convocó a la generación siguiente y le enseñó leyes y lecciones que servirán como factores de supervivencia e inspiración, mientras haya seres humanos sobre la tierra.

CB

*Vaetjanán*
# El más pequeño de los pueblos

Oculta discretamente, en la parashá de esta semana, hay una corta oración, potencialmente explosiva, que nos obliga a repensar tanto la naturaleza de la historia judía como la tarea del judaísmo en la actualidad.

Moshé le ha estado recordando a la nueva generación, los hijos de los que salieron de Egipto, la extraordinaria historia de la cual ellos son herederos:

"¿Ha ocurrido algo tan grande, o se ha oído alguna vez algo similar? ¿Existe algún otro pueblo que haya escuchado a Dios hablar desde el fuego, como lo han visto ustedes, y que siga existiendo? ¿Existe algún dios que haya tratado de tomar para sí una nación entre las naciones, mediante pruebas, señales y portentos, mediante la guerra, con mano fuerte y brazo extendido, o con grandes e impactantes hechos como todas las cosas que el

Señor vuestro Dios ha hecho por ustedes en Egipto ante vuestros propios ojos?" (Deuteronomio 4:32-34).

Los israelitas aún no han cruzado el Jordán. Todavía no ha comenzado su vida como nación soberana en tierra propia. Pero Moshé está seguro, con una certeza que solo puede ser profética, de que es un pueblo como ningún otro. Lo que les ha pasado a ellos es único. Fueron y son una nación con destino de grandeza.

Moshé les recordó la gran revelación en el Monte Sinaí. Les recordó los Diez Mandamientos. Les expresó la más famosa de las síntesis de la fe judía: "Oye Israel, el Señor nuestro Dios, el Señor es uno" (Deuteronomio 6:4). Les transmite la más majestuosa de todas las órdenes: "Ama al Señor tu Dios con todo tu corazón, con toda tu alma y toda tu fuerza" (Deuteronomio 6:5). Dos veces le dice al pueblo que enseñe esto a sus hijos. Les da la expresión de la misión eterna como nación: "Ustedes son un pueblo santo para el Señor vuestro Dios. El Señor vuestro Dios los ha elegido entre todas las naciones de la faz de la tierra para ser Su pueblo, su posesión atesorada" (Deuteronomio 7:6).

Luego dice lo siguiente:

"El Señor no brindó Su afecto y los eligió por ser la más numerosa de todas las naciones, puesto que son la menos numerosa" (Deuteronomio 7:7).

¿La menos numerosa? ¿Qué ocurrió con todas las promesas de Bereshit, que los hijos de Abraham serían numerosos, incontables, como las estrellas del cielo y el polvo de la tierra, o como los granos de arena de la orilla del mar? ¿O con la mención de Moshé al comienzo de Devarim: "El Señor vuestro Dios ha incrementado vuestro número de tal forma que ahora son como las estrellas del cielo"? (Deuteronomio 1:10)

La respuesta más simple es la siguiente: los israelitas, en verdad, eran numerosos *en comparación con lo que fueron alguna vez*. Moshé lo expresa así en la parashá de la próxima semana: "Vuestros antepasados que bajaron a Egipto fueron setenta en total, y ahora el Señor, vuestro Dios, ha hecho que sean tan numerosos como las estrellas del cielo" (Deuteronomio 10:22). Fueron alguna vez una sola familia, Abraham,

## Vaetjanán: El más pequeño de los pueblos

Sara y sus descendientes, y ahora se ha convertido en una nación de doce tribus.

Pero –y este es el punto que remarca Moshé– comparada con otras naciones, seguía siendo pequeña. "Cuando el Señor vuestro Dios los haya traído a la tierra a la que están entrando para poseerla, y haya desplazado ante ustedes a muchas naciones (los hititas, girgashitas, amoritas, cananitas, perizitas hivitas y iebusitas), siete naciones *más grandes y fuertes que ustedes...*" (Deuteronomio 7:1). En otras palabras, los israelitas no solo eran un pueblo más pequeño que los grandes imperios del mundo antiguo. Eran más pequeños aún que las otras naciones de la región. Comparado con sus orígenes habían crecido exponencialmente, pero frente a sus vecinos seguían siendo un pueblo pequeño.

Moshé les dice entonces lo que esto significa:

> "Ustedes pueden decirse, "Estas naciones son más fuertes que nosotros. ¿Cómo podemos echarlos?" Pero no les teman. Recuerden lo que el Señor vuestro Dios hizo al Faraón y a todo Egipto" (Deuteronomio 7:17–18).

Israel sería la más pequeña de las naciones, por la razón que va al corazón mismo de su existencia como nación. Mostrará al mundo que *no es necesario que un pueblo sea numeroso para ser grande*. No necesita ser numeroso para derrotar a sus enemigos. La historia particular de Israel muestra que, en palabras del profeta Zacarías (4:6) "'No por fortaleza ni por poder, sino por Mi espíritu', dice el Señor Todopoderoso".

En sí, Israel sería testigo de algo más grande que sí mismo. Como lo expresara el difunto filósofo marxista Nicolai Berdiaev:

> Recuerdo cuando intenté, en mi juventud, aplicar la interpretación materialista de la historia al destino de los pueblos. En el caso de los judíos se derrumbó, ya que desde el punto de vista materialista su destino resultaba absolutamente inexplicable... Su supervivencia es misteriosa y constituye un espectacular fenómeno que demuestra que la vida de este pueblo, gobernada por una predeterminación especial, trasciende los procesos de adaptación propuestos por la interpretación materialista de la historia.

*Devarim*

La supervivencia de los judíos, su resistencia a la destrucción, su fortaleza ante condiciones absolutamente peculiares, y el rol fatídico destinado por la historia: todos estos factores apuntan a los fundamentos misteriosos de su destino[1].

La declaración de Moshé tiene inmensas implicaciones en cuanto a la identidad judía. La propuesta implícita a través de los textos de este año de *Convenio y Conversación* es que los judíos han tenido una influencia desproporcionada con respecto a su número porque *han sido llamados a ser líderes*, a asumir responsabilidades, a contribuir, a hacer una diferencia en la vida de los demás, a traer la Presencia Divina al mundo. Precisamente por ser pocos, cada uno de nosotros fuimos convocados a la grandeza.

S.Y. Agnon, el gran escritor hebreo, compuso una plegaria para acompañar al Kadish de duelo. Notó que los hijos de Israel siempre han sido más pequeños en número comparados con otras naciones. Entonces, dijo que cuando un monarca reina sobre una población grande, no nota cuando muere un individuo porque hay otros que podrán ocupar su lugar. "Pero nuestro Rey, el Rey de Reyes, el Santo Bendito sea... nos eligió a nosotros, no por ser una gran nación puesto que somos una de las más pequeñas. Somos pocos, y debido al amor que Él nos profesa a cada uno de nosotros, para Él somos una legión entera. Él no tiene muchos reemplazantes para nosotros. Si alguno de nosotros falta, Dios no lo quiera, entonces las fuerzas del rey disminuyen, y su reinado, de alguna forma, se debilita. Una de Sus legiones se ha ido y Su grandeza ha disminuido. Por eso es nuestra costumbre recitar el Kadish cuando muere un judío[2]".

Margaret Mead dijo alguna vez: "Nunca dudes de que un pequeño grupo de ciudadanos respetuosos, comprometidos, puede cambiar el mundo. En realidad, es lo único que efectivamente ha ocurrido". Gandhi dijo: "Un pequeño grupo de espíritus determinados, alimentados por una fe inquebrantable en su misión, puede cambiar el curso de la historia[3]".

1. Nicolay Berdyaev, *The Meaning of History*, Transaction Publishers, 2005, 86.
2. Citado en León Wieseltier, *Kadish*, London: Picador, 1998, 22–23,
3. Harijian, 19 de Noviembre de 1938.

Esa debe ser nuestra fe como judíos. Puede que seamos el pueblo menos numeroso, pero cuando acudimos al llamado de Dios, tenemos la capacidad, probada en reiteradas ocasiones en nuestro pasado, de reparar y cambiar el mundo.

CB

*Ekev*

# Liderar es escuchar

"Si sólo escucharan estas leyes..." (Deuteronomio 7:12). Estas palabras, con las que comienza nuestra parashá, contienen un verbo que es el indicador fundamental del libro de Devarim. Es el verbo *sh-m-a*. Lo vimos en la parashá de la semana pasada, el rezo más famoso de todo el judaísmo: *Shemá Israel*. Y aparece nuevamente en la parashá de esta semana en el segundo párrafo de la Shemá "Y será que si con certeza escuchas *(shamoa tishme'u)*" (Deuteronomio 11:13). De hecho, este verbo figura no menos de 92 veces en todo Devarim.

A menudo, no percibimos el significado de esta palabra debido a lo que yo llamo *la falacia de la traducción*: la suposición de que un idioma es totalmente traducible a otro. Oímos una palabra traducida de un idioma a otro y suponemos que significa lo mismo en los dos. Los idiomas son parcialmente traducibles uno a otro[1]. Muchas veces,

---

1. Robert Frost dijo: "la poesía es lo que se pierde en la traducción". Cervantes comparó a la traducción con el otro lado de un tapiz. En el mejor de los casos, vemos un esquema aproximado del patrón que sabemos que existe del otro lado, pero que carece de definición y está lleno de hilos sueltos.

los términos clave de una civilización no son reproducibles en otra. La palabra griega *megalopsychos;* por ejemplo, el "hombre de gran alma" de Aristóteles, el que es grande y sabe que lo es y se desplaza con orgullo aristocrático, es intraducible para un sistema moral como el judaísmo, en el que la humildad es una virtud. La palabra inglesa "tact" (tacto) no tiene correlación alguna en hebreo. Y así sucesivamente.

Esto ocurre particularmente en el caso de la palabra *sh-m-a*. Vean por ejemplo, las variadas formas en que las palabras iniciales de esta parashá se tradujeron al español:

Si ustedes *escuchan* estos preceptos…
Si ustedes *obedecen totalmente* estas leyes…
Si ustedes *prestan atención* a estas leyes…
Si ustedes *acatan* estos preceptos…
Porque *ustedes oyen* estos juicios…

No existe palabra en español que signifique oír, escuchar, acatar, prestar atención y obedecer. *Sh-m-a* también significa "comprender," como en el caso de la torre de Babel, cuando Dios dice: "Vengan, vamos a bajar y a confundir su lenguaje para que no se puedan comprender *(yshme'u)* uno con otro" (Génesis 11:7).

Como he argumentado en otras oportunidades, uno de los hechos más impactantes de la Torá es que, aunque contiene 613 preceptos, no tiene una palabra que signifique "obedecer". Cuando el hebreo moderno necesitó esa palabra la tomó del arameo, el verbo *le-tzayet*. El verbo utilizado en la Torá en lugar de "obedecer" es *sh-m-a*. Esto es de una gran importancia. Quiere decir que *en el judaísmo la obediencia ciega no es una virtud*. Dios quiere que comprendamos las leyes que Él nos ha ordenado. Quiere que reflexionemos sobre el por qué de la ley. Quiere que escuchemos, que reflexionemos, que tratemos de comprender, que internalicemos y que respondamos. Quiere que seamos un *pueblo que escucha*.

La antigua Grecia fue una cultura visual. Una cultura del arte, la arquitectura, el teatro, el espectáculo. Para los griegos en general y para Platón en particular, conocer era una forma de *ver*. El judaísmo, como lo señaló Freud en su *Moisés y el monoteísmo*[2], es una cultura no visual. Alabamos a Dios que no puede ser visto; y hacer imágenes sagradas, íconos, está totalmente prohibido. En el judaísmo no vemos a Dios, lo escuchamos. Conocer es una forma de *escuchar*. Irónicamente, el mismo Freud, tan profundamente ambivalente con respecto al judaísmo, inventó una terapia mediante el acto de escuchar: el psicoanálisis.[3]

Se entiende, por lo tanto, que en el judaísmo escuchar es un acto profundamente espiritual. Escuchar a Dios es abrirse a Dios. Eso es lo que está diciendo Moshé a lo largo de Devarim. "Si sólo ustedes escucharan". Así es también con el liderazgo (en realidad con toda forma de relación interpersonal). Frecuentemente, el mayor regalo que podemos hacerle a una persona es escucharla.

El sobreviviente de Auschwitz, Viktor Frankl quién creó una nueva forma de psicoterapia basada en "el hombre en busca de sentido", relató la historia de una de sus pacientes que lo llamó por teléfono en el medio de la noche para decirle, con toda calma, que se estaba por suicidar. Él la mantuvo hablando por teléfono durante dos horas, exponiendo todos los motivos por los cuales era bueno vivir. Finalmente, ella le dijo que había cambiado de opinión y que no se quitaría la vida. Cuando la vio, le preguntó cuál de las múltiples razones la había convencido para cambiar su decisión. "Ninguna," le contestó. "Entonces ¿por qué decidió no suicidarse?" Le contestó que, el hecho de que hubiera una persona dispuesta a escucharla durante dos horas en el medio de la noche, la convenció de que, después de todo, valía la pena seguir viviendo[4].

Como Jefe del Rabinato me tocó resolver un buen número de casos complicados de *aguná*, situaciones en las cuales el marido no está dispuesto a darle el *guet* a su mujer para que ella pueda volver a casarse. Resolvimos todos estos casos no mediante recursos legales sino mediante el simple acto de escuchar: escuchar profundamente. Así, pudimos

2. Vintage, 1955
3. Anna O. (Bertha Pappenheim) describió al psicoanálisis Freudiano como "la cura del habla", pero de hecho es una cura de la escucha. Solo a través de la escucha activa del analista, puede haber una conversación terapéutica o catártica del paciente.
4. Anna Redsand, *Viktor Frankl: A Life Worth Living*, Houghton Mifflin Harcourt, 2006, 113-14.

convencer a las dos partes de que habíamos percibido su dolor y su sensación de injusticia. Esto llevó largas horas de total concentración y, una total ausencia de juzgamiento y de tomar partido. Con el tiempo, nuestra capacidad de escuchar logró absorber la amargura, y las partes pudieron resolver sus diferencias en forma conjunta. Escuchar es intensamente terapéutico.

Antes de ser nombrado Jefe del Rabinato, dirigí el seminario de preparación rabínica, el *Jews' College*. Fue ahí, durante los años 80, que pusimos en marcha uno de los programas más avanzados de práctica rabínica conocidos hasta el momento. Incluía un programa de tres años de orientación (*counselling*). Los profesionales que contratamos para ese curso nos dijeron que asumirían el cargo con una condición: debíamos aceptar que todos los participantes estuvieran recluidos en un lugar aislado durante dos días. Solo los que estuvieran de acuerdo serían aceptados para integrar el curso. Nosotros no sabíamos qué era lo que se proponían, pero pronto nos dimos cuenta. Planeaban enseñarnos el método iniciado por Carl Rogers conocido como 'no direccionado' o 'terapia centrada en la persona'. Esta consiste en la acción de escuchar activamente y efectuar preguntas reflexivas, sin ninguna orientación por parte del profesional.

A medida que el método avanzaba, los rabinos comenzaron a objetarlo. Les parecía que era lo opuesto a todo lo que representaban. Ser rabino es enseñar, dirigir, decirle a las personas qué hacer. La tensión entre los profesores y los rabinos aumentó hasta llegar a una situación de crisis, a tal punto que tuvimos que suspender el curso por un tiempo hasta encontrar la manera de conciliar lo que hacían los profesores con lo que parecía expresar la Torá. Fue ahí cuando comenzamos a reflexionar, por primera vez como grupo, sobre la dimensión espiritual de escuchar, de *Shemá Israel*.

La profunda verdad detrás de la terapia centralizada en la persona es que el acto de escuchar es la virtud clave de la vida religiosa. Eso es lo que expresa Moshé a lo largo de Devarim. Si queremos que Dios nos escuche, tenemos que estar dispuestos a escucharlo a Él. Y si aprendemos a escucharlo, entonces estaremos preparados para escuchar a nuestros semejantes: el llanto silencioso del que está solo, del carenciado, del débil, del vulnerable, de las personas con dolor existencial.

## Ekev: Liderar es escuchar

Cuando Dios se le apareció al rey Salomón en sueños y le preguntó qué desearía recibir, Salomón contestó: *lev shome'a*, literalmente, "un corazón que escuche" para poder juzgar al pueblo (I Reyes 3:9). La elección de las palabras es significativa. La sabiduría de Salomón yacía, por lo menos en parte, en su capacidad de escuchar, de percibir las emociones detrás de las palabras, de captar lo no dicho además de lo enunciado. Es común encontrar líderes que hablan, pero es difícil encontrar líderes que escuchen. El hecho de escuchar, muchas veces hace la diferencia.

El escuchar en un entorno moral es tan importante en el judaísmo como la dignidad humana. El acto de escuchar es una expresión de respeto. Para ilustrarlo, quiero compartir una historia con ustedes. La familia real de Gran Bretaña es conocida por arribar y partir siempre a horario. Nunca olvidaré la ocasión (sus asistentes me comentaron que nunca lo habían visto antes) en que la Reina se quedó dos horas más de lo estipulado. Fue el 27 de enero de 2005, en ocasión del decimosexto aniversario de la liberación de Auschwitz. La Reina había invitado a varios sobrevivientes a una recepción en el palacio St. James. Cada uno tenía su historia para relatar, y ella se tomó el tiempo de escuchar a cada uno de ellos. Uno tras otro se acercaron y me dijeron: "Hace sesenta años no sabía si al día siguiente viviría, y he aquí que ahora estoy hablando con la Reina". Ese hecho de escuchar fue el acto de mayor sensibilidad que he presenciado en el entorno de la familia real. Escuchar es una profunda afirmación de la humanidad del otro.

En el encuentro en la zarza ardiente, en el que Dios convocó a Moshé a asumir el liderazgo, Moshé contestó: "Yo no soy hombre de palabras, ni ayer, ni el día anterior, ni desde la primera vez que le hablaste a Tu sirviente. Yo soy lento de palabra y de lengua" (Éxodo 4:10). ¿Por qué habría de elegir Dios a un hombre con dificultad de hablar para conducir al pueblo judío? *Quizás porque el que no puede hablar aprende a escuchar.*

El líder es el que sabe escuchar el llanto no expresado de otros, y la apacible, delicada voz de Dios.

CB

*Reé*
# Definiendo la realidad

Uno de los dones de los grandes líderes, del cual cada uno de nosotros puede extraer una enseñanza, es que *enmarcan la realidad para el grupo*. Definen su situación. Especifican los objetivos. Articulan las opciones. Nos dicen en qué lugar estamos y hacia dónde vamos de una manera que ningún satélite de navegación podría igualar. Nos muestran el mapa y el destino y nos ayudan a elegir esta ruta y no esta otra. Ese es uno de los roles más importantes de transmisión educativa, y nadie lo hizo de manera más extraordinaria que Moshé en el libro de Deuteronomio.

He aquí cómo lo hace al comenzar la parashá de esta semana:

> "Vean, estoy poniendo delante de ustedes en el día de hoy la bendición y la maldición – bendición, si obedecen las órdenes del Señor vuestro Dios que les estoy presentando hoy; maldición, si desobedecen las órdenes del Señor vuestro Dios, y si se apartan del camino que yo les estoy indicando, siguiendo a otros dioses que ustedes no han conocido" (Deuteronomio 11: 26–28).

*Devarim*

Y aquí con palabras aún más fuertes, Moshé lo expresa más adelante en el libro:

> "Vean, pongo ante ustedes en el día de hoy la vida y lo bueno, la muerte y lo malo...y llamo al Cielo y a la Tierra como testigos hoy, de que he puesto ante ustedes la vida y la muerte, la bendición y la maldición. Por lo tanto, elijan la vida, para que puedan vivir ustedes y sus hijos" (Deuteronomio 30:15,19).

Lo que está haciendo aquí Moshé es *definir la realidad* para la próxima generación y para todas las subsiguientes. Lo hace a modo de prefacio de lo que seguirá en los próximos capítulos, principalmente la confirmación sistemática de la ley judía, cubriendo todos los aspectos de la nueva nación en su tierra.

Moshé no quiere que el pueblo pierda de vista el motivo principal, abrumados por los detalles. La ley judía con sus 613 preceptos *es* detallada. Busca la santificación de todos los aspectos de la vida, desde el ritual diario hasta la estructura misma de la sociedad y sus instituciones. Su objetivo es modelar un mundo social en el cual podamos transformar hasta las ocasiones aparentemente seculares, en encuentros con la Divina Presencia. Pese a los detalles, dice Moshé, las opciones que pongo antes ustedes son realmente bastante simples.

Nosotros, le dice a la generación futura, somos únicos. Somos una nación pequeña. No tenemos el número, la riqueza ni el armamento sofisticado de los grandes imperios. Somos más pequeños aún que muchos de nuestros vecinos. Por el momento ni siquiera tenemos nuestra propia tierra. Pero somos diferentes, y esa diferencia define de una vez por todas quiénes somos y por qué. Dios nos ha elegido para hacernos Su lugar en la historia. Nos liberó de la esclavitud y nos eligió como Su socio del pacto.

Y esto no se debe a nuestros méritos. "No es por vuestra virtud o vuestra integridad que van a tomar posesión de la tierra" (Deuteronomio 9: 5). No somos más virtuosos que otros, dice Moshé. Es porque nuestros antepasados –Abraham, Yitzjak y Yaakov, Sara Rebeca, Rajel y Lea– fueron las primeras personas que respondieron al llamado del único Dios y lo siguieron, venerando no a la naturaleza sino al Creador de la naturaleza, no al poder sino a la justicia y a la compasión, no a las jerarquías sino a una sociedad de igual dignidad que incluye en su ámbito de cuidado a la viuda, el huérfano y el extranjero.

No piensen, dice Moshé, que vamos a poder sobrevivir como nación entre las otras naciones, adorando lo que ellos adoran y viviendo como viven. Si lo hacemos, estaremos sujetos a la ley universal que ha gobernado el destino de las naciones, desde los albores de la civilización hasta hoy. Las naciones nacen, crecen, florecen; después se vuelven complacientes, luego corruptas, se dividen y por último, mueren, para ser recordadas solo en los libros de historia y en los museos. En el caso de Israel, pequeña e intensamente vulnerable, ese destino ocurrirá más temprano que tarde. Eso es lo que Moshé llama "la maldición."

La alternativa es simple – aunque demandante y detallada. Consiste en adoptar a Dios como nuestro Soberano, Juez de nuestros actos, Marco de nuestras leyes, Autor de nuestra libertad, Defensor de nuestro destino, Objeto de nuestra veneración y amor. Si predicamos nuestra existencia sobre algo – sobre Uno – vastamente más grande que nosotros, entonces nos elevaremos más de lo que podríamos hacerlo solos. Pero eso exige una lealtad total a Dios y a Su ley. Esa es la única forma de evitar la decadencia, la declinación y la derrota.

No tiene nada de puritanismo esta visión. Dos de las palabras clave de Deuteronomio son *amor* y *felicidad*. La palabra "amor" (la raíz *a-h-v*) aparece dos veces en Éxodo, dos en Levítico, ninguna en Números y 23 veces en Deuteronomio. La palabra "alegría" (con la raíz *s-m-j*) aparece una vez en Génesis, Éxodo, Levítico y Números, pero doce veces en Deuteronomio. Moshé sin embargo, no oculta el hecho de que la vida bajo el pacto será demandante. Ni el amor ni la alegría vienen en una escala social sin códigos de auto represión y compromiso con el bien común.

Moshé sabe que las personas piensan y actúan con una modalidad a corto plazo, prefiriendo el placer de hoy a la felicidad de mañana, la ventaja personal al bien de la sociedad como tal. Hacen tonterías, tanto individual como colectivamente. Por eso a lo largo de Devarim insiste reiteradas veces en que el camino al florecimiento a largo plazo –lo 'bueno', la 'bendición,' la vida misma– consiste en hacer una simple elección: aceptar a Dios como soberano, hacer lo que es Su voluntad, y las bendiciones vendrán. Si no, tarde o temprano serás conquistado y dispersado y sufrirás más de lo que imaginas. De esta forma, Moshé definió la realidad para los israelitas de su tiempo y de todos los tiempos.

¿Qué tiene que ver esto con el liderazgo? La respuesta es que el significado de los eventos nunca es evidente por sí mismo. Siempre está sujeto a interpretación. A veces, por torpeza, temor o falta de imaginación, los líderes se equivocan. Neville Chamberlain definió el desafío a la asunción del poder de la Alemania Nazi como una búsqueda de "la paz para nuestro tiempo." Tuvo que aparecer Churchill para concluir que estaba equivocado, que el verdadero desafío era la defensa de la libertad contra la tiranía.

En el tiempo de Abraham Lincoln hubo un gran número de personas que estaban a favor y en contra de la esclavitud, pero fue Lincoln el que definió la abolición como el paso necesario para preservar la unión de la nación. Fue su visión profunda la que le permitió afirmar en el Segundo Discurso Inaugural, "Con maldad contra ninguno, con caridad para todos, con la firmeza del derecho que nos da Dios para ver lo correcto, luchemos para terminar la tarea a la que estamos abocados: cicatrizar las heridas de la nación."[1] No permitió que la abolición ni el fin de la Guerra Civil, fueran tomados como un triunfo de un bando sobre el otro, sino que los consagró como una victoria de toda la nación.

Expliqué en mi libro sobre religión y ciencia, *The Great Partnership*[2] (La gran sociedad) que existe una diferencia entre la *causa* de algo y su *significado*. La búsqueda de las causas requiere *explicación*. La búsqueda del significado requiere *interpretación*. La ciencia puede explicar pero no interpretar. Las diez plagas de Egipto, ¿fueron una secuencia natural de eventos, un castigo Divino o ambas cosas? No existe experimento que pueda resolver la cuestión. La división del Mar Rojo, ¿fue una intervención Divina en la historia o un viento anormal del este que dejó a la vista un antiguo banco de arena? ¿Fue el Éxodo un acto de liberación Divino o una serie de coincidencias fortuitas que permitieron la fuga

---

1. Abraham Lincoln, Segundo Discurso Inaugural (Capitolio de Estados Unidos, 4 de Marzo de 1865)
2. *The Great Partnership: Science, Religion and the Search of Meaning* (Nueva York: Schocken Books, 2011).

de un grupo de esclavos? Cuando todas las explicaciones causales han sido expuestas, la calidad del milagro –un evento que cambió el curso de la historia, en el cual vemos la mano de Dios– permanece. Cultura no es naturaleza. Hay causas en la naturaleza, pero solo en la cultura hay significados. El Homo Sapiens es un creador singular de cultura, animal buscador de significados, y eso influye en todo lo que hacemos.

Viktor Frankl solía enfatizar que nuestras vidas están determinadas no por lo que nos ocurre sino por cómo respondemos a lo que nos ocurre, y ello depende de cómo interpretamos estos eventos. Este desastre, ¿es el fin del mundo o es la vida la que me pide que haga un esfuerzo heroico para que yo pueda sobrevivir y ayudar a otros a hacerlo? La misma circunstancia puede ser interpretada en forma diferente por dos personas, llevando a una a la desesperación y a la otra a un acto de heroísmo. Los hechos son los mismos pero los significados dramáticamente distintos. La forma en que interpretamos el mundo afecta el modo en que le respondemos, y son nuestras respuestas las que modelan nuestras vidas, tanto en forma individual como colectiva. De ahí las famosas palabras de Max De Pree "La primera responsabilidad de un líder es definir la realidad."[3]

En toda familia, comunidad, organización, hay pruebas, desafíos y tribulaciones. ¿Eso conduce a discusiones, acusaciones y recriminaciones? ¿O el grupo lo ve como un evento providencial que puede conducir a un buen futuro ("un descenso que conduce a un ascenso" como solía decir el Rebe de Lubavitch)? ¿El grupo trabaja unido para aceptar el desafío? Mucho, quizás todo, dependerá de cómo define el grupo su realidad. Eso a su vez depende del liderazgo que ha tenido hasta el momento, o de la ausencia del mismo. Familias y comunidades fuertes tienen un claro sentido de cuáles son sus ideales, y no son alejados de su curso por los vientos de cambio. Nadie hizo esto más poderosamente que Moshé de la manera en que monumentalmente enmarcó la elección entre el bien y el mal, entre la vida y la muerte, la bendición y la maldición, siguiendo a Dios por un lado o eligiendo los valores de las civilizaciones vecinas por el otro. Es debido a esa claridad que los hititas, cananeos, perizitas

---

3. Max De Pree, *Leadership is an Art*, Nueva York, Doubleday, 1989, p.11.

*Devarim*

y jebuseos ya no existen más, mientras que el pueblo de Israel sigue con vida, pese a sus extraordinarios cambios históricos circunstanciales.

¿Quiénes somos? ¿Dónde estamos? ¿Qué es lo que estamos intentando lograr y qué clase de pueblo aspiramos ser? Estas son las preguntas que los líderes ayudan a preguntar y responder a un grupo, y cuando el grupo lo hace en forma conjunta es bendecido con una resiliencia y fortaleza excepcionales.

CB

*Shoftim*
# Aprendizaje y liderazgo

La parashá de Shoftim es la fuente clásica de los tres tipos de liderazgo en el judaísmo, llamado por los sabios, las "tres coronas": el sacerdocio, el reinado y la Torá[1]. Esta es la primera declaración en la historia del tema de los principios, expuesta por Montesquieu, en el siglo XVIII en su *L'Espirit des Lois* (El espíritu de las leyes), que luego fue el factor fundamental en la constitución norteamericana en lo referente a la "separación de los poderes"[2].

1. Mishná Avot 4:13. Maimónides, *Mishné Torá; Hiljot Talmud Torá, 3:1.*
2. La división de Montesquieu, seguida por la mayoría de las democracias occidentales, es entre el poder legislativo, ejecutivo y judicial. En el judaísmo, la principal legislación proviene de Dios. Los reyes y los sabios tenían el poder de ejercer solo una legislación secundaria, para asegurar el orden y para "cercar la ley". Por lo tanto, en el judaísmo, el rey era el que ejercía el poder ejecutivo; el sacerdocio, en los tiempos bíblicos, era el poder judicial. La "corona de la Torá", que llevaban los profetas, era una institución única: una forma de crítica social sancionada por Dios. Una tarea asumida en la era moderna, no siempre exitosa, por los intelectuales públicos. Hoy hay escasez de Profetas. Quizás siempre la hubo.

*Devarim*

El poder, en el ámbito humano, se debe dividir y distribuir, no debe concentrarse solo en una sola persona o cargo. En el Israel de la era bíblica había reyes, sacerdotes y profetas. Los reyes gozaban del poder secular y gubernamental. Los sacerdotes eran los líderes en el ámbito religioso, presidiendo los servicios del Templo y otros rituales, y eran quienes daban directivas en términos de santidad y pureza. Y los profetas eran los ordenados por Dios para ser críticos de la corrupción del poder y para guiar al pueblo en cuanto a la vocación religiosa, en caso de que se apartaran de ella.

Nuestra parashá trata sobre estos tres roles. Pero sin duda, la que más llama la atención es la sección de los reyes, por varias razones. Primero, porque es la primera orden emitida por la Torá que incluye una explicación acerca de lo que hacen otros pueblos: "Cuando hayan entrado a la tierra que el Señor vuestro Dios les legó, hayan tomado posesión de ella y se hayan asentado y dirán: 'Pongamos un rey por sobre nosotros para que nos gobierne, como todas las naciones que nos rodean...'" (Deuteronomio 17:14). Normalmente, en la Torá, la orden es que los israelitas sean diferentes. El hecho de que esta orden sea una excepción fue suficiente para que los estudiosos, a través de los siglos, hayan señalado que hay cierta ambivalencia sobre el concepto de la monarquía en sí.

Segundo, el pasaje es notablemente negativo. Nos dice lo que el rey no debe hacer, más que lo que sí debe hacer. No debe "adquirir un gran número de caballos", "tomar muchas esposas" ni "acumular grandes cantidades de oro y plata" (Deuteronomio 17:16–17). Estas son las tentaciones del poder, y como aprendimos en todo el Tanaj, aun los líderes más grandes (incluso el mismo rey Salomón) eran vulnerables a ellas.

Tercero, y acorde con la idea judía fundamental de que el liderazgo es servicio, no dominación, status ni superioridad, se le ordena al rey que sea humilde: debe leer la Torá en forma constante "para que pueda aprender a reverenciar al Señor su Dios... y no considerarse superior a sus congéneres israelitas" (Deuteronomio 17:19–20). No es fácil ser humilde cuando todos se postran ante ti y tienes el poder de la vida y la muerte sobre tus súbditos.

De ahí, la gran variación entre los comentaristas acerca de si la monarquía es una institución buena o es peligrosa. Maimónides sostiene

*Shoftim: Aprendizaje y liderazgo*

que nombrar a un rey es una obligación; Ibn Ezra, que es una autorización; Abarbanel, que es una concesión y Rabenu Bejaiá que es un castigo – una interpretación conocida por John Milton en uno de los períodos más volátiles (y anti monárquicos) de la historia inglesa[3].

Sin embargo, existe una dimensión positiva y excepcionalmente importante de la monarquía. Al rey se le ordena estudiar constantemente:

> "... *y él debe leer todos los días de su vida* para que aprenda a reverenciar al Señor su Dios y seguir cuidadosamente las palabras de esta ley y estos decretos; no considerarse mejor que los demás israelitas ni apartarse de la ley, ni a la izquierda ni a la derecha. Entonces él y sus descendientes gobernarán por mucho tiempo en su reino de Israel" (Deuteronomio 17: 19- 20).

Más adelante, en el libro que lleva su nombre, a Josué, el sucesor de Moshé, se le ordena en términos parecidos:

> "Mantén este Libro de Leyes siempre en tus labios; medita sobre él de día y de noche, para que puedas tener el cuidado de hacer todo lo que está escrito. Entonces serás próspero y exitoso" (Josué 1: 8).

*Los líderes aprenden.* Este es el principio en cuestión. Es cierto que tienen asesores, ancianos, consejeros y una corte interna de sabios y estudiosos. Y sí, los reyes bíblicos tenían profetas: Samuel a Saúl, Natán a David, Isaías a Ezequías, etc., para transmitirles la palabra de Dios. Pero los que son los responsables del destino de la nación no deben delegar la tarea de pensar, leer, estudiar y recordar. No les está permitido decir: tengo muchas tareas pendientes, no tengo tiempo para libros. Los líderes deben ser estudiosos, *Bnei Torá*, "Hijos del Libro," si es que les corresponde dirigir y guiar al Pueblo del Libro.

Los grandes estadistas de nuestro tiempo así lo entendieron, por lo menos en términos seculares. William Gladstone, que fue primer ministro de Inglaterra durante cuatro períodos, tenía una biblioteca con

---

3. Ver Eric Nelson, *The Hebrew Republic,* Harvard University Press, 2010, 41–42.

*Devarim*

32,000 libros. Sabemos, porque anotaba en su diario el nombre de cada uno de los que terminó de leer, que leyó 22,000. Suponiendo que lo hizo a lo largo de 80 años (murió a los 88), se aproxima a un promedio de 275 libros por año, más de cinco por semana a lo largo de su vida. También, escribió muchos textos sobre varios temas, desde política y religión, hasta literatura griega, y su erudición era frecuentemente impresionante. Por ejemplo fue, según Guy Deutscher en su *Through The Language Glass*[4] (A través del cristal del lenguaje), la primera persona en advertir que los griegos no tenían el sentido del color, y que la famosa frase de Homero "el mar de color del vino" se refería más a la textura que al color.

Si visitas la casa de Ben Gurión en Tel Aviv verás que, mientras que la planta baja es de una austeridad casi espartana, en el primer piso hay una gran cantidad de papeles, periódicos y 20,000 libros, además de otros 4,000 en su casa en Sde Boker. Igual que Gladstone, Ben Gurión era un lector voraz además de ser un autor prolífico. Antes de dedicarse a la política, Benjamín Disraeli fue un escritor famoso. Winston Churchill escribió casi 50 libros y ganó el Premio Nobel de Literatura. Leer y escribir es lo que diferencia a los estadistas de los meros políticos.

Los dos reyes más grandes de la antigua Israel, David y Salomón, fueron autores: David, de los Salmos, y Salomón, del Cantar de los Cantares, Proverbios y Eclesiastés. La palabra bíblica que se asocia con los reyes es *jojmá*, "sabiduría". Salomón era conocido específicamente por su sabiduría:

> "Cuando todo Israel escuchó el veredicto que había dictaminado el Rey, quedaron fuertemente impactados porque percibieron que tenía la sabiduría que le había legado Dios para administrar justicia.
> La sabiduría de Salomón era más grande que la de todas las personas del Este, y más que todas las de Egipto... De todas las naciones hubo gente, enviada por todos los reyes del mundo, que acudía para escuchar la sabiduría de Salomón" (I Reyes 10:4–24).

---

4. *Through the Language Glass: Why the World Looks Different in Other Languages* (New York: Metropolitan Books/Henry Holt and Co., 2010).

## Shoftim: Aprendizaje y liderazgo

Cuando la reina de Saba vio toda la sabiduría de Salomón... quedó deslumbrada. Le dijo al rey, "el informe que he escuchado en mi país acerca de tus logros y tu sabiduría, es veraz. Pero yo no lo creí hasta que pude verlo con mis propios ojos. En realidad, solo describía la mitad. La riqueza y la sabiduría excede por lejos lo expresado en el informe..." Todo el mundo pedía audiencia con Salomón para escuchar la sabiduría que Dios había puesto en su corazón (I Reyes 10:4-24).

Debemos resaltar que la palabra *jojmá*, sabiduría, tiene un significado ligeramente distinto en la Torá, más comúnmente asociada con los sacerdotes, profetas y reyes. *Jojmá* significa sabiduría humana universal, más que una herencia especial de los judíos y del judaísmo. Un Midrash señala que "Si alguien te dice 'Existe sabiduría en las naciones del mundo', créele. Pero si dicen 'Hay Torá en las naciones del mundo', no lo creas". En general, en términos contemporáneos *jojmá* se refiere a las ciencias y las humanidades: cualquiera de ellas que nos permita ver al universo como la tarea de Dios y del hombre a la imagen de Dios. La Torá es la herencia moral y espiritual particular de Israel.

El caso de Salomón es particularmente importante porque, pese a toda su sabiduría, no fue capaz de superar las tres tentaciones expuestas en la parashá: adquirió un gran número de caballos y esposas, y acumuló grandes riquezas. La sabiduría sin Torá no alcanza para evitar que el líder se someta a la corrupción del poder.

Aunque pocos de nosotros estemos destinados a ser reyes, presidentes o primeros ministros, está en juego un principio general. Los líderes aprenden. Leen. Estudian. Se toman el tiempo para familiarizarse con el mundo de las ideas. Solo así logran tener la perspectiva de ver las cosas más allá y más claramente que los demás. Ser líder judío significa dedicar el tiempo a estudiar tanto la Torá como la *jojmá*: *jojmá* para entender al mundo tal como es. La Torá consiste en comprender al mundo como debería ser.

Los líderes nunca deben dejar de aprender. Es así como crecen y enseñan a otros a crecer junto con ellos.

CB

*Ki Tetzé*
# En contra del odio

Ki Tetzé contiene más leyes que cualquier otra parashá de la Torá y posiblemente abruma la *embarras de richesse* (profusión de riqueza) del detalle. Un versículo, sin embargo, resalta por su singular característica contra intuitiva:

> "No odies al edomita, pues es tu hermano. No odies al egipcio pues fuiste extranjero en su tierra" (Deuteronomio 23:8).

Son mandamientos muy inesperados. Examinarlos y comprenderlos será para nosotros una lección importante sobre la sociedad en general y sobre el liderazgo en particular.

Primero, una visión global. Los judíos han sido objeto de discriminación racial con más intensidad y durante más tiempo que cualquier otra nación en la tierra. Por lo tanto debemos cuidarnos aún más de no ser nunca culpables de lo mismo. Nuestra creencia es que Dios nos creó a cada uno de nosotros sin distinción de color, clase, cultura o credo, a Su imagen. Si despreciamos a otras personas por su raza, estamos

## Devarim

menospreciando la imagen de Dios y faltando el respeto a *kavod ha briot*, la dignidad humana.

Si despreciamos a una persona por el color de su piel, estamos repitiendo el pecado de Aarón y Miriam – "Miriam y Aarón hablaron mal de Moshé por la mujer cushita que había desposado, pues había desposado una mujer cushita" (Números 12:1). Existen diferentes interpretaciones midráshicas de este pasaje, pero el sentido común nos dice que menospreciaron a la mujer de Moshé porque, como la mayoría de las cushitas, era de piel oscura, siendo esta una de las primeras versiones registradas de prejuicio racial. Por este pecado Miriam fue castigada con lepra.

En cambio, debemos recordar la hermosa frase del Cantar de los Cantares: "Soy negra, pero hermosa, Oh hijas de Jerusalén, como las tiendas de Kedar, como las cortinas de Salomón. No me miren fijamente por ser oscura, pues el sol ha puesto su mirada en mí" (Cantar de los Cantares 1:5).

Los judíos no se pueden quejar de que otros tengan actitudes racistas hacia ellos si ellos tienen la misma actitud hacia otros. "Primero corrígete, luego corrige a los demás," dice el Talmud (Baba Metzia 107b). El Tanaj califica negativamente a algunas otras naciones, pero siempre por sus falencias morales, nunca por su color o etnia.

Ahora veamos los dos mandamientos de Moshé contra el odio,[1] ambos sorprendentes. "No desprecies al egipcio, pues tú has sido extranjero en su tierra." Este mandamiento es extraordinario. Los egipcios esclavizaron a los israelitas y concibieron un programa de lento genocidio, impidiendo que salieran a pesar de las plagas que tuvieron un efecto devastador sobre su tierra. ¿No son estos motivos para odiar?

Es cierto. Pero los egipcios refugiaron inicialmente a los israelitas en los tiempos de hambruna. Ellos honraron a Iosef cuando fue

---

1. Cuando me refiero a "los mandamientos de Moshé", aquí o en otros textos, pretendo, obviamente, indicar que fueron dados a Moshé por instrucción Divina, y él nos los transmitió a nosotros. Esto, en un sentido profundo, es porque Dios eligió a Moshé, un hombre que dijo en repetidas oportunidades que no era un hombre de palabras. Las palabras que Moshé habló eran aquellas de Dios. Eso, y solamente eso, les da una autoridad atemporal para el pueblo del pacto.

Ki Tetzé: En contra del odio

nombrado segundo del Faraón. Las maldades que cometieron contra los hebreos fueron causadas por "un nuevo rey que no había conocido a Iosef" (Éxodo 1:8) y a instancias del Faraón, no del pueblo en sí. Además, fue la hija del mismo Faraón la que rescató y adoptó a Moshé.

La Torá hace una clara distinción entre los egipcios y los amalecitas. Estos últimos están destinados a ser los enemigos eternos de Israel, pero los anteriores no. Tiempo más tarde, Isaías enunció una notable profecía – que llegaría el día en que los egipcios sufrirían su propia opresión. Clamarían ante Dios, que los socorrería igual que había hecho con los israelitas:

> "Cuando clamen por Dios debido a sus opresores, Él les enviará un salvador y defensor, y los socorrerá. Así el Señor se hará conocer ante los egipcios y en ese día reconocerán al Señor" (Isaías 19:20–21).

La sabiduría del mandamiento de Moshé de no despreciar a los egipcios brilla aún hoy. Si el pueblo hubiera seguido odiando a los opresores de entonces, Moshé habría sacado a los israelitas de Egipto, pero no a los opresores de entre los israelitas. Habrían continuado siendo esclavos, no físicamente pero sí psicológicamente. Serían esclavos del pasado, cautivos de las cadenas del resentimiento, imposibilitados de construir un futuro. *Para ser libre, debes liberarte del odio.* Es una verdad difícil pero necesaria.

No menos sorprendente es la insistencia de Moshé. "No desprecies al edomita, porque es tu hermano." Edom es, naturalmente, el otro nombre de Esav. Hubo un tiempo en el que Esav odiaba a Yaakov y juró matarlo. Además, antes de que nacieran los mellizos, Rebeca recibió un oráculo que le dijo: "Dos naciones alojas en tu vientre, y dos pueblos dentro de ti serán separados; un pueblo será más fuerte que el otro, y el mayor servirá al menor" (Génesis 25:23). Cualquiera sea el significado de estas palabras, parecen dar a entender que habrá un conflicto eterno entre los dos hermanos y sus descendientes.

En un tiempo mucho más avanzado, en la época del Segundo Templo, el profeta Malají dijo: "Es una *halajá* (regla, ley, verdad indudable) que Esav odia a Yaakov."[2] Entonces, ¿por qué nos dice Moshé que no odiemos a sus descendientes?

La respuesta es simple. *Puede ser que Esav odie a Yaakov, pero no significa que Yaakov deba odiar a Esav.* Contestar odio con odio es bajarte al nivel de tu oponente. Cuando durante un programa de televisión pregunté a Judea Pearl, el padre del vilmente asesinado periodista Daniel Pearl, por qué estaba trabajando en la reconciliación entre judíos y musulmanes, me contestó con una lucidez notable, "El odio mató a mi hijo, por eso estoy decidido a luchar contra el odio." Como escribió Martin Luther King Jr., "La oscuridad no puede desplazar a la oscuridad, solo la luz puede hacerlo. El odio no puede desplazar al odio, solo lo puede hacer el amor."[3] O como dijo Kohelet, hay "un tiempo para el amor y un tiempo para el odio; un tiempo para la guerra y otro para la paz" (Eclesiastés 3:8).

Nada menos que el Rabí Simón bar Yojai fue el que dijo que cuando Esav se encontró con Yaakov por última vez, lo besó y abrazó "con todo corazón."[4] El odio, especialmente dentro de la familia, no es eterno ni inexorable. Debes estar siempre listo, parece indicar Moshé, para una reconciliación entre enemigos.

La teoría contemporánea de juegos – el estudio sobre la toma de decisiones – sugiere lo mismo. El programa de Martin Nowak "Generous Tit-for-Tat" (Tal para cual generoso) es una estrategia ganadora en un escenario conocido como el Dilema Reiterado del Prisionero, un ejemplo creado para el estudio de la cooperación entre dos individuos. Tit-for-Tat dice: comienza siendo amable con tus oponentes y después hazles a ellos lo que ellos te hacen a ti (en hebreo, *midá keneged midá*). El Tit-for-Tat Generoso dice: no hagas siempre lo que ellos te hacen a ti, pues puedes encontrarte bloqueado en un ciclo de represalia mutuamente destructivo. Cada tanto ignora (perdona) la movida menos dañina de tu oponente. Eso, a grandes rasgos, es lo que los sabios quisieron decir cuando señalaron que Dios creó el mundo originariamente bajo

---

2. *Sifri*, Bemidbar, *Behaalotejá*, 69.
3. *Strength to Love* (Minneapolis, Minn.: Fortress Press, 1977), 53.
4. Sifri ad loc.

## Ki Tetzé: En contra del odio

el atributo de la justicia estricta, pero vio que no podría sobrevivir con esto solo. Por eso incluyó el atributo de la compasión.[5]

Las dos órdenes de Moshé contra el odio ejemplifican su grandeza como líder. Es lo más fácil del mundo convertirse en líder movilizando las fuerzas del odio. Es lo que hicieron Radovan Karadzic y Slobodan Milosevic en la antigua Yugoslavia y que llevó a asesinatos masivos y limpieza étnica. Es lo que hizo la prensa controlada por el estado –tildando a los Tutsis de *inyenzi* (cucarachas)– antes del genocidio de Ruanda de 1994. Es lo que decenas de predicadores del odio hacen en la actualidad, frecuentemente usando internet para comunicar paranoia e incitar a actos de terror. Finalmente, fue esta la técnica que utilizó Hitler como preludio del peor crimen contra la humanidad de toda la historia.

El lenguaje del odio es capaz de crear enemistad entre personas de distinta fe y etnia que habían vivido juntos en paz durante siglos. Ha sido consistentemente la fuerza más destructiva de la historia, y aún el conocimiento del Holocausto no lo ha logrado frenar, mismo en Europa. Es la marca indudable de liderazgo tóxico.

En su obra clásica *Leadership* (Liderazgo), James Mac Gregor Burns hace la distinción entre los líderes transaccionales y los transformadores. Los primeros se dirigen a los intereses de la gente. Los otros tratan de elevar su visión. "Liderazgo transformador consiste en elevar. Es moral pero no moralista. Los líderes se conectan con seguidores, pero de niveles más altos de moralidad; al intercalar objetivos y valores, tanto líderes como seguidores son elevados, en sus juicios, a niveles más altos de principios."[6]

El liderazgo en su aspecto más elevado transforma a los que lo ejercitan y a los influenciados por él. Los grandes líderes hacen que la gente sea mejor, más amable, más noble que lo que hubiera sido de otra manera. Ese fue el logro de Washington, Lincoln, Churchill, Gandhi y Mandela. El caso paradigmático fue el de Moshé, el hombre que ha tenido la influencia más duradera que cualquier otro líder de la historia.

Esto lo hizo enseñando a los israelitas a no odiar. Un buen líder lo sabe: odia al pecado pero no al pecador. No olvides el pasado, pero

---

5. Ver el comentario de Rashi a Génesis 1:1, *s.v. bará*.
6. James MacGregor Burns, *Leadership*, Harper Perennial, 2010, 455.

## Devarim

no permanezcas cautivo de él. Debes estar dispuesto a luchar contra tus enemigos, pero nunca te permitas ser definido por ellos ni ser como ellos. Aprende a amar y perdonar. Reconoce lo que hacen los malvados pero concéntrate en lo bueno que está dentro de nuestras posibilidades de hacer. Solo así podremos elevar la moral de la humanidad y ayudar a redimir el mundo que compartimos.

CB

*Ki Tavó*
# Una nación de narradores

Howard Gardner, profesor de educación y psicología de la Universidad de Harvard, es una de las grandes mentes de nuestro tiempo. Es bien conocido por su teoría de las "inteligencias múltiples," por la cual la inteligencia no es una sola cosa que pueda ser definida y medida sino que son muchas cosas – una muestra de la dignidad de la diferencia. Ha escrito asimismo muchos libros sobre liderazgo y creatividad, entre ellos uno en particular, Leading Minds (Mentes que lideran), el cual es importante para comprender la parashá de esta semana.[1]

La propuesta de Gardner es que lo que hace a un líder es la capacidad de narrar un tipo particular de historia – una que nos representa a nosotros mismos y que confiere el poder y la resonancia a una visión colectiva. Es el caso de Churchill, que contó la historia del coraje indomable de Gran Bretaña en su lucha por la libertad. Gandhi lo hizo con respecto a la dignidad de la India y de la protesta sin violencia. Margaret Thatcher habló sobre la importancia del individuo frente al Estado cada

---

1. Howard Gardner en colaboración con Emma Laskin, Leading minds: an anatomy of leadership, Nueva York, Basic Books, 2011.

vez más abarcador. Martin Luther King expresó que una gran nación no registra diferencias de colores. Las narrativas dan al grupo una identidad compartida y un sentido del objetivo a alcanzar.

El filósofo Alasdair MacIntyre también hizo énfasis en la importancia de la narrativa en la vida moral. "El hombre," escribió, "es en sus acciones y en la práctica así como en sus ficciones, un animal esencialmente narrador."[2] Es a través de las narrativas que comenzamos a entender quiénes somos y cuáles son las acciones que hemos sido convocados a realizar. "Si privas a los niños de cuentos los dejarás desarraigados, titubeantes y ansiosos tanto en palabras como en actos."[3] Saber quiénes somos es en gran medida entender de cuál narración o narraciones somos parte.

Las grandes preguntas –"¿Quiénes somos?" "¿Por qué estamos aquí?" "¿Cuál es nuestra tarea?"– tienen la mejor respuesta por medio de un cuento. Barbara Handy lo expresó de esta manera: "Soñamos en narrativa, nuestros ensueños son en narrativa, recordamos, anticipamos, tenemos esperanzas, creencias, dudas, planes, revisiones, críticas, construcciones, chismes, enseñanzas, odio y amor por medio de narrativas."[4] Esto es fundamental para entender por qué la Torá es la clase de libro que es: no es un tratado teológico o sistema metafísico sino una serie de historias interrelacionadas extendidas a través del tiempo; desde la travesía de Abraham y Sara partiendo de Mesopotamia hasta Moshé y el deambular de los israelitas por el desierto. El judaísmo es menos sobre la verdad como sistema, que sobre la verdad como narrativa. Y nosotros somos parte de esa historia. De eso se trata ser judío.

Una buena parte de lo que hace Moshé en el libro de Devarim es recontar la historia para la generación siguiente, recordándoles qué hizo Dios por sus padres y algunos de los errores que ellos mismos cometieron. Moshé, además de ser un gran libertador, era un narrador supremo. Pero lo que hace en la parashá Ki Tavó va todavía más allá.

---

2. Alasdair MacIntyre, After Virtue, University of Notre Dame Press, 1981
3. Ibid.
4. Barbara Hardy, "An Approach ThroughNarrative," Novel: A Forum on Fiction 2 (Durham, N.C.: Duke University Press, 1968), 5.

*Ki Tavó: Una nación de narradores*

Le dice al pueblo que cuando entren, conquisten y se establezcan en la tierra, deben llevar los primeros frutos maduros al santuario central, el Templo, como forma de dar gracias a Dios. Una Mishná en Bikurim[5] describe la jubilosa escena del pueblo que converge hacia Jerusalén desde todo el país llevando los primeros frutos con el acompañamiento de música y celebración. Sólo llevar los frutos no era suficiente. Cada persona debía pronunciar una declaración. Esa declaración se convirtió en uno de los pasajes más conocidos de la Torá, porque, aunque originalmente dicho en Shavuot, el festival de los primeros frutos, en los tiempos post-bíblicos se transformó en el elemento central de la Hagadá de la noche de Pesaj:

"Mi padre era un arameo errante, y cuando bajó a Egipto vivió allí, siendo escaso en número y transformándose allí en una gran nación, en número y en poder. Pero los egipcios nos maltrataron y nos hicieron sufrir, sometiéndonos a duras tareas. Entonces imploramos al Señor, el Dios de nuestros ancestros, y el Señor oyó nuestra voz y vio nuestra miseria, yugo y opresión. Entonces el Señor nos sacó de Egipto con mano fuerte y brazo extendido, con gran terror y con portentos y maravillas" (Deuteronomio 26:5-8).

Aquí, por primera vez, recontar la historia de la nación se transforma en un deber para todo ciudadano de la nación. En este acto, conocido como *vidui bikurim*, "la confesión hecha sobre los primeros frutos," a los judíos se les ordena, en cierta forma, ser una nación de narradores.

Este es un desarrollo notable. Yosef Jaim Yerushalmi nos dice que "Sólo en Israel y en ningún otro lugar, el mandato de recordar es sentido como un imperativo religioso para todo el pueblo."[6] Repetidas veces en Devarim aparece el mandato de recordar: "Recuerda que fuiste esclavo en Egipto" (Deuteronomio 5:14; 15:15; 16:12; 24:18; 24:22); "Recuerda lo que te hizo Amalek" (Deuteronomio 25:17). "Recuerda lo que Dios le hizo a Miriam" (Deuteronomio 24:9). "Recuerda los días de antaño;

---

5. Mishná Bikurim, cap. 3.
6. Yosef Jaim Yerushalmi, Zajor: Jewish History and Jewish Memory, Schocken, 1989, 9.

## Devarim

considera a las generaciones hace tiempo pasadas. Pregunta a tu padre y él te dirá. Pregunta a tus mayores, ellos te explicarán" (Deuteronomio 32:7).

El *vidui bikurim* es más que esto. Comprimido en el espacio más corto posible, resume la totalidad de la historia de la nación. En apenas unas frases tenemos "los orígenes patriarcales en Mesopotamia; la aparición de la nación hebrea en medio de la historia, más que la prehistoria mítica; la esclavitud en Egipto y la liberación ulterior; el momento de clímax de la obtención de la tierra de Israel, y atravesando todo – el reconocimiento de Dios como el Señor de la historia."[7]

Aquí debemos señalar un matiz importante. El pueblo judío fue el primero en encontrar a Dios en la historia. Fue el primero en pensar en términos históricos – del tiempo como escenario de cambio en contraposición con el tiempo cíclico en el que las estaciones se suceden, la gente nace y muere, y en realidad nada cambia. El judío fue el primer pueblo en escribir la historia – muchos siglos antes de Herodoto y Tucídides, con frecuencia descritos erróneamente como los primeros historiadores. Pero en hebreo bíblico no existe la palabra que signifique "historia" (la más cercana es *divrei hayamim*, "crónicas"). En su lugar se usa la raíz *zajor*, que significa "memoria."

Hay una diferencia fundamental entre historia y memoria. La historia es "su narración"[8] el registro de eventos que ocurrieron en algún tiempo a alguien. La memoria es "mi narrativa." Es el pasado internalizado y convertido en parte de mi identidad. Eso es lo que quiere significar la Mishná en Pesajim cuando dice, "Cada persona debe visualizarse como si él (o ella) hubiera salido de Egipto."[9]

A través de Devarim Moshé advierte al pueblo –no menos de catorce veces– que no olvide. Si olvida el pasado perderá su identidad y sentido de dirección y sobrevendrá el desastre. Aún más, no solo recibe

---

7. Ibid., 12.
8. Esto es un simple recordatorio no una etimología. Historia es una palabra griega que significa investigación. La misma palabra significa, en latín, una narrativa de eventos pasados.
9. Mishná Pesajim, 10:5.

*Ki Tavó: Una nación de narradores*

el pueblo el mandato de recordar, sino que se ordena que lo transmita a sus hijos.

Todo este fenómeno representa un formidable conjunto de ideas: acerca de la identidad como materia de memoria colectiva; acerca del ritual de narrar la historia de la nación; y sobre todo acerca del hecho de que cada uno de nosotros es el guardián de esa historia y de esa memoria. No le corresponde solo al líder o a una élite entrenada recordar el pasado, sino a cada uno de nosotros. Este también es un aspecto de la evolución y de la democratización que encontramos a través de todo el judaísmo como modo de vida. Los grandes líderes cuentan la historia del grupo, pero el más grande de ellos, Moshé, le enseñó al grupo a transformarse en una nación de narradores.

Hoy en día todavía puede verse el poder de esta idea. Como señalo en mi libro The Home We Build Together[10] (El hogar que construimos juntos), si visitamos los memoriales presidenciales en Washington, veremos que cada uno de ellos lleva una inscripción tomada de sus propias palabras: la de Jefferson es 'Tomamos estas verdades como evidentes...' la de Roosevelt 'Lo único que debemos temer es el temor mismo,' en la alocución de Lincoln en Gettysburg y Segundo Discurso Inaugural, 'Con maldad hacia ninguno; con caridad hacia todos...' Cada memorial cuenta su historia.

Londres no tiene nada equivalente. Tiene muchos memoriales y estatuas, cada uno con una breve inscripción diciendo a quién representa, pero nada de discursos o citas. No hay historia. Aún el memorial de Churchill cuyos discursos rivalizaban con los de Lincoln en cuanto a poder, contiene una sola palabra: Churchill.

Estados Unidos tiene una narrativa nacional porque su sociedad está basada en la idea del pacto. La narrativa es el corazón de la política del pacto porque ubica a la identidad nacional en una serie de eventos históricos. La memoria de esos eventos evoca los valores por los cuales lucharon los que nos antecedieron, y de los cuales nosotros somos los guardianes.

---

10. Jonathan Sacks, The Home We Build Together: Recreating Society (London: Bloomsbury Academic, 2009).

La narrativa del pacto es siempre inclusiva, propiedad de todos los ciudadanos, tanto los recién llegados como los nacidos en el lugar. Les dice a todos, con independencia de clase o credo: esto es lo que somos nosotros. Crea una sensación de identidad común que trasciende otras identidades. Es por eso, por ejemplo, que Martin Luther King lo pudo utilizar en tal sentido en algunos de sus grandes discursos. Le estaba diciendo a sus compañeros afroamericanos que debían verse como parte igualitaria de la nación. Al mismo tiempo les decía a los blancos norteamericanos que honren el compromiso de la Declaración de la Independencia en la frase que dice que 'todos los hombres fueron creados iguales.'

Inglaterra no tiene el mismo tipo de narrativa nacional porque no está basada en un pacto sino en jerarquías y tradición. Inglaterra, escribe Roger Scruton, "no era una nación, un credo o un lenguaje o un estado sino un hogar. Las cosas en el hogar no necesitan explicación. Están ahí porque están ahí."[11] Históricamente Inglaterra fue una sociedad basada en clases en la cual hubo élites que gobernaban en nombre de la totalidad de la nación. Estados Unidos, fundada por puritanos que se veían a sí mismos como un nuevo Israel unidos por un pacto, no era una sociedad con gobernantes y gobernados sino una nación de responsabilidad colectiva. De ahí que la frase central de la política norteamericana, nunca usada en la inglesa, sea: "Nosotros, el pueblo."[12]

Al convertir a los israelitas en una nación de narradores, Moshé ayudó a transformarlos en un pueblo ligado por la responsabilidad colectiva – de unos con otros, con el pasado y el futuro, y con Dios. Al enmarcar una narrativa a la que las sucesivas generaciones puedan hacer propia y enseñarla a sus hijos, Moshé convirtió a los judíos en una nación de líderes.

CB

---

11. Roger Scruton, England, an Elegy, Continuum, 2006, 16.
12. Ver "Nosotros el pueblo", el ensayo de Convenio y Conversación sobre Behar-Bejukotai para un análisis más profundo de esta frase.

*Nitzavim*
# Derrotando la muerte

Solo ahora que hemos llegado a Nitzavim podemos tener una idea del vasto y revolucionario proyecto alojado en el corazón de la relación hombre-Divinidad. Fue en el encuentro que ocurrió en el tiempo de Moshé y el nacimiento de los judíos/Israel como nación.

Para comprenderlo, recordemos la famosa frase de Sherlock Holmes: "Debo llamarte la atención" le dijo al Dr. Watson, "sobre el extraño incidente del perro de anoche," a lo que contestó Watson, "pero el perro no hizo nada anoche". "Eso," dijo Holmes, "es lo extraño del incidente[1]". A veces, para saber de qué se trata un libro, hay que enfocarse en lo que no dice, no solo en lo que dice.

Lo que está ausente en la Torá, casi inexplicablemente dado el contexto en el que está planteado, es la fijación con la muerte. Los egipcios de la antigüedad estaban obsesionados con la muerte. Sus monumentales construcciones eran un intento de desafiar a la muerte. Las pirámides eran mausoleos gigantes. Más precisamente, portales a través

---

1. Arthur Conan Doyle, "The Adventure of Silver Blaze" (Traducción: Estrella de Plata).

*Devarim*

de los cuales el alma del faraón difunto ascendería al cielo para reunirse con los inmortales. El texto más famoso que nos ha llegado es el Libro de los Muertos. Solo la vida del más allá era real; la vida era una preparación para la muerte.

No hay nada de esto en la Torá, al menos no en forma explícita. Los judíos creían en el *Olam HaBá*, en el Mundo Venidero, la vida después de la muerte. Creían en *tejiat hametim*, la resurrección de los muertos[2]. Hay seis referencias al respecto sólo en el segundo párrafo de la *Amidá*. Pero no sólo están ausentes estas ideas del Tanaj, sino que tampoco figuran en los lugares en los que era de esperarse que estuvieran.

El libro de *Kohelet* (Eclesiastés) es un lamento prolongado sobre la mortalidad humana. *Havel havelim... hakol havel*: Todo carece de valor porque la vida es un mero suspiro fugaz (Eclesiastés 1:2). ¿Por qué no mencionó el autor de Eclesiastés el Mundo Venidero, la vida después de la muerte? Otro ejemplo: el libro de Job es una protesta constante contra la aparente injusticia del mundo. ¿Por qué nadie le contestó a Job "Tú y todas las personas inocentes que sufren serán recompensados después de la vida"? Nosotros creemos en la vida tras la muerte. ¿Por qué no hay ninguna mención (solo una mera insinuación) en la Torá? Ese es el extraño incidente.

La respuesta simple es que la obsesión con la muerte en última instancia devalúa la vida. ¿Por qué luchar contra las maldades e injusticias del mundo si esta vida es sólo una preparación para el mundo venidero? Ernest Becker en su clásico texto Denial of Death (La negación de la muerte) plantea que el temor a nuestra propia muerte ha sido uno de los motores de nuestra civilización[3]. Es lo que condujo al mundo antiguo a esclavizar a las masas, transformándolas en gigantescas fuentes de mano de obra para la construcción de edificios monumentales, que permanecerían en pie tanto como el tiempo mismo. Esto es lo que llevó al antiguo culto del héroe, el hombre que se vuelve inmortal mediante

---

2. La Mishná en Sanedrín 10:1 dice que creer que la resurrección de los muertos está establecida en la Torá es una parte fundamental de la fe judía. Sin embargo, de acuerdo a cualquier interpretación, la declaración es implícita, no explícita.
3. New York: Free Press, 1973.

## Nitzavim: Derrotando la muerte

hechos audaces en el campo de batalla. Tememos a la muerte; tenemos con ella una relación de amor-odio. Freud lo llamó Tánatos, el instinto de muerte, y afirmó que, junto con Eros, son las dos fuerzas propulsoras de la vida.

El judaísmo es una protesta sostenida contra este enfoque. Es por eso que "Nadie sabe dónde fue enterrado Moshé" (Deuteronomio 34:6) para que su tumba no se transforme en lugar de peregrinaje y adoración. Es por eso que en lugar de una pirámide o un templo como el que construyó Ramsés II en Abu Simbel, todo lo que tuvieron los israelitas durante cinco siglos hasta los días de Salomón fue el *Mishkán*, el santuario portátil, más una tienda que un templo.

Por esto, en el judaísmo, la muerte impurifica y el motivo por el que el rito de la vaca roja era necesario para que el pueblo se purificara del contacto con ella. Cuanto más santo eres (si eres un cohen y aún más si eres el sumo sacerdote), menos puedes entrar en contacto o estar bajo el mismo techo con una persona muerta. Dios no está en la muerte sino en la vida.

Solo con este trasfondo egipcio podemos captar el drama de las palabras que por resultarnos tan familiares ya no nos sorprenden, las grandes palabras enmarcadas por Moshé para todas las generaciones:

"Miren, presento ante ustedes hoy la vida y lo bueno, la muerte y lo malo... Convoco hoy al cielo y a la tierra como testigos contra ustedes, de que les he presentado la vida y la muerte, la bendición y la maldición; por lo tanto, elijan la vida, para que ustedes y vuestros hijos puedan vivir" (Deuteronomio 30:15,19).

La vida es buena, la muerte, mala. La vida es bendición, la muerte es maldición. Estas son verdades para nosotros. ¿Por qué mencionarlas? Porque no eran ideas habituales en el mundo antiguo. Eran revolucionarias. Las siguen siendo.

Entonces ¿cómo vencer a la muerte? Sí hay un mundo venidero. Sí, hay *tejiat hametim*, resurrección. Pero Moshé no hace foco en estas ideas obvias. Nos dice algo completamente distinto. Se logra la inmortalidad por ser parte de un pacto: un pacto con la eternidad misma, o sea, un pacto con Dios.

## Devarim

Cuando vives tu vida dentro del pacto ocurre algo extraordinario. Tus padres y tus abuelos viven en ti. Tú vives en tus hijos y en tus nietos. Son parte de tu vida. Eres parte de la de ellos. Eso es lo que quiso decir Moshé cuando afirmó, cerca del comienzo de la parashá de esta semana:

> "No es con ustedes solamente que estoy haciendo este pacto y este juramento, sino con todos los que están con nosotros hoy ante el Señor nuestro Dios, así como los que no están con nosotros hoy" (Deuteronomio 29:13-14).

En el tiempo de Moshé esa última frase quería decir "vuestros hijos que aún no han nacido". No necesitó incluir a "vuestros padres que ya no están vivos" ya que ellos ya habían hecho el pacto con Dios cuarenta años antes en el Monte Sinaí. Pero lo que quiso decir Moshé, en un sentido más amplio, era que cuando renovamos el pacto, cuando dedicamos nuestra vida a la fe y a la modalidad de vida de nuestros antepasados, ellos se vuelven inmortales en nosotros y nosotros lo hacemos en nuestros hijos.

Precisamente porque el judaísmo se enfoca en este mundo y no en el siguiente, es la religión que más se centra en la niñez. Ella constituye nuestra inmortalidad. Eso es lo que quiso decir Rajel cuando clamó: "Dadme hijos, si no seré como muerta" (Génesis 30:1). Es lo que dijo Abraham cuando exclamó, "Señor, Dios, ¿qué es lo que me darás si permanezco sin descendencia?" (Génesis 15:2). No todos estamos destinados a tener hijos. Los rabinos afirman que lo bueno que hacemos constituye nuestra *toldot*, nuestra posteridad. Pero al honrar la memoria de nuestros padres y educar a los niños a continuar con la historia judía, logramos el tipo de inmortalidad que está de este lado de la tumba, en el mundo que Dios pronunció como bueno.

Consideremos ahora los últimos dos preceptos de la Torá expuestos en la parashá Vayelej, los que Moshé nos entregó al final de sus días. Una es *hak-hel*, la orden que el Rey convoque a la nación a reunirse cada siete años:

> Al finalizar cada periodo de siete años...reúne al pueblo, hombres, mujeres y niños y el extranjero que more en tus ciudades – para que puedan escuchar y aprender a temer al Señor vuestro Dios y cumplir cuidadosamente con todas las palabras de esta ley (Deuteronomio 31:12).

## Nitzavim: Derrotando la muerte

El significado de esta orden es simple. Moshé está diciendo: no es suficiente que tus padres hayan hecho un pacto con Dios en el Monte Sinaí o que ustedes lo hayan renovado conmigo en las llanuras de Moab. El pacto debe ser renovado perpetuamente, cada siete años, para que nunca se transforme en historia. Debe ser para siempre memoria. Nunca envejecerá porque se renueva cada siete años.

¿Y el último precepto? "Ahora escribe esta canción y enséñala a los israelitas y haz que ellos la canten, para que sean mis testigos ante ellos" (Deuteronomio 31:19). Este, según la tradición, es el precepto de escribir (aunque sea una parte de) un *Sefer* Torá. Como lo señaló Maimónides: "Aun si tus ancestros te han legado un *Sefer* Torá, de igual forma tienes la obligación de escribir uno para ti".

Lo que está diciendo Moshé aquí, su última instrucción al pueblo al que lideró durante cuarenta años es: no es suficiente decir que nuestros antepasados recibieron la Torá de Moshé o de Dios. Deben tomarla y hacerla de nuevo para cada generación. Debes hacer que la Torá no corresponda a la fe de tus padres o la de tus abuelos, sino a la tuya. Si tú la escribes, la Torá te escribirá. La palabra eterna del Dios eterno es tu porción de eternidad.

Percibimos ahora la fuerza dramática de los últimos días de vida de Moshé. Sabía que estaba por morir, que no iba a poder cruzar el Jordán para entrar en la tierra hacia la cual había liderado a su pueblo durante toda su vida. Moshé, confrontado con su propia mortalidad, nos pide que en cada generación nos confrontemos con la nuestra.

Nuestra fe, nos dice Moshé, no es como la de los egipcios, la de los griegos, los romanos, ni como prácticamente cualquier otra civilización de la historia. Nosotros no hallamos a Dios en el más allá, en el cielo, o después de la muerte, en una desconexión mística del mundo o en una contemplación filosófica. Hallamos a Dios en la vida. Hallamos a Dios (palabras clave de Devarim) en el amor y en la felicidad. Para hallar a Dios, nos dice en esta parashá, no es necesario subir hasta el cielo ni cruzar los mares (Deuteronomio 30:12–13). Dios es aquí. Dios es ahora. Dios es vida.

Y esa vida, aunque algún día concluirá, en realidad no termina. Ya que si llevas a cabo el pacto, tus antepasados vivirán en ti, y tú vivirás en tus hijos (o en tus discípulos o en los receptores de tu bondad).

*Devarim*

Cada siete años el pacto se renovará. Cada generación escribirá su *Sefer Torá*. La puerta a la eternidad no es la muerte: es la vida que se vive en un pacto renovado eternamente, en palabras grabadas en nuestros corazones y en los corazones de nuestros hijos.

Y de esa forma Moshé, el líder más grande que hemos tenido, se volvió inmortal. No por vivir eternamente. No por construir una tumba o un templo a su gloria. Ni siquiera sabemos dónde fue enterrado. La única estructura física que nos legó es portátil, porque la vida misma es una travesía. Ni siquiera se volvió inmortal a la manera de Aarón, al ver a sus hijos convertirse en sus sucesores. Es inmortal al hacernos sus discípulos. Y en una de sus primeras exclamaciones registradas, los rabinos dijeron lo mismo: Hazte muchos discípulos.

Para ser líder, no necesitas una corona ni ropajes de oficio. Todo lo que necesitas es escribir tu capítulo en la historia, hacer cosas que alivien en algo el dolor del mundo, y actuar de forma tal que los demás puedan ser un poco mejor por haberte conocido. Vive de manera que, a través de ti, nuestro antiguo pacto con Dios se renueve de la única forma que importa: en vida. El último testamento de Moshé para nosotros en el final de sus días, cuando su mente podría haberse tornado fácilmente hacia la muerte fue: elige la vida.

CB

*Vayelej*

# ¿Consenso vs. mandato?

¿Qué le dices a tu sucesor? ¿Qué consejo le das? El lugar para buscar la respuesta es Vayelej, porque es aquí donde Moshé finalmente le entregó el mando a Ieoshúa, y tanto él como Dios lo bendijeron para el futuro. Pero dieron bendiciones distintas.

Si los escuchas, suenan casi igual. Moshé dice "Sé fuerte y ten coraje, pues vendrás (*tavó*) con este pueblo a la tierra" (Deuteronomio 31: 7). Dios dice: "Sé fuerte y ten coraje, pues traerás (*taví*) a los israelitas a la tierra" (Deuteronomio 31: 23). *Tavó o taví*, "ven con" o "trae". Las palabras suenan y parecen similares. Pero los sabios entendieron que la diferencia es total.

Rashi lo expresa así:

> Moshé le dice a Ieoshúa, "Ten la certeza de que los ancianos de la generación estén contigo. Actúa siempre de acuerdo con sus opiniones y consejos". Sin embargo, el Santo Bendito Sea le dijo a Ieoshúa: "Pues tú *traerás* a los israelitas a la tierra que Yo les prometí" – o sea, "Tráelos aun en contra de su voluntad. Todo

depende de ti. Si fuera necesario, toma un palo y golpéalos en la cabeza. Hay un solo líder para cada generación, no dos".

Estos son los dos extremos del liderazgo, por consenso o por mandato. Moshé le aconsejó a Ieoshúa buscar una política de consulta y conciliación. Lo que en realidad estaba diciendo era "No necesitas seguir al pueblo. Tú eres el líder, no ellos. Pero necesitas trabajar con los mayores. Ellos también son líderes. En realidad forman parte de tu equipo. Necesitan sentir que son parte del proceso de toma de decisiones. No esperan que siempre estés de acuerdo con ellos. Muchas veces no estarán de acuerdo entre ellos mismos. Pero tienen la necesidad de ser consultados".

"Si sienten que su opinión no te interesa, si tienen la impresión de que tú eres una persona que hace las cosas a su manera sin tener en cuenta a los demás porque sabes más que nadie, intentarán sabotearte. Te dañarán. Pueden no ser exitosos. Puede ser que sobrevivas. Pero quedarás herido. Cojearás. Tú imagen ante el pueblo quedará disminuida. Dirán, ¿cómo podemos respetar a alguien al que los mayores no respetan?"

"Hablo por experiencia propia. La rebelión de Koraj fue grave. Y no se trató solamente de Koraj, sino también de los rubenitas, y de líderes de varias tribus. Y aunque la rebelión fue frustrada de la forma más dramática, quedamos todos disminuidos, y nada fue como antes. Entonces: ten certeza de que los mayores de la generación estén contigo. Si es así, tendrás éxito".

Dios, según los sabios, adoptó la postura opuesta. "Ha llegado el tiempo de dejar el desierto, cruzar el Jordán, conquistar la tierra y construir el tipo de sociedad que honra a los seres humanos que Yo creé a Mi imagen, en lugar de esclavizarlos y explotarlos. No busques consensos. Nunca los hallarás. Los intereses de las personas son distintos. Sus perspectivas no son las mismas. La política es lugar de conflicto. No quise que fuera así, pero al haberle dado a la humanidad el don de la libertad, no puedo anularlo e imponer Mi voluntad por la fuerza. Así que debes mostrarle al pueblo el camino".

"Lidera desde la vanguardia. Sé claro. Sé consistente. Sé fuerte. La última persona que hizo lo que quería el pueblo fue Aarón y lo que querían era un becerro de oro. Ese fue casi el final del pueblo judío. El

## Vayelej: ¿Consenso vs. mandato?

consenso, tanto en política como en los negocios o aun en la búsqueda de la verdad, no es liderazgo sino la abdicación del liderazgo. Yo te elegí como sucesor de Moshé porque creo en ti. Por lo tanto, debes creer en ti mismo. Dile al pueblo lo que debe hacer y explícale por qué".

"Sé respetuoso con ellos. De todas formas, escúchalos. Pero al final del día la responsabilidad es tuya. Los líderes lideran. No son seguidores. Y créeme, aunque puede ser que ahora te critiquen, más adelante te admirarán. Las personas quieren que sus líderes conozcan el camino, que transiten por él y que lo muestren. Quieren que sean decisivos. Siempre trata a la gente con la máxima cordialidad y respeto. Si no se comportan contigo como tú con ellos, si se oponen y tratan de obstaculizar lo que estás haciendo, puede ser que no tengas otra opción que la de tomar un palo y golpearlos en la cabeza. Hay un solo líder por generación. Si todos están empoderados, no hay música, sólo ruido; no hay logros, sino eternas reuniones de grupo en la que todos hablan y nadie escucha".

Esas fueron, entonces y ahora, las dos grandes opciones. Pero vean algo extraño. La persona que impulsa el consenso es Moshé. Pero Moshé nunca actuó por consenso. Este es el hombre que casi tuvo que arrastrar al pueblo para salir de Egipto, a través del mar y del desierto rugiente, el hombre que actuó según su propia iniciativa, sin siquiera consultar con Dios.

Es el mismo hombre que rompió las tablas de piedra talladas y grabadas por Dios mismo. ¿Cuándo lideró Moshé por consenso? Sin duda, tenía el consejo de setenta ancianos, príncipes de tribus, y una estructura administrativa con cabezas de miles, de cientos, de cincuenta y de diez, que aunque lo asistieron, nunca lo asesoraron ni él pidió su opinión. ¿Qué fue lo que transformó a Moshé en un amante de la paz y del liderazgo por consenso?

Ese es uno de los problemas. El otro es el consejo dado por Dios mismo: liderar desde la vanguardia, aun en contra de las voluntades. Pero esa no es la forma de actuar de Dios, según lo entendieron los sabios. Esto es lo que dijeron respecto a las palabras expresadas inmediatamente antes de la creación de la humanidad, "Hagamos al hombre a nuestra imagen" (Génesis 1:26).

*Devarim*

"Hagamos al hombre": Aquí percibimos la humildad del Santo Bendito Sea. Como el hombre fue creado a semejanza de los ángeles y ellos lo envidiarían, Él los consultó...

Aunque los ángeles no lo ayudaron en Su creación, y hay una oportunidad para que los herejes se rebelen (malinterpretando el plural en base a su herejía), la Escritura no dudó en enseñar la conducta correcta y el rasgo de humildad: que una gran persona deba consultar y recibir permiso de otra que se encuentra por debajo de él.

Los sabios, desconcertados por el plural, "Hagamos *nosotros* al hombre," interpretaron que Dios consultó con los ángeles. A pesar del hecho de que la adopción de la palabra "nosotros" era peligrosa (podría leerse como una trasgresión al compromiso puro del monoteísmo judío), de cualquier forma el principio de la consulta es tan importante que la Torá corre el riesgo de que sea mal interpretado. Dios, de acuerdo a los sabios, consulta. "Dios no actúa tiránicamente con sus criaturas".

Ciertamente, los sabios dijeron que en el Monte Sinaí Dios suspendió la montaña sobre los israelitas y les dijo: "Si me dicen que no, esta será vuestra tumba". Pero este no es el sentido simple del versículo. Por el contrario, antes de entregar la Torá a Israel, Dios le ordenó a Moshé explicarle al pueblo lo que estaba proponiendo (Éxodo 19:4–6). Y sólo cuando el pueblo, "*todo* el pueblo *junto*" (Éxodo 19:8) "*con una sola voz*" (Éxodo 24: 3) aceptó, se concretó el pacto. Esa es la base bíblica de la idea, plasmada en la Declaración de Independencia de Estados Unidos, de que los gobiernos se ganan la autoridad por el "consenso de los gobernados". El acto en sí de haber otorgado la libertad a los seres humanos significa que Dios nunca ejerce la fuerza en contra de nuestra voluntad. Como alguna vez dijo Eisenhower, "Golpear a las personas en la cabeza no es liderazgo, es agresión". Entonces, ¿cómo es que Dios en este punto actúa, digamos, fuera de norma?

La respuesta, a mi parecer, es esta: Tanto Dios como Moshé quisieron hacerle saber a Ieoshúa que el liderazgo no es un tema unilateral, sino que se trata de la búsqueda de un consenso o mandato y control. Debe ser un delicado equilibrio entre ambos. Querían que Ieoshúa lo oyera de la forma más impactante, por lo cual cada uno se lo dijo de la manera más inesperada.

## Vayelej: ¿Consenso vs. mandato?

Moshé, a quien todos asociaron con un liderazgo fuerte, decisivo, le dijo a Ieoshúa, "No olvides de pugnar por el consenso. Tu tarea no es la que fue la mía. Yo tuve que sacar al pueblo de la esclavitud. Tú debes conducirlo a la tierra de la libertad. Libertad significa tomar a las personas en serio. El liderazgo de un pueblo libre requiere saber escuchar, respetar y luchar por el consenso todas las veces que sea posible".

Dios, que otorgó la libertad a los seres humanos, nunca impuso su voluntad sobre el pueblo, al decir: "Ieoshúa, Yo soy Dios, tú no. Yo debo respetar la libertad del pueblo. Les he dejado seguir el camino que deseaban, aun sabiendo que era el equivocado y autodestructivo. Pero tú eres un humano entre humanos, y tu tarea es la de mostrarles el camino que conduce a la justicia, la compasión y la buena sociedad. Si el pueblo no está de acuerdo contigo, debes enseñarle, persuadirlo, pero finalmente debes conducirlo, porque si todos hacen lo que consideran que es correcto ante sus ojos, no es libertad sino un desorden".

En síntesis, el liderazgo no es sencillo. Es complejo porque involucra a personas y las personas son complejas. Debes escuchar y debes liderar. Debes luchar por el consenso, pero si finalmente no se logra, debes asumir el riesgo de decidir. Si Lincoln hubiera esperado llegar a un consenso, la esclavitud nunca se habría abolido. Roosevelt y Churchill nunca hubieran llevado al mundo libre a la victoria y Ben Gurión nunca hubiera proclamado el Estado de Israel.

No es la tarea de los líderes darle al pueblo lo que quiere. La tarea de los líderes es enseñarle al pueblo lo que debería desear. Pero al mismo tiempo, involucrarlo en el proceso de la toma de decisiones. Las figuras claves y sus gobernados deben sentir que fueron consultados. El liderazgo colaborativo, consultivo y de escuchar es esencial en una sociedad libre. Si no, habrá autocracia templada por asesinatos.

Los líderes deben ser maestros pero también aprendices. Deben ser visionarios, pero también tener tiempo para los detalles. Deben estimular a las personas pero nunca demasiado lejos ni demasiado rápido, si no fracasarán. Deben hablar a la buena cara de nuestra naturaleza, al enseñar a amar y no a odiar, a perdonar y no a buscar venganza. Deben buscar siempre la solución pacífica y no la de golpear con un palo en la cabeza, aunque deben estar preparados para hacerlo si no hubiera otra alternativa. Los líderes deben ser capaces de emplear más de un tipo de

*Devarim*

liderazgo. Caso contrario, como dijo Abraham Maslow, "Los que solo tienen un martillo tratan cada problema como si fuera un clavo".

Teniendo en cuenta el esfuerzo, la energía, el estrés y el dolor, por qué se desea ser líder sería un misterio, si no fuera por una verdad luminosa: no existe mejor manera de desbordar la vida de significado que elevar a otros y ayudarlos a lograr una grandeza que nunca supieron que poseían; de lograr, junto con otros, corregir algunos de los males de esta tierra herida y sus criaturas; de actuar, más que esperar que otros actúen, y de llevar a otros a hacerlo contigo, pues el más grande de los líderes de la tierra nada puede hacer solo.

Estas cosas son las que hacen que el liderazgo sea el mayor privilegio con el que podemos ser bendecidos. Como le dijo Moshé a Ieoshúa: "Feliz por ti que has recibido el mérito de liderar a los hijos de Dios". La corona del liderazgo es invisible, pero se sabe quién es el que la lleva y quién no. Está ahí, frente a ti, esperando que te la coloques. Llévala con orgullo y que todos sean bendecidos.

CB

*Haazinu*
# El llamado de un líder a la responsabilidad

Cuando las palabras levantan vuelo, modulan en canción. Es lo que ocurre aquí en Haazinu cuando Moshé, con el Ángel de la Muerte a la vista, se prepara para dejar este mundo. Nunca antes había hablado con tanta pasión. Su lenguaje es vívido, casi violento. Quiere que sus últimas palabras nunca sean olvidadas. En cierto sentido ha estado articulando estas verdades durante cuarenta años, pero nunca antes lo expresó con tanta emoción. Esto es lo que dice:

> "Presta oído, Oh cielos, que pueda hablar,
> Tierra, escucha los dichos de mi boca...
> La Roca, Sus actos son perfectos,
> Pues Sus caminos son justos.
> Un Dios leal sin error,
> Recto y derecho es Él.
> No es corrupto; el defecto es de sus hijos,
> Una generación perversa y retorcida.

*Devarim*

> ¿Es esta la manera que retribuyes a Dios,
> Pueblo desagradecido e insensato?
> ¿No es Él vuestro Padre, vuestro Maestro?
> Él te concibió y te estableció" (Deut. 32:1-6).

No culpes a Dios cuando las cosas van mal. Eso es lo que siente Moshé tan apasionadamente. No creas, dice, que Dios está para servirnos. Nosotros estamos para servirle a Él y a través de Él ser una bendición al mundo. Dios es derecho; somos nosotros los complicados y los que nos autoengañamos. Dios no está para relevarnos de nuestra responsabilidad. Es Dios el que nos llama a ser responsables.

Con estas palabras Moshé pone fin al drama que comenzó con Adán y Eva en el Paraíso. Cuando pecaron, Adán culpó a la mujer y la mujer culpó a la serpiente. Así fue cuando Dios comenzó a crear, y así sigue siendo en este tiempo secular del siglo XXI.

La historia de la humanidad ha sido en gran parte una huída de la responsabilidad. Los culpables cambian. Solo permanece la sensación de victimización. No fuimos nosotros. Fueron los políticos. O los medios. O los banqueros. O nuestros genes. O nuestros padres. O el sistema, ya sea el capitalismo, el comunismo o cualquier otro régimen intermedio. Pero lo más importante es que la culpa la tienen los otros, los que no son como uno, los infieles, los hijos de Satanás, los hijos de las tinieblas, los no redimidos. Los perpetradores de los más grandes crímenes contra la humanidad en toda la historia estaban convencidos que no fueron ellos. Sólo "obedecían órdenes." Cuando todo falla, culpa a Dios. Y si no crees en Dios, culpa a los que sí creen en Él. Ser humano es intentar huir de las responsabilidades.

Eso es lo que hace que el judaísmo sea diferente. Es lo que hizo que algunas personas admiren a los judíos y que otras los odien. Para el judaísmo, Dios es el llamado a la responsabilidad humana. De eso no es posible ocultarse, como descubrieron Adán y Eva cuando lo intentaron, y es imposible escapar, como le ocurrió a Jonás en la historia de la ballena.

Lo que nos está diciendo Moshé en su grandiosa canción de despedida se puede parafrasear así: "Querido pueblo, yo los he conducido durante cuarenta años, y mi tiempo está llegando a su fin. Durante

## Haazinu: El llamado de un líder a la responsabilidad

este último mes, desde que comencé estos discursos, estos *devarim*, he tratado de relatarles las cosas más importantes de vuestro pasado y de vuestro futuro. Les ruego que no las olviden."

"Vuestros padres fueron esclavos. Dios los condujo a ellos y a ustedes a la libertad. Pero eso era una libertad negativa, *jofesh*. O sea que no había quien les impartiera órdenes. Ese tipo de libertad no es sin consecuencias, ya que su ausencia se siente como gustar pan ázimo con hierbas amargas. Cómanlas una vez al año para no olvidar nunca de dónde vinieron ni quién los sacó."

"Pero no crean que con *jofesh* solo se puede sostener una sociedad libre. Cuando cualquiera es libre de hacer lo que desea el resultado es anarquía, no libertad. Una sociedad libre requiere *jerut*, la libertad positiva que solo se logra cuando el pueblo internaliza los hábitos de auto control, para que mi libertad no se obtenga a costa tuya, ni la tuya a costa mía."

"Es por eso que les he enseñado todas estas leyes, preceptos y estatutos. No son reglas arbitrarias. Ninguna de ellas existe porque a Dios le place dictar leyes. Dios dictó estas leyes para la estructura misma de la materia – leyes que han generado un vasto, maravilloso y casi insondable universo. Si Dios estuviera interesado solamente en dictar leyes, se habría restringido a los seres que solo obedecen esas leyes, o sea, materia sin mente y formas de vida que desconocen la libertad."

"Las leyes que me dio Dios y que yo les di a ustedes existen, no por el bien de Dios sino por el de todos nosotros. Dios nos dio la libertad – el bien más raro, precioso e inefable que cualquier otra cosa existente salvo la vida misma. Pero la libertad viene acompañada de responsabilidad. Eso significa que estamos obligados a asumir el riesgo de la acción. Dios nos da la tierra, pero debemos conquistarla. Nos da los campos, pero debemos arar, sembrar y cosechar. Dios nos da los cuerpos, pero debemos cuidarlos y curarlos. Dios es nuestro Padre, Él nos creó y nos estableció. Pero los padres no pueden vivir la vida de sus hijos. Solo pueden guiarlos, mediante la enseñanza y el amor, cómo vivir."

"Por eso, cuando las cosas salen mal, no culpen a Dios. Él no es corrupto, nosotros lo somos. Él es recto; somos nosotros los que a veces somos poco claros y retorcidos."

*Devarim*

Esa es la ética de la Torá referente a la responsabilidad. Ninguna otra lección mayor se ha dado respecto a la condición humana. Ninguna vocación más elevada ha sido legada a criaturas de carne y hueso. El judaísmo, a diferencia de otras religiones, no considera a los seres humanos como irremediablemente corruptos, manchados por el pecado original, incapaces del bien sin la gracia de Dios. Esa es una forma de fe, pero no es la nuestra. Tampoco vemos a la religión como una sumisión ciega a la voluntad de Dios. Esa también es una forma de fe, pero no es la nuestra.

Nosotros no consideramos a los seres humanos, a diferencia de lo que pensaban los paganos, como títeres en manos de dioses caprichosos. Tampoco, como creen algunos científicos, como mera materia, un producto de la reproducción de genes, un conjunto de sustancias químicas reguladas por impulsos eléctricos del cerebro sin ninguna dignidad ni santidad especial; residentes temporarios en un universo sin sentido, que se creó un día sin razón alguna y que algún día, también sin motivo, dejará de existir.

Nosotros creemos que fuimos creados a la imagen de Dios, libres como es libre Él, creativos como lo es Él. Nosotros existimos en una escala infinitamente más pequeña y más limitada, pero aún así, en un punto en el eco de la expansión del espacio en el que el universo toma conciencia de sí mismo, somos la única forma de vida capaz de forjar nuestro propio destino, eligiendo libre y responsablemente.

El judaísmo es el llamado de Dios a la responsabilidad.

Lo cual significa: no te veas a ti mismo como víctima. No creas, como los griegos, que el fin es ciego e inexorable, que nuestro destino fue definido por el oráculo de Delfos, y que ha sido sellado antes de haber nacido, como Layo y Edipo, librados a su suerte aún tratando de escapar de las ligaduras de su destino. Esa es una visión trágica de la condición humana. De alguna forma fue compartida en distinta manera por Spinoza,

Marx y Freud, el gran triunvirato de judíos por descendencia que rechazaron su judaísmo y todas sus obras.

Creemos en cambio, como Viktor Frankl, sobreviviente de Auschwitz y Aarón T. Beck, cofundador de la terapia cognitiva conductual, que

## Haazinu: El llamado de un líder a la responsabilidad

no estamos determinados por lo que nos ocurre, sino por cómo respondemos a ello. Eso está determinado por la manera en que interpretamos lo que nos pasa. Si cambiamos nuestra forma de pensar –cosa factible, dada la plasticidad del cerebro– entonces podemos cambiar la forma de sentir y de actuar. El destino nunca es final. Puede que haya tal cosa como un decreto maligno, pero puede ser anulado por penitencia, rezo y caridad. Y lo que no podemos hacer solos, lo podemos hacer acompañados, pues creemos "que no es bueno que el hombre esté solo" (Gén. 2:18).

Por lo tanto, los judíos desarrollaron una moralidad de culpa en lugar de la moralidad de vergüenza de los griegos. La moralidad de la culpa hace una clara distinción entre la persona y el acto, entre el pecador y el pecado. Como no estamos definidos totalmente por lo que hacemos, hay un núcleo en nosotros que permanece intacto –"Mi Dios, el alma que me diste es pura"– por lo que cualquier maldad que hayamos hecho, podemos arrepentirnos y ser perdonados. Esto crea un lenguaje de esperanza, la única fuerza suficientemente poderosa como para derrotar la cultura del desánimo.

Ese poder de esperanza, que nace en cualquier momento en que el amor de Dios y su capacidad de perdonar da origen a la libertad humana y la responsabilidad, es el que ha hecho del judaísmo la fuerza moral que siempre ha estado para aquellos que tienen un corazón y una mente abierta. Pero esa esperanza, dice Moshé con una pasión que aún nos apela cuando la abordamos, no ocurre así porque sí. Debe ser trabajada y conquistada. Y la única manera de hacerlo es *no culpando a Dios*. Él no es corrupto. El defecto está en nosotros, Sus hijos. Si aspiramos a un mundo mejor, debemos trabajar para ello. Dios nos enseña, nos inspira, nos perdona cuando erramos y nos levanta si fallamos, pero debemos hacerlo. No es lo que hace Dios lo que nos transforma; es lo que hacemos nosotros por Dios.

Los primeros humanos perdieron el Paraíso cuando intentaron evadir su responsabilidad. Solo podremos volver a recuperarlo si aceptamos esa responsabilidad y nos convertimos en una nación de líderes, cada uno respetando y haciendo lugar para los que no son como nosotros. A la gente no le gusta que le recuerden su responsabilidad. Esa es una de las razones (no la única, por cierto) de la judeofobia a través de

*Devarim*

los tiempos. Pero no nos definen los que no son como nosotros. Ser judío es ser definido por Él que nos ama.

El mayor y más profundo de los misterios no es nuestra fe en Dios sino Su fe en nosotros. Que esa fe nos sostenga, cuando acudimos al llamado de la responsabilidad y asumimos el riesgo de curar algunas de las heridas innecesarias que han lastimado a nuestro aún maravilloso mundo.

CB

*Vezot HaBerajá*
# Mantenerse joven

Moshé no desapareció. Esa es la síntesis que le otorga la Torá, después de una larga e intensa vida:

> "Moshé tenía ciento veinte años cuando murió, pero sus ojos conservaron su agudeza y su fortaleza se mantuvo intacta" (Deuteronomio 34: 7).

De alguna manera, Moshé desafió las leyes de la entropía que dicen que todo sistema disminuye su energía con el paso del tiempo. La ley es aplicable también a las personas, sobre todo a los líderes. El tipo de liderazgo que emprendió Moshé (adaptativo, intentando que el pueblo cambie, al persuadirlo de que dejen de pensar y actuar como esclavos y en su lugar aceptar las responsabilidades inherentes a la libertad) es estresante y extenuante. Hubo veces en las que Moshé estuvo cerca de la angustia y la desesperación. ¿Cuál fue, entonces, el secreto de haber podido mantener su energía hasta sus últimos días?

La Torá ofrece una respuesta al emplear las mismas palabras con las que describe el fenómeno. Yo pensaba que "sus ojos conservaron

## Devarim

la agudeza" y que "su fortaleza se mantuvo intacta" eran simplemente descripciones, hasta que se me ocurrió que la primera era una explicación de la segunda. ¿Por qué mantuvo su fortaleza intacta? Porque sus ojos conservaron la capacidad de discernir. Él nunca perdió la visión de sus ideales de juventud. Se mantuvo tan apasionado hacia el fin de sus días como al comienzo. Su compromiso con la justicia, la compasión, la libertad y la responsabilidad se mantuvo intacto, a pesar de las numerosas decepciones que sufrió a lo largo de sus cuarenta años de liderazgo. La moraleja es clara: *si quieres mantenerte joven, no comprometas nunca tus ideales.*

Recuerdo como si hubiera ocurrido ayer, una experiencia decepcionante que tuve hace casi cuarenta años, cuando estaba iniciando mis estudios rabínicos. Si alguna congregación necesitaba un voluntario para una prédica o para dirigir un servicio (ya sea porque el rabino titular estaba enfermo o de vacaciones) yo me ofrecía. Era un trabajo arduo y poco gratificante. Significaba estar lejos de casa para Shabat, predicando ante una sinagoga ocupada apenas por un cuarto de su capacidad, y muchas veces sin apreciación alguna. En una oportunidad expresé mi protesta ante el rabino de la comunidad al cual había reemplazado temporalmente. "Ajá" dijo "¿tú eres un idealista? Vamos a ver adónde te lleva".

Me dio pena ese hombre triste y amargado. Quizás el destino no fue bueno con él, y nunca supe por qué me contestó de esa manera. Pero en algún momento de su carrera aceptó la derrota. Seguía haciendo su rutina pero su corazón ya no estaba en ella. Para él, el idealismo era una ilusión de juventud, destinado a naufragar contra las rocas de la realidad.

Mi visión era, y es, que sin esa pasión no es posible ser un líder transformador. Si uno mismo no está inspirado, no puede inspirar a los demás. Moshé nunca perdió la visión de su primer encuentro con Dios en la zarza ardiente que quemaba pero no era consumida por el fuego. Es así como yo lo veo a Moshé: como un hombre que se quema pero que no es consumido. Mientras permanecía con esa visión, cosa que ocurrió hasta sus últimos días, se mantuvo pleno de energía. Eso se percibe en el poder que mantuvo a lo largo del libro de Devarim, la más grande secuencia de discursos del Tanaj.

Los ideales son los que mantienen vivo al espíritu humano. Lo hicieron bajo algunos de los regímenes más represivos de la historia

## Vezot HaBerajá: Mantenerse joven

como la Rusia stalinista y la China comunista. Apenas logran encender el corazón humano, tienen el poder de energizar la resistencia.

El lema entonces es: nunca renunciar a tus ideales. Si encuentras algún camino bloqueado, busca otro. Si descubres que un enfoque falla, debe haber otro. Si tus esfuerzos no te llevan al éxito, sigue intentando. Muchas veces, el éxito se logra cuando estás por abandonar y creer que eres un fracaso. Así fue con Churchill. Y con Lincoln. Así resultó con tantos escritores cuyos libros fueron rechazados por el editor, y resultaron luego éxitos rotundos. Si los logros fueran simples, no nos generarían orgullo. La grandeza requiere persistencia. Los grandes líderes nunca se rinden. Siguen su camino, inspirados por la visión que se niegan a dejar.

Al rememorar su vida, Moshé seguramente se habrá preguntado si había logrado algo. Lideró al pueblo durante cuarenta años, solo para que le fuera denegada la posibilidad de llegar al destino ansiado, la Tierra Prometida. Les dio leyes que muchas veces violaron. Hizo milagros pero ellos siguieron con las protestas.

Sentimos ese desborde emocional cuando les dice: "Ustedes se han rebelado contra el Señor desde el día que los conocí" (Deuteronomio 9: 24) y "Pues yo ya sé cuán rebeldes y tercos son ustedes. ¡Si se han rebelado contra el Señor mientras yo estoy vivo y con ustedes,, cómo será después de que yo muera!" (Deuteronomio 31: 27). Pero Moshé nunca abandonó ni comprometió sus ideales. Es por eso que, aunque él falleció, sus palabras no murieron. Físicamente anciano, permaneció espiritualmente joven.

Los cínicos son idealistas fallidos. Comienzan con grandes expectativas. Después descubren que la vida no es fácil, que las cosas no ocurren como quisiéramos. Nuestros esfuerzos chocan contra obstáculos. Nuestros planes naufragan. No recibimos el reconocimiento o el honor que creemos merecer. Entonces nos refugiamos en nosotros mismos. Culpamos a otros por nuestros fracasos y nos enfocamos en las fallas ajenas. Nos decimos que lo hubiéramos hecho mejor.

Quizás lo podríamos haber hecho mejor. Entonces ¿por qué no lo hicimos? Porque renunciamos. Porque en algún momento dejamos de crecer. Nos consolamos por no ser grandes al disminuir a los otros, menospreciando sus esfuerzos y burlándonos de sus ideales. Esa no es la manera de vivir. Es una forma de muerte.

## Devarim

En mi función de Gran Rabino muchas veces visité geriátricos, y fue en una de esas visitas que conocí a Florencia, quien tenía 103 años, para los 104, pero tenía el aire de una mujer joven. Era brillante, ágil, llena de vida. Sus ojos brillaban por el placer de estar viva. Le pregunté cuál era el secreto de la eterna juventud. Con una sonrisa me dijo "Nunca tengas miedo de aprender algo nuevo". Ahí aprendí que si estás preparado para aprender algo nuevo, puedes tener 103 años y seguir siendo joven[1]. Y si no estás dispuesto a aprender algo nuevo, puedes tener 23 y ya ser anciano.

Moshé nunca dejó de aprender, crecer, enseñar, liderar. En el libro de Devarim, entregado en los últimos días de su vida, se elevó con una elocuencia, una visión y una pasión que exceden cualquier cosa que había dicho hasta entonces. Este es el hombre que nunca dejó de luchar. El diario *The Times* entrevistó en una oportunidad a un distinguido miembro de la comunidad judía al cumplir sus 92 años. El periodista dijo: "La mayoría de las personas, cuando llegan a su edad empieza a bajar las revoluciones. Usted parece que estuviera haciendo lo contrario. ¿Por qué? Contestó: "Cuando llegas a los 92, puedes ver que la puerta se comienza a cerrar. Tengo tantas cosas que hacer antes de que eso ocurra que cuanto más envejezco más debo trabajar". Esa es también una receta para el *arijut iamim*, la larga vida que no desaparece.

El Salmo 92, la canción de Shabat, culmina con estas palabras: "Plantado en la casa del Señor, los justos florecen en los jardines de nuestro Dios. Todavía dan frutos en su vejez, se mantienen frescos y verdes, proclamando: 'El Señor es elevado; Él es mi Roca, y no hay maldad alguna en Él'". ¿Cuál es la conexión entre los justos que dan los frutos en la vejez y su creencia de que "el Señor es elevado"? Los justos no culpan a Dios por los males y sufrimientos del mundo. Saben que Dios nos ha puesto como seres físicos en un universo físico, con todo el dolor que ello implica. Saben que nos corresponde hacer el bien y alentar a otros a hacer aún más. Aceptan la responsabilidad, sabiendo que incluso, debido a las pruebas y tormentos de la existencia humana,

---

1. El Talmud (Shabat 30b) dice algo similar acerca del Rey David. Mientras él seguía aprendiendo, el ángel de la muerte no tenía poder sobre él.

sigue siendo el mayor privilegio que existe. Es por eso que dan frutos a avanzada edad. Mantienen los ideales de la juventud.

Nunca comprometas tus ideales. Nunca cedas ante la desesperación o la derrota. Nunca dejes de transitar solo porque el camino es largo y duro. Siempre lo es. Los ojos de Moshé no perdieron el enfoque. No perdió la visión que lo hizo, en su juventud, un luchador por la justicia. No fue cínico. No se volvió triste ni amargado aun teniendo muchos motivos para hacerlo. Sabía que había cosas que no iba a poder lograr en vida, por lo que enseñó a la generación futura cómo hacerlo. Como resultado, su energía natural no disminuyó. Su cuerpo era anciano pero su mente y su alma permanecieron jóvenes. Moshé, aun mortal, logró la inmortalidad y de la misma forma nosotros, siguiendo sus pasos también lo podemos hacer. Lo bueno que hacemos no muere. Las bendiciones que damos a la vida de los demás, tampoco.

CB

*Epílogo*
# Los siete principios del liderazgo judío

Entonces, ¿qué tiene de judío el liderazgo judío? Claramente no todo. La Torá reconoce con franqueza nuestra deuda para con otras fuentes de sabiduría. Fue Itró, el suegro de Moshé, un sacerdote madianita quien le enseñó una lección fundamental de liderazgo: cómo delegar. Los judíos no fueron el primer pueblo en la historia en poseer sacerdotes o reyes. Los primeros sacerdotes que encontramos en la Torá no eran miembros de la familia del pacto: el contemporáneo de Abraham, Malkitzedek, es descrito en la Torá como "sacerdote del Dios superior" (Génesis 14:18), Potifera, el suegro egipcio de Iosef era "sacerdote de On" (Génesis 41:45), y el propio Itró lo era. En cuanto a reyes, la Torá previó que algún día los hijos de Israel dirían "Designemos un rey sobre nosotros como todas las naciones que nos rodean" (Deuteronomio 17:14).

Por lo general, en el judaísmo el liderazgo está asociado con *jojmá*, sabiduría, que es el legado universal de la humanidad en la imagen y la semejanza de Dios. Los rabinos dijeron: "Si te dicen que existe la sabiduría entre las naciones, créelo".[1] Podemos aprender mucho de los grandes clásicos sobre la cuestión del liderazgo; de Oriente y Occidente, de los griegos y los romanos junto con Confucio y Lao Tse.[2] No obstante, hay características del liderazgo judío que me parecen importantes y singulares.

## 1. Liderazgo es servicio

El galardón más elevado que le fue conferido a Moshé fue el de "siervo del Señor". Es llamado bajo esta descripción dieciocho veces en el Tanaj. "¿Acaso ustedes creen que les estoy ofreciendo autoridad (*serará*)?" le dijo Rabán Gamliel a dos de sus colegas que declinaron su invitación a asumir roles de liderazgo, "Les estoy ofreciendo la oportunidad de ser siervos" (*avdut*).[3]

Robert Greenlaf, en su clásico *Liderazgo de Servicio*[4], deriva este principio de una historia budista de Herman Hesse. La idea de que el liderazgo es servicio es fundamental en la tradición judeocristiana y explica lo que de otro modo sería incomprensible: que la humildad sea la más encumbrada de las virtudes de un líder (de Moshé se nos dice que era "muy humilde, más que ninguna otra persona sobre la faz de la tierra" Números 12:3). La idea de que la humildad es una virtud, le habría sonado paradójica a los antiguos griegos para quienes el *megalopsychos*, el individuo poseedor del gran alma, era una figura de superioridad que no requería de esfuerzo y era poseedora de un fuerte sentido de su propia importancia.[5]

---

1. Eijá Rabá 2:13
2. Lao Tse es la fuente de una de las grandes verdades sobre el liderazgo: "Si el líder es bueno el pueblo dice, 'el líder lo hizo'. Si el líder es grandioso, ellos dicen: 'Nosotros lo hicimos'".
3. Horaiot 10a y b.
4. Robert K. Greenlaf, Servant Leadership: A Journey into the Nature of Legitimate Power and Greatness (New York: Paulist Press, 1977).
5. Ver Alasdair MacIntyre, Dependent *Rational Animals: Why Human Beings Need the Virtues* (Chicago: Open Court, 1999).

## Epílogo: Los siete principios del liderazgo judío

El judaísmo ingresó al mundo como una inversión de valores en las sociedades altamente jerarquizadas del mundo antiguo, simbolizadas por los zigurats de Mesopotamia (la Torre de Babilonia) y las pirámides de Egipto, símbolos visibles de un orden que es estrecho en su cima y amplio en la base. El símbolo judío, la *menorá* (el candelabro), era todo lo contrario: ancha arriba y angosta en la base, como si dijera que el líder debe mantener el honor de su pueblo por encima del suyo propio.

Martin Luther King lo expresó acertadamente: "Todos pueden ser grandes porque todos pueden servir". Es la causa a la que nos dedicamos y la gente a la que servimos lo que nos eleva, no nuestra propia alta autoestima.

## 2. El liderazgo comienza asumiendo responsabilidades

Cuando vemos que algo está mal, podemos quejarnos o actuar. Quejarse no cambia al mundo, actuar sí. El judaísmo es el llamado de Dios a la acción invitándonos a convertirnos en Sus socios en la tarea de la Creación. Los primeros capítulos del libro de Génesis tratan sobre defectos en la asunción de la responsabilidad. Al ser confrontados por Dios a raíz de sus pecados, Adán culpa a Eva, y esta a su vez a la serpiente. Cain dice: "¿Acaso soy yo el guardián de mi hermano?" Incluso Noaj, "un hombre justo e íntegro en su generación" no tuvo efecto alguno en sus contemporáneos.

Por el contrario, al inicio del Éxodo, Moshé asume la responsabilidad. Cuando ve a un egipcio golpeando a un israelita él interviene. Cuando ve a dos israelitas peleándose, interviene. Una vez en Midián ve que pastores locales abusan de las hijas de Itró e interviene. En su carácter de israelita criado como egipcio, pudo haber evitado cada uno de estos enfrentamientos, mas no lo hizo. Él es el modelo de aquel de quien se dice: si nadie más está preparado para actuar, yo lo haré.

Liderar implica ser activo, no pasivo, elegir una dirección y no simplemente seguir a la persona que se encuentra frente a nosotros. Los líderes no se quejan, no culpan a los demás ni esperan que otra persona haga las cosas bien. Actúan. Asumen responsabilidad, y se asocian a otras personas a sabiendas de que hay un límite a lo que una persona individual puede lograr sola. Se involucran y reclutan a otros, a quienes sienten, al igual que ellos, que hay algo que está mal que necesita ser reparado.

Los líderes trabajan junto a otros. Solamente en dos oportunidades aparece en la Torá la expresión hebrea "*lo tov*", "no es bueno". La primera, cuando Dios dice: "No es bueno que el hombre esté solo" (Génesis 2:18). La segunda, cuando Itró ve a Moshé liderando en soledad y le dice: "Lo que estás haciendo no es bueno" (Éxodo 18:17). No podemos vivir solos. No podemos liderar solos. El liderazgo es un trabajo en equipo.

De ello resulta que en el judaísmo no hay un solo estilo de liderazgo. Durante la travesía por el desierto hubo tres líderes: Moshé, Miriam y Aarón.

Moshé era cercano a Dios. Aarón era cercano al pueblo. Miriam lideraba a las mujeres y apoyaba a sus dos hermanos. Durante la era bíblica existían tres diferentes roles de conducción: reyes, sacerdotes y profetas.

El rey era el líder político, el sacerdote era el líder religioso y el profeta era el visionario. Por lo tanto, en el judaísmo, el liderazgo es una cualidad emergente desde múltiples roles y perspectivas. Los líderes trabajan con gente que son fuertes allí donde ellos flaquean. No se sienten amenazados por personas que son mejores que ellos en algunos aspectos. Por el contrario, se sienten potenciados por ellas. Ninguna persona individual puede liderar al pueblo judío. Solamente juntos podemos cambiar el mundo.

## 3. El liderazgo está motivado por una visión

Antes de que Moshé pudiera liderar experimentó una visión frente a la zarza ardiente. Allí es donde se le comunicó cuál sería su misión: liderar al pueblo de la esclavitud a la libertad. Tenía un destino: la tierra que mana leche y miel. Tenía un doble desafío: persuadir a los egipcios de que dejaran salir a los israelitas y convencer a estos últimos de que afronten el riesgo de irse. Lo segundo resultó ser tan difícil como lo primero.

El libro de Proverbios dice: "Sin visión, un pueblo perece" (29:18). Los profetas eran los maestros visionarios del mundo, y sus palabras aún nos inspiran. En una bellísima profecía Joel nos habla de un tiempo en

*Epílogo: Los siete principios del liderazgo judío*

el cual "vuestros ancianos sueñen, y vuestros jóvenes contemplen visiones" (2:28).

De alguna manera, los judíos siempre han tenido visionarios para elevar a la gente de la catástrofe a la esperanza: poetas, filósofos, místicos – incluso los sionistas seculares del siglo XIX tenían algo de espiritual en sus utopías. Iosef tuvo sueños, Yaakov, estando solo, soñó en la noche con una escalera que asciende desde la tierra hasta el cielo. Somos el pueblo que nunca se curó de sus sueños.

La visión les otorga dignidad a nuestras aspiraciones. A lo largo del Tanaj solamente las personas malvadas procuran el poder por el poder en sí. Los buenos procuran esquivarlo. Moshé insistió en que no era la persona adecuada. Otro tanto hicieron Isaías y Jeremías. Jonás trató de escapar. Cuando a Guidón se le ofreció la posibilidad de convertirse en el primer rey de Israel, dijo: "Yo no gobernaré sobre vosotros ni mi hijo os gobernará. Dios reinará sobre vosotros" (Jueces 8:23). Es la visión lo que importa, no el puesto, el poder, el estatus o la autoridad. Los líderes están guiados por su visión del futuro, y ello es lo que inspira a otros.

## 4. La forma más elevada de liderazgo es enseñar

Si el desafío supremo del liderazgo es adaptativo -lograr que las personas acepten la necesidad de cambiar- entonces liderar significa educar; inducir a las personas a pensar y a ver las cosas de nuevas maneras. Las tres funciones de liderazgo del pueblo de Israel en la era bíblica –el rey, el sacerdote y el profeta– poseen una dimensión docente. Cada siete años el rey leía la Torá al pueblo en una reunión de dimensión nacional (Deuteronomio 31:12). Malaquías dijo sobre el sacerdocio: "Los labios del sacerdote guardan el conocimiento y de su boca procuran los hombres la instrucción" (Malaquías 2:7). Los profetas eran los maestros del pueblo, guiando a través del desierto del tiempo.

El punto más grandioso de la carrera de Moshé tuvo lugar en sus últimos meses de vida. Tras haber liderado a la nación durante cuarenta años, los reunió a todos a orillas del río Jordán donde pronunció los discursos que conforman el libro de Deuteronomio. Allí

*Lecciones de liderazgo*

se elevó a las mayores altitudes, contándole a la próxima generación sobre los desafíos que habrían de enfrentar en la Tierra Prometida, y exponiendo su visión de lo que era una buena sociedad. Fue ahí donde se transformó en Moshé Rabenu, 'nuestro maestro Moshé'. Los grandes líderes son educadores que enseñan a las personas a comprender el significado de su tiempo.

De ello se deduce que ellos mismos deben estudiar. Respecto del rey, la Torá nos dice que debe escribir su propio rollo de la Torá, el cual "debe estar siempre con él, y del cual debe leer todos los días de su vida" (Deuteronomio 17:19). A Josué, el sucesor de Moshé, se le ordenó: "Mantén este Libro de la Ley siempre en tus labios, y medita en él día y noche" (Josué 1:8). De no mediar un constante estudio, el liderazgo carece de dirección y de profundidad.

Esto es así incluso en el caso del liderazgo secular. Gladstone poseía una biblioteca de más de treinta mil libros. Él había leído más de veinte mil de estos. Tanto Gladstone como Disraeli fueron prolíficos autores. Winston Churchill escribió unos cincuenta libros y ganó el premio Nobel de Literatura. Visita la casa de David Ben Gurión en Tel Aviv y verás que más que un hogar es una biblioteca de veinte mil volúmenes. El estudio hace la diferencia entre el hombre de estado y el político, entre el líder transformador y el administrador.

## 5. Un líder debe depositar su fe en el pueblo que él o ella lidera

Los rabinos hicieron una interpretación notable del pasaje bíblico en el cual Moshé dice sobre los hijos de Israel: "Ellos no me creerán" (Éxodo 4:1). Ellos dijeron que Dios había reprendido a Moshé por haber dicho estas palabras, diciendo: "Ellos son creyentes hijos de creyentes, pero al final tú no creerás" (Shabat 97a). Un líder debe tener fe en el pueblo que él o ella lidera.

El liderazgo autoritario es contrario a los principios básicos del judaísmo. Cuando Roboam, el hijo de Salomón trató de conducir con prepotencia, su reino se partió en dos (I Reyes 12). Cuando Rabán

Gamliel afirmó su autoridad sobre su colega Rabí Iehoshúa de un modo que resultaba peyorativo, los discípulos lo retiraron de su cargo (Berajot 27b). Un líder que instituye un reino de miedo se considera que no tiene porción en el Mundo Venidero.[6] Los líderes precisan creer no en sí mismos sino en aquellos que están liderando.

## 6. Un líder precisa tener un sentido del tiempo y del ritmo

Cuando Moshé le pide a Dios que le elija un sucesor, dice: "Que el Señor, Dios de los espíritus de toda carne, escoja a una persona de la congregación que salga delante de ellos y entre delante de ellos, que los lidere al salir y los haga entrar" (Números 27:16-17). ¿Por qué tenemos esta aparente repetición?

Moshé está diciendo aquí dos cosas sobre el liderazgo. Un líder debe guiar desde el frente: él o ella deben "salir delante de ellos". Pero un líder puede estar tan alejado en la profundidad del frente que al dirigir la vista atrás se dé cuenta de que nadie lo sigue. Él debe "liderarlos al salir", esto es, debe arrastrar gente con él. Debe marchar a un ritmo que la gente pueda soportar.

Una de las frustraciones más profundas de Moshé fue el largo tiempo que le lleva a la gente el poder cambiar. Al final, conducir al pueblo a cruzar el Jordán y entrar en la Tierra Prometida demandaría que pase el tiempo para que surja una nueva generación y un nuevo líder. De aquí la gran máxima de Rabí Tarfón: "No te corresponde a ti completar el trabajo, pero tampoco eres libre de desistir del mismo" (Mishná Avot 2:16).

El liderazgo implica un delicado balance entre impaciencia y paciencia. Si vas a ir demasiado rápido la gente se resistirá. Ve demasiado despacio y se volverá complaciente. La transformación lleva tiempo; a menudo, más de una generación.

---

6. Mishné Torá, Hiljot Teshuvá 3:13

## 7. Todos estamos convocados a la tarea

Probablemente, esta sea la verdad judía más profunda de todas. La misión declarada del pueblo judío de ser "un reino de sacerdotes y una nación sagrada" (Éxodo 19:6), seguramente significa simplemente esto: un reino en el cual cada uno de sus súbditos es a su manera un sacerdote, y una nación en la que cada uno de sus miembros está llamado a ser santo. Estamos llamados a ser un pueblo de líderes.

En el corazón de la vida judía se encuentra el principio formulado por los rabinos de que *"Kol Israel arevim ze bazé"*, lo cual significa que "todos los judíos son responsables unos por otros" (Shevuot 39a). Tal como lo dijera Rabí Shimón bar Yojai: "Cuando un judío es lastimado, todos los judíos sienten el dolor".[7] Ello significa que cuando hay un problema en el interior del mundo judío ninguno de nosotros puede sentarse y decir: "No es mi responsabilidad".[8]

Creo que es esto más que cualquier otra cosa, lo que llevó a los judíos a realizar contribuciones a la humanidad fuera de toda proporción al número de la población. Somos una nación de activistas. Esto también genera problemas. Hace a la conducción de una comunidad judía algo notoriamente más difícil. Jaim Weizmann, quien fuera el primer presidente del Estado de Israel, dijo la famosa observación de que era el presidente de un millón de presidentes. En el Salmo 23 leemos "El Señor es mi pastor", pero ningún judío es una oveja.

Las buenas nuevas sobre el pueblo judío son que tenemos muchos líderes. Las malas, que tenemos pocos seguidores. Las primeras palabras registradas que dijera un hijo de Israel a Moshé fueron: "¿Quién te puso por gobernante o juez sobre mí? (Éxodo 2:14). Moshé ni había soñado aún con convertirse en un líder y su liderazgo ya estaba siendo criticado. Ello significa que conducir una comunidad judía nunca es menos que un desafío.

Pero así son las cosas: La recompensa, dijeron nuestros sabios, es acorde al esfuerzo realizado (Mishná Avot 5:23).

---

7. *Mejilta De Rabí Shimón bar Yojai* a Éxodo 19:6
8. Ver Maimónides, *Sefer HaMitzvot*, precepto positivo 205.

## Epílogo: Los siete principios del liderazgo judío

Estos son ideales elevados, tan encumbrados que pueden sonar intimidatorios. Pero no deberían serlo. Nos quedamos cortos, nos tropezamos. Pero David Brooks dice acertadamente que "todos nos tropezamos, y la belleza y el sentido de la vida radican en el tropiezo".[9] Jamás alcanzaremos las estrellas, pero podemos guiarnos por ellas.

Comencé este libro explicando que nunca había pensado en convertirme en un líder. Fue un encuentro de esos que cambian vidas con un gran líder el que me persuadió a hacer lo contrario. A lo largo de los años aprendí que cometemos errores, pero es de ellos que se aprende. No puedes hacer las cosas bien sin antes hacerlas mal. Si te falta el valor necesario para fallar, te faltará también el coraje para triunfar.

Es a partir de nuestros peores errores que crecemos. Aprendemos la humildad. Descubrimos que resulta imposible complacer a todos. Nos topamos con resistencias, y tal como ocurre con el cuerpo, así también ocurre con el alma; es el entrenamiento en la obtención de resistencia aquel que nos da la fortaleza. Lo que importa no es que tengamos éxito sino que entremos en el ruedo; allí estamos obligados a luchar contra nuestras debilidades naturales, debemos ponernos en la línea, comprometernos a la obtención de elevados ideales y rechazar las opciones fáciles del cinismo, la desilusión o acusar a otros. El mero hecho de haberlo intentado, y volver a hacerlo, haber tenido fe en aquello que nos esforzamos por obtener y a pesar de los retrocesos nunca haberla perdido, al final, de modo sorpresivo, nos brinda alegría. Brooks agrega: "La felicidad viene a modo de obsequio en el momento que menos te lo esperas. Es en esos fugaces momentos que sabes para qué te pusieron aquí y a qué verdad sirves".[10]

Ronald Heifetz y Marty Linsky finalizan su libro *Liderazgo en la línea* con una reflexión no muy diferente. El encontrar significado en la vida proviene de descubrir maneras de "contribuir a la mundana tarea de mejorar la calidad de vida de las personas a tu alrededor... toda forma de servicio a los demás es, esencialmente, una expresión de amor".[11]

---

9. David Brooks, *The Road to Character* (New York: Allen Lane, 2015), 268.
10. Ídem 270.
11. Ronald Heifetz y Marty Lansky, *Liderazgo en la línea*, 220.

De alguna manera, a raíz de una vida de lucha, los héroes y las heroínas de la fe descubrieron cuán pequeños somos, pero cuán grande es la misión que estamos llamados a realizar, y su ejemplo puede encender una llama en cada uno de nosotros de modo tal que aunque tengamos éxito o fracasemos, sepamos que al menos nuestra vida se vio iluminada por su exposición a los grandes ideales del amor, la verdad, y el servicio, que hicimos un aporte a la historia de nuestro pueblo y ayudamos a curar algunas de las fracturas de un mundo que aún está herido e imperfecto. "No Me esperes", le susurró Dios a Abraham. "Sigue adelante".[12] Esto es lo que Él nos susurra a todos nosotros, y la bendición está en la marcha misma, que es la que le confiere belleza moral a la vida.

ID

12. Ver Rashi a Génesis 6:9.

## Sobre el autor

Líder religioso global, filósofo, autor y una voz moral para nuestro tiempo, el Rabino Lord Jonathan Sacks ocupó el cargo de Gran Rabino de la Unión de Comunidades Hebreas del Commonwealth entre setiembre de 1991 hasta setiembre de 2013.

Descrito por Su Majestad Real el Príncipe de Gales como "una luz sobre esta nación", y por el anterior Primer Ministro Británico Tony Blair como "un gigante intelectual", el Rabino Sacks es un frecuente conferencista académico y colaborador de la radio, la televisión y la prensa tanto británica como mundial. Tiene dieciséis títulos honoríficos, incluido un Doctorado en Divinidad entregado por el entonces Arzobispo de Canterbury, Lord Carey, para señalar sus primeros diez años en el cargo de Gran Rabino.

En reconocimiento a su labor, el Rabino Sacks ha ganado numerosos galardones internacionales, incluidos el Premio Jerusalén en 1995 por su contribución a la vida judía de la Diáspora, el Premio Ladislaus Laszt a la labor ecuménica y social otorgado por la Universidad Ben Gurion de Israel en el 2011, el Premio Guardián de Sion del Centro Ingeborg Rennert para los estudios jerosolimitanos de la Universidad de Bar Ilán y el Premio Katz en reconocimiento a su contribución al análisis práctico de la *halajá* en la vida moderna en Israel en el año 2014. Fue nombrado Caballero por Su Majestad Real la Reina en 2005 y declarado miembro

*Lecciones de liderazgo*

vitalicio de ese cuerpo, ocupando su asiento en la Cámara de los Lores en octubre de 2009.

Autor de veinticinco libros, el Rabino Sacks ha publicado una nueva traducción al inglés y un comentario del *Sidur Koren Sacks*, el primer libro de oraciones ortodoxo nuevo en una generación, así como también grandes comentarios a los *majzorim* de Rosh HaShaná, Yom Kipur y Pesaj. Algunos de sus libros obtuvieron premios literarios, incluidos el Premio Grawemeyer para la Religión en 2004 por su obra *La Dignidad de la Diferencia*, y el Premio Nacional al Libro Judío por su obra *A Letter in the Scroll* en el año 2000, *Convenio y Conversación*: Génesis en el 2009 y el *Majzor de Pesaj Koren Sacks* en el año 2013. Sus comentarios semanales de Convenio y Conversación sobre la porción semanal de lectura de la Torá son leídos en comunidades judías del mundo entero.

Tras haber alcanzado honores de primer grado en sus estudios de filosofía en el Gonville and Caius College de la Universidad de Cambridge, recibió sus títulos de posgrado en Oxford y en Londres, obtuvo su doctorado en 1981 y recibió su ordenación rabínica en el Jew's College y en la Yeshivá Etz Jaim. Sirvió como rabino de las sinagogas de Golders Green y Marble Arch en Londres antes de convertirse en director del Jew's College.

Nacido en 1948 en la ciudad de Londres, ha estado casado con Elaine desde 1970. Tienen tres hijos y numerosos nietos.

Falleció el 7 de noviembre de 2020, a los 72 años de edad.

www.rabbisacks.org / @RabbiSacks

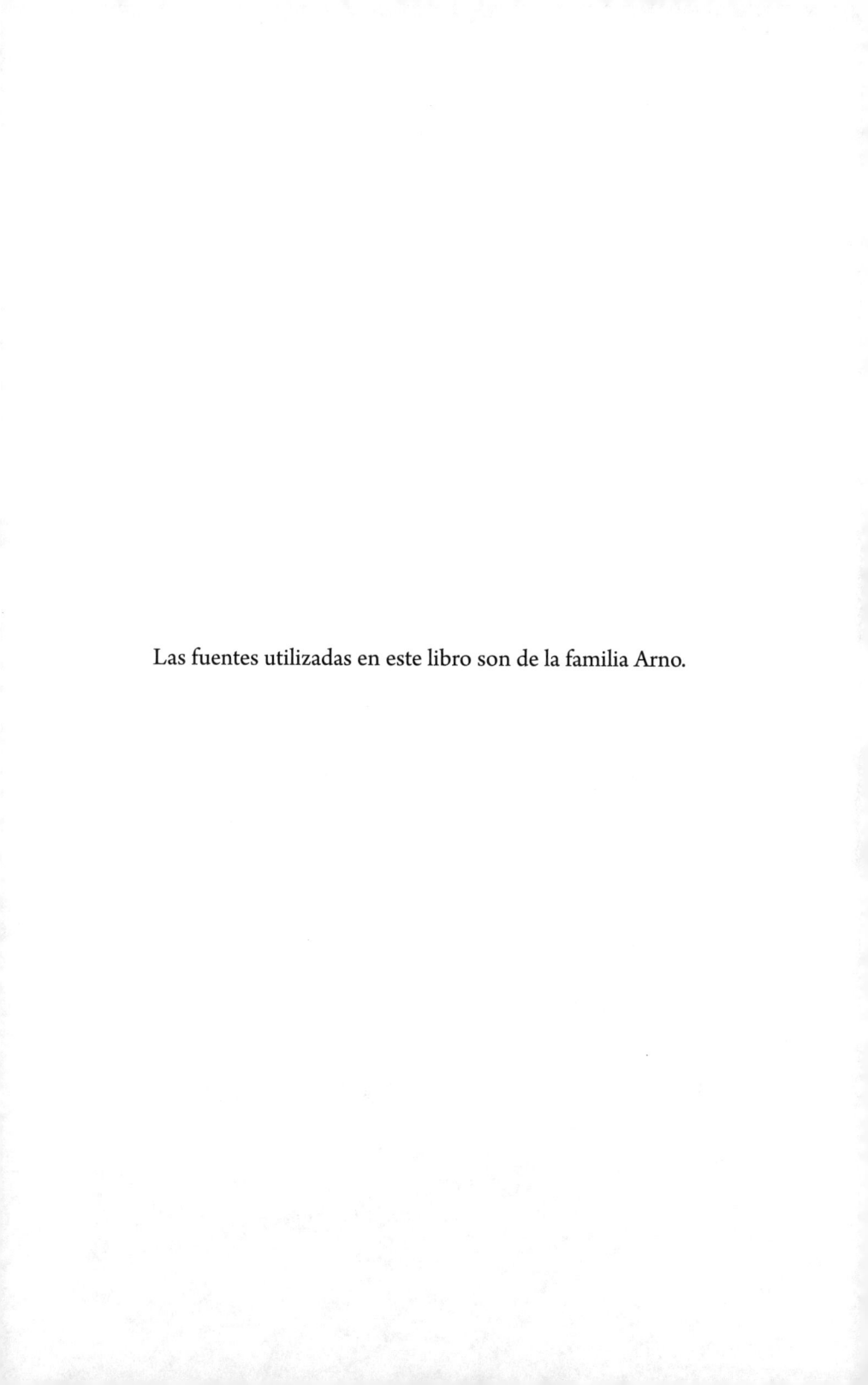

Las fuentes utilizadas en este libro son de la familia Arno.

*Maggid Books*
*Lo mejor del pensamiento judío contemporáneo*
*de Koren Publishers Jerusalem Ltd.*